Groepsdynamica

Groepsdynamica
Werken in en met groepen

Monique Bekker

Met behulp van onderstaande unieke activeringscode kunt u toegang krijgen tot www.groepsdynamica1edruk.nl voor extra materiaal. Deze code is persoonsgebonden en gekoppeld aan de eerste druk. Na activering van de code is de website twee jaar toegankelijk. De code kan tot zes maanden na het verschijnen van een volgende druk geactiveerd worden.

9168-JZ-10-BG

Omslagontwerp: Cunera Joosten, Amsterdam
Foto omslag: Bildagentur Zoonar GmbH
Opmaak binnenwerk: Textcetera, Den Haag

© Monique Bekker & Boom uitgevers Amsterdam, 2016
Tweede oplage, 2018

Behoudens de in of krachtens de Auteurswet gestelde uitzonderingen mag niets uit deze uitgave worden verveelvoudigd, opgeslagen in een geautomatiseerd gegevensbestand, of openbaar gemaakt, in enige vorm of op enige wijze, hetzij elektronisch, mechanisch, door fotokopieën, opnamen of enige andere manier, zonder voorafgaande schriftelijke toestemming van de uitgever.

Voor zover het maken van reprografische verveelvoudigingen uit deze uitgave is toegestaan op grond van artikel 16h Auteurswet dient men de daarvoor wettelijk verschuldigde vergoedingen te voldoen aan de Stichting Reprorecht (Postbus 3051, 2130 KB Hoofddorp, www.reprorecht.nl). Voor het overnemen van (een) gedeelte(n) uit deze uitgave in bloemlezingen, readers en andere compilatiewerken (art. 16 Auteurswet) kan men zich wenden tot de Stichting PRO (Stichting Publicatie- en Reproductierechten Organisatie, Postbus 3060, 2130 KB Hoofddorp, www.stichting-pro.nl).

No part of this book may be reproduced in any form, by print, photoprint, microfilm or any other means without written permission from the publisher.

ISBN 978-90-8953-916-8
ISBN 978-94-6127-792-3 (e-book)
NUR 756

www.groepsdynamica1edruk.nl
www.boomuitgeversamsterdam.nl

Inhoud

Voorwoord	9
Algemene inleiding	11

1 Inleiding — 13
- 1.1 Groepsdynamica — 13
- 1.2 De opbouw van dit boek — 15
- 1.3 Opdrachten — 17
- 1.4 Samenvatting — 17

2 Groepslid of groepsbegeleider? — 19
- 2.1 Inleiding — 19
- 2.2 Wat is een groep? — 19
- 2.3 Soorten groepen — 23
- 2.4 Groepslid of groepsbegeleider — 25
- 2.5 Begeleiden van groepen — 29
- 2.6 Jezelf leren kennen in relatie tot de groep — 30
- 2.7 Basisbehoeften binnen groepen — 39
- 2.8 Groepsontwikkeling — 45
  - 2.8.1 Orming-model van Tuckman — 45
  - 2.8.2 Model van Levine — 47
- 2.9 Kwaliteiten (en valkuilen) van de groepsbegeleider — 48
  - 2.9.1 Het ui-model — 49
  - 2.9.2 Het kernkwadrantenmodel — 53
- 2.10 Ontvangen van feedback — 60
- 2.11 Persoonlijkheidstypen en communiceren in groepen — 64
- 2.12 Opdrachten — 66
- 2.13 Samenvatting — 67

3 Het ontstaan van een groep: de inclusiefase — 69
- 3.1 Inleiding — 69
- 3.2 Basisbehoeften binnen de inclusiefase — 69
- 3.3 Kennismaken en cohesie — 71
- 3.4 Normen en waarden — 75
- 3.5 Beïnvloeding en conformiteit — 77
- 3.6 Beïnvloeding door de eerste indruk van de groep — 83
- 3.7 Vergelijken binnen de inclusiefase — 92
- 3.8 Bedreigingen voor de groep in de inclusiefase — 100
  - 3.8.1 Zwarte schapen — 101
  - 3.8.2 Pesten — 102

3.9	Opdrachten	104
3.10	Samenvatting	105

4 De controlefase: de groep in beweging/op zoek naar stabiliteit — 107

4.1	Inleiding	107
4.2	Basisbehoeften in de controlefase	107
4.3	Leiden en volgen en de Roos van Leary	108
4.4	Leiderschap	115
4.5	Theorieën over leiderschap	116
	4.5.1 Theorieën gericht op karaktereigenschappen	116
	4.5.2 Theorieën gericht op gedrag	116
	4.5.3 Situationele theorieën	117
	4.5.4 Contingentietheorieën	120
	4.5.5 Uitwisselingstheorieën	122
4.6	Charismatisch leiderschap	123
4.7	Transformationeel leiderschap	124
4.8	Authentiek leiderschap	124
4.9	Kenmerken en vaardigheden van effectieve leiders	124
4.10	Leiderschap: de belangrijkste trends	125
4.11	Zakelijk leiderschap	127
4.12	Ben je een leider of een volger?	129
4.13	De groep helpen bij het nemen van beslissingen	131
4.14	Conflicten	133
4.15	Macht en machtsmisbruik in de groep	137
4.16	Bedreigingen voor de groep in de controlefase	145
	4.16.1 De aanwezigheid van informele leiders	145
	4.16.2 'Afgemaakt' door de groep	146
	4.16.3 Weerstand	148
	4.16.4 Bedreigende oefensituaties in groepen	155
4.17	Opdrachten	155
4.18	Samenvatting	157

5 Hoe zijn de groepsleden met elkaar verbonden: de affectiefase — 159

5.1	Inleiding	159
5.2	Basisbehoeften in de affectiefase	159
5.3	Feedback	160
5.4	Feedback en zelfpresentatie	165
5.5	Het belonende effect van groepen	166
5.6	Vertrouwen in elkaar	170
5.7	Besluitvorming, groepspolarisatie en groepsdenken	171
	5.7.1 Heterogeniteit en de affectiefase	171
	5.7.2 Besluitvorming	172
	5.7.3 Groepspolarisatie	172
	5.7.4 Groepsdenken	173

5.8	Bedreigingen voor de groep in de affectiefase: meeliften op succes	176
5.9	Goed functionerende groepen	179
5.10	De rol van de begeleider in de affectiefase	183
5.11	Opdrachten	184
5.12	Samenvatting	186

6 Een succesvolle groep blijven — 189
6.1	Inleiding	189
6.2	Groepsdynamiek als doorlopend proces	189
	6.2.1 Inclusiefase	189
	6.2.2 Controlefase	190
	6.2.3 Affectiefase	190
6.3	Succesvol door sociaal leren, modelling, 'belonen' en 'straffen'	191
6.4	Succesvol door de juiste gevolgtrekkingen: attributie	194
6.5	Succesvol door betere communicatie in de groep	196
6.6	Speciale groepen	204
	6.6.1 Therapiegroepen	204
	6.6.2 Zelfhulpgroepen	206
	6.6.3 Leefgroepen voor jongeren	208
6.7	Begeleiding van groepen	209
6.8	Teamcoaching	210
6.9	Opdrachten	212
6.10	Samenvatting	214

Literatuurlijst — 215

Register — 217

Over de auteur — 223

Voorwoord

Een boek schrijven over groepsdynamica blijft altijd een uitdaging. Groepsdynamica gebeurt namelijk overal en altijd en erover schrijven zal daarom altijd wat afstandelijk zijn. Op het moment dat je schrijft over groepsdynamica, ben je namelijk vooral alleen en is er helemaal geen groepsdynamica. Het liefst zou ik dan ook inzoomen op groepsdynamica wanneer ik bij de lezer in de groep ben. Omdat dat niet mogelijk is, en ik van mening ben en blijf dat iedereen die deel uitmaakt van een groep, of die een groep begeleidt op de hoogte moet zijn van wat er gebeurt, is dit een boek over groepsdynamica. Inmiddels heb ik gemerkt dat lezers de inhoud van een boek graag tot zich nemen, mits zij zich erin herkennen en enigszins bij de hand genomen worden. Een boek dat je door de inhoud heen leidt, kan richting geven aan datgene wat je graag wilt ontdekken. Toen ik ging schrijven, bedacht ik dat het goed zou zijn als de lezer niet alleen theorie rondom groepsdynamica tot zich krijgt, maar af en toe wordt uitgedaagd om zichzelf te observeren in relatie tot de groep, soms door concrete opdrachten, soms door de inhoud in de teksten, die je uitnodigen om je iets te herinneren, of je ergens over na te laten denken. Het is daarom ook een boek waarmee je ook iets over jezelf leert. Er is een keuze gemaakt om het groepsdynamische thema 'de massa' niet op te nemen in dit boek. Gezien de doelgroep – het boek richt zich vooral op studenten en (beginnend) beroepsbeoefenaren uit opleidingen en beroepen in gezondheidszorg, onderwijs, toegepaste psychologie en welzijn – lijkt dit minder relevant.

Voorafgaand aan dit boek zijn enkele mensen uit het beroepenveld bevraagd over de inhoud. Deze mensen hebben suggesties gedaan waarmee ik zoveel mogelijk heb geprobeerd rekening te houden. Niet alle suggesties konden worden ingewilligd omdat ook niet alles paste binnen de doelgroep of het onderwerp. Veel dank ben ik verschuldigd aan mijn meelezer Claudine Van Der Hoogerstraete, die mij veel goede tips heeft gegeven, met name over situaties uit het werkveld. Hoewel ik mijn roots in de zorgwereld heb liggen, was het toch best lastig om altijd goede voorbeelden te bedenken. Door de hulp van mijn meelezer is dat prima gelukt.

Ook dank aan mijn meedenkers bij Boom Lemma, Martine Harsema en Marc Appels, voor hun ondersteuning en redacteur Olga Koppenhagen voor het aanbrengen van structuur in een brij van woorden.

Ik wens mijn lezers toe dat ze door het lezen van de theorie, het uitvoeren van de oefeningen en door het proces van zelfreflectie meer uit de sociale omgang met anderen halen, en groepen gebruiken om met en van elkaar te leren.

Monique Frequin-Bekker
Badhoevedorp, februari 2016

Algemene inleiding

Wanneer was de laatste keer dat je deel uitmaakte van een groep? Bevond je je in de groep als deelnemer of stuurde je de groep aan als groepsbeleider? En welke rol had je voorkeur? Iedereen heeft ervaring met groepen. Als we klein zijn maken we kennis met één van de eerste groepen: ons gezin. Afhankelijk van de wijze waarop onze gezinsleden met ons omgaan, ervaren wij de eerste behoeften die een mens ontleent aan het deel uitmaken van een groep. We ervaren bescherming, veiligheid, ergens bij horen, maar ook leren we op basis van voorbeeldgedrag en feedback hoe we ons moeten gedragen en of we invloed kunnen uitoefenen op onze omgeving. Als kind komen we daarna in een volgende groep: die van kinderopvang, peuter- of basisschool. De basisbehoeften die we als klein kind hebben ervaren, en die we wel of niet vervuld hebben zien worden, zorgen ervoor dat ons gedrag wordt beïnvloed in iedere nieuwe groep waar wij deel van uitmaken. In gesprekken met volwassenen komen de schrijnende voorbeelden voorbij van niet worden gekozen met gymles tot buitengesloten worden op het schoolplein. Inmiddels blijkt uit diverse onderzoeken dat buitengesloten worden dezelfde pijngevoelens oproept als daadwerkelijke pijnprikkels.

Gelukkig heeft niet ieder mens deze ervaringen. Velen beschrijven voorbeelden van invloed, die zij hebben kunnen uitoefenen op groepen, door slim gebruik te maken van macht en overtuiging. Ook wordt er geleerd van voorbeeldgedrag door docenten en/of groepsleiders. In de puberteit/adolescentenperiode zijn onze vriendengroepen of peergroups de belangrijkste groepen waar we deel van uitmaken. Het spel van leiden en volgen begint. Wanneer wij ons bezighouden met werk en/of vrijetijdsbesteding bevinden wij ons weer in andere groepen zoals sportclub, werk of vrijwilligerswerk. Zelfs ouderen, die in een latere levensfase bijvoorbeeld verhuizen naar verzorgings- of verpleeghuizen, maken deel uit van groepen. Structuur en groepsregels gelden ook dan nog en menig bewoner van een verzorgingshuis kan vertellen over de problemen die ontstaan wanneer al te zeer wordt afgeweken van de vaste gewoonten rondom het met elkaar eten in de eetzaal.

Groepsdynamica is er dus altijd en overal. Menigeen beseft niet hoe de dynamiek in een groep kan veranderen wanneer er een groepslid bijkomt of weggaat. Het mooiste voorbeeld is te zien op de camping. De nieuwkomer op het grasveld dient de regels en afbakeningen op de camping te respecteren. De andere bewoners van het veld slaan hem nauwlettend gade. Een vriendelijke campingbewoner komt en passant even helpen en legt ondertussen uit hoe het eraan toegaat. Wanneer de nieuweling zich conformeert aan de anderen zal hij een prettig verblijf hebben. Doet hij dat niet, bijvoorbeeld door de haringen iets te ver over de middenstreep te plaatsen, dan zal, eventueel met lichte overredingskracht, duidelijk gemaakt worden dat de regels gerespecteerd dienen te worden. Alles met het doel om de harmonie op het veld in stand te houden.

 Bij dit boek hoort ook een website, www.groepsdynamica1edruk.nl, waarop de antwoorden op de opdrachten in het boek te vinden zijn en ander extra materiaal.

Inleiding 1

De reden dat je dit boek leest of bestudeert, is omdat je meer wilt weten over groepen en de dynamiek van een groep. In je privéleven maar zeker in je opleiding/werk maak je deel uit van een groep of groepen. Je maakt er deel van uit als werknemer of stagiair, of je begeleidt mensen (jong en/of oud) die samen een groep vormen. Processen binnen groepen zijn doorlopend in beweging. Natuurlijk is kennis over groepsdynamica erg belangrijk voor een goede begeleiding. Dat leer je met behulp van dit boek. Sommige opdrachten helpen je bij het bestuderen van de leerstof. Daarnaast leer je steeds meer te observeren. Belangrijk is dus om in de groepen aan de slag te gaan. Door het oefenen binnen groepsbegeleiding, het feedback vragen aan andere begeleiders en met deze feedback aan de slag gaan, kun je jezelf verbeteren. Hierbij heb je naast kennis ook vaardigheden nodig, die je in dit boek ook aangereikt krijgt door de praktische opdrachten uit te voeren.

1.1 Groepsdynamica

Groepsdynamica is de studie naar het gedrag en het functioneren van mensen in groepen. Deze studie is deels onderdeel van de sociale psychologie, maar ook van de sociologie. *Sociale psychologie* is een wetenschappelijke studie naar hoe (menselijke) gedachten, gevoelens en gedragingen worden beïnvloed door anderen. Dit kunnen daadwerkelijk bestaande personen zijn, maar ook invloeden van televisie, films, internet of zelfs vanuit culturele aspecten. De sociale psychologie valt onder de studie psychologie. *Sociologie* is ook een wetenschappelijke studie, die mensen en hun gedrag in hun sociale omgeving bestudeert, maar de nadruk ligt op cultuur en op maatschappelijke structuren zoals de kloof tussen arm en rijk en aanwezige machtsstructuren, bijvoorbeeld binnen de politiek. Sociale psychologie is een overbruggend begrip, dat de kloof tussen psychologie en sociologie verkleint. In de jaren direct na de Tweede Wereldoorlog werkten psychologen en sociologen frequent samen. Echter, de twee stromingen zijn de laatste jaren toenemend gespecialiseerd en geïsoleerd van elkaar.
Wil je wat leren over hoe mensen zich gedragen, dan kun je hen observeren terwijl ze zich in een groep bevinden. Gedrag kan namelijk beter begrepen worden als er aandacht is voor de groep waarin dat gedrag plaatsvindt, ook wel de context genoemd. Je vriendin en medestudent vertelt je bijvoorbeeld dat zij zich ergert aan twee studenten uit haar projectgroep. Zij vindt dat deze studenten een veel te grote invloed hebben in deze groep door hun extraverte

gedrag. Je vriendin komt niet aan het woord in dit groepje. Je bent verbaasd, jij zit namelijk met deze twee studenten bij de psychologielessen, en constateert dat de twee studenten daar hun mond nauwelijks open doen. Er zijn daar namelijk weer andere studenten die een grote inbreng hebben. De dynamiek van de groep, bijvoorbeeld de aanwezigheid van enkele extraverte groepsleden, heeft dus invloed op het gedrag van een individu. Dit is een interessant fenomeen waardoor we menselijk gedrag in diverse omstandigheden kunnen observeren en interpreteren. Niet voor niets is een begeleider van een kind met afwijkend gedrag geïnteresseerd in hoe dit kind zich gedraagt binnen het gezin, de school, de sportclub enzovoorts. Dit maakt dat deze begeleider inzicht krijgt in de vraag of het kind mogelijk een stoornis heeft, of niet matcht met de groep waarin het zich bevindt.

Wat verstaan we eigenlijk onder een groep? Een groep bestaat altijd uit minimaal twee individuen, maar kan ook enorm groot zijn. Een groep kan een bepaald gemeenschappelijk doel hebben, zoals het winnen van een voetbalwedstrijd, gezellig samen sporten of beide. Of dat doel behaald wordt is voor een belangrijk deel afhankelijk van de manier waarop de leden zich binnen de groep gedragen, ook wel het groepsproces genoemd. In paragraaf 2.1 wordt nader ingegaan op het begrip 'groep'. Omdat dit proces nooit stilstaat, gebruiken we het woord *dynamisch*. Kurt Lewin (1890-1947), een van de eerste psychologen die zich bezighield met de dynamiek van groepen, koos daarom het woord groepsdynamica om de impact van de complexe, sociale processen van groepen te onderstrepen. Later werd het woord groepsdynamica gebruikt voor de wetenschappelijke bestudering van deze processen.

Psychologen willen graag mensen en menselijk gedrag begrijpen. Als we mensen willen begrijpen, moeten we ook groepen begrijpen. Groepen vormen bovendien de bouwstenen van de maatschappij. Nieuwe groepsleden, bijvoorbeeld kinderen of immigranten, leren, door deel uit te maken van groepen, de normen en waarden van de maatschappij kennen. Psychologen bestudeerden dus aanvankelijk vooral het gedrag van individuen. Dit leidde ertoe dat een groep wetenschappers steeds meer de nadruk legde op groepen mensen, waardoor langzamerhand het begrip groepsdynamica ontstond.

De eerder genoemde sociaal psycholoog Kurt Lewin staat bekend als de grondlegger van de groepsdynamica. Hij heeft een grote rol gespeeld in de ontwikkeling van het gebied en hij heeft veel toekomstige wetenschappers beïnvloed. Hij bedacht de term *interactionisme*, waarmee hij bedoelde dat gedrag een combinatie is van persoonskenmerken en omgevingskenmerken. Hij maakte in zijn onderzoek gebruik van het bestuderen van mensen in hun normale omgeving. Kurt Lewin vond bepaalde zaken in groepen erg belangrijk:
- Hoe kunnen mensen zich ontwikkelen?
- Hoe kunnen mensen hun eigen opvattingen behouden en uitdragen terwijl zij met anderen samenwerken?

- Hoe kunnen mensen met conflicten omgaan?
- Mensen moeten niet alleen theorie leren maar juist de verbinding met de praktijk leggen.
- Als je mensen iets wilt leren, moet je op zoek gaan naar voorbeelden uit hun eigen leven.
- Mensen leren meer in kleine groepen dan in grote groepen.

Veel van deze zaken zien we nog terug binnen onderwijs en training. Let maar eens op de invalshoeken die trainingsbureaus benoemen wanneer zij hun trainingen aanprijzen.

Hoort groepsdynamica thuis bij de sociologie of de psychologie?
Als we de wijze van benadering van Lewin volgen, past de groepsdynamica binnen de psychologie. Psychologen ondersteunen de gedachte dat het gedrag van een individu altijd gerelateerd is aan zijn omgeving. Sociologen daarentegen zien groepen eerder als een brug tussen het individu en de maatschappij. Door deze brugfunctie zouden individuen zich beter kunnen aanpassen in de maatschappij. Dit verschil in benadering zorgt ervoor dat de groepsdynamica breed wordt bestudeerd, maar wel vanuit verschillende perspectieven. Samenvattend kun je stellen dat vanuit sociologisch perspectief naar de groep wordt gekeken als bouwsteen van de maatschappij. Vanuit psychologisch perspectief wordt gekeken naar de interacties tussen groepsleden. De groepsdynamica houdt zich vooral bezig met het psychologisch perspectief.

1.2 De opbouw van dit boek

Het boek is opgebouwd uit zes hoofdstukken. Ieder hoofdstuk bevat hoofdtekst, een samenvatting en oefeningen die zowel zelfstandig als in de les of training kunnen worden gedaan.

In *hoofdstuk 1* wordt verklaard waarom het belangrijk is om de dynamiek van een groep te begrijpen. Er wordt uitgelegd wat groepsdynamica precies inhoudt, de definitie wordt nader verkend en de geschiedenis van de groepsdynamica wordt kort besproken. Ook wordt duidelijk hoe dit boek te gebruiken is en voor welke doelgroep het is geschreven.

In *hoofdstuk 2* worden een aantal algemene groepsdynamische theorieën besproken, waaronder die van Schutz. Hij beschrijft drie fasen in het groepsproces: de inclusiefase, de controlefase en de affectiefase, die verderop in het boek uitgebreider aan de orde komen. Ook wordt de functie van een groep duidelijk. Daarnaast wordt duidelijk welke basisbehoeften mensen in groepen hebben en hoe je daarop kunt inspelen. Je eigen basisbehoeften komen ook aan het licht. Het hoeft natuurlijk geen betoog dat het daadwerkelijk competent worden in groepsdynamica vooral zal lukken als de situaties ook daadwerkelijk plaatsvinden, aanvankelijk in oefensituaties en vervolgens in real-life-situaties. Het boek is daarom zeer geschikt als ondersteunend middel bij trainingen en opleidingen.

Een groot deel van het boek en *hoofdstuk 2* zal bestaan uit het verkennen van je eigen patronen en vaardigheden. Hierdoor kun je je eigen kwaliteiten en valkuilen binnen groepsdynamica op het spoor komen zodat je doelgericht aan een (verbeter)plan kunt werken. Inzicht in je eigen sterke en minder sterke kanten helpt om beter voor groepen te staan. Je zult merken hoe je onbewust beïnvloed wordt in een groep en wat je kunt doen om alert te zijn op deze beïnvloedende processen. Aan de andere kant kun je kennis over deze processen bewust inzetten om de groepsdynamiek te beïnvloeden. Door bewust wel of niet te sturen kun je de groepsdynamiek beheersen.

In *hoofdstuk 3* wordt voortgebouwd op groepsontwikkeling en behoeften van groepsleden. Hier wordt ingegaan op de inclusiefase van Schutz, waarin de groep een groep wordt. Hier worden de raakvlakken met de sociale psychologie duidelijk en zullen een aantal begrippen en theorieën beschreven en toegepast worden. Centraal staat het thema 'hoor ik erbij of niet', maar ook waarom iemand wel of niet in de groep gesloten wordt. Laatste inzichten vanuit cybergroepen, bijvoorbeeld op Facebook, worden hier tegen het licht gehouden. Ook hier is het goed om je bewust te zijn van het feit dat eigen gedrag ook weer veranderend (groeps)gedrag oproept.

In *hoofdstuk 4* komen specifieke groepsdynamische verschijnselen voorbij die passen bij de tweede fase van Schutz, de controlefase. Te denken valt aan leiding geven aan groepen, diverse groepsrollen, omgaan met conflicten en weerstand. Ook kijken we naar hoe goed een groep is in het nemen van besluiten. We bespreken de controlefase en verkennen hoe het komt dat juist in deze fase zoveel problemen ontstaan. Tevens kijken we naar hoe we een groep kunnen veranderen: wat is daarvoor nodig?

In *hoofdstuk 5* komt de groep weer in rustiger vaarwater en is het tijd om in veilige haven te komen. De fase van Schutz die hier centraal staat, is de affectiefase. De groep is productief en staat open voor feedback en emoties. Het is belangrijk om in deze fase alert te zijn op groepsdenken en meeliften. Ook moet een groep blijven presteren, en aan uitdagingen blijven werken. Hoe krijg je dat voor elkaar?

Daarover gaat *hoofdstuk 6*, de groep houden zoals hij is. Er komen echter ook bijzondere groepen voorbij zoals therapiegroepen, zelfhulpgroepen en leefgroepen.

1 Inleiding

Hoe kun je het boek gebruiken bij het leren werken in en met groepen?
Dit boek gaat over groepen en hoe we er deel van uitmaken. Groepsdynamica gaat – simpel gezegd – over niets anders dan de veranderingen die plaatsvinden tussen groepsleden en hoe zij hierop regeren. Het gaat ook over de interactie tussen mensen. In het boek komen diverse situaties die optreden in groepen, aan de orde: binnen het werk of op een opleiding. Vat krijgen op groepsdynamiek is lastig en gaat niet altijd vanzelf. Het maakt ook uit of je voor of in de groep staat. Maar wanneer de juiste interventies gepleegd worden, kan er meer bereikt worden. Door in te zoomen op waarom mensen in groepen doen zoals zij doen, voelen groepsleden zich prettiger en beter gehoord. Door jezelf centraal te stellen, de informatie uit dit toe te passen in je werk of stage en de omgeving vanuit groepsdynamisch perspectief te benaderen, zul je steeds de groepsdynamica steeds beter in de vingers krijgen.

Zelfinzicht
Dit boek gaat ook in op jouw rol in de groep. Je moet weten wanneer je vooroordelen je in de weg zitten, wanneer je beter kunt ingrijpen dan afwachten of wanneer je moet overgaan tot het inzetten van leidend of niet leidend gedrag. Dat draagt bij aan een goed functionerende groep. Specifieke persoonskenmerken of overtuigingen die jou in de weg zitten binnen groepen, kunnen de groep en zijn deelnemers positief dan wel negatief beïnvloeden.

1.3 Opdrachten

1. a. Bekijk jezelf als groepslid: welke persoonlijke kenmerken van jou dragen bij aan het 'groepslid zijn', en welke persoonlijke kenmerken dragen juist niet bij aan het 'groepslid zijn'?
   b. Maakt het nog uit in welke groep je je bevindt; in welk type groep ben je meer jezelf?

2. Lees de uitgangspunten van Lewin nog eens door. Welke uitgangspunten die hij beschreef vind je tegenwoordig nog terug binnen training en opleiding, bijvoorbeeld bij het leren binnen jouw eigen opleiding?

1.4 Samenvatting

In hoofdstuk 1 heb je kennisgemaakt met de algemene uitgangspunten waarop de groepsdynamica gebaseerd is. Er is gekeken naar het verschil tussen groepsdynamica, sociale psychologie en sociologie. Ook heb je informatie gekregen over de grondlegger van de groepsdynamica, Kurt Lewin. Tot slot heb je richtlijnen gekregen over de opbouw van het boek en de wijze waarop je je de stof eigen kunt maken.

Groepslid of groepsbegeleider? 2

2.1 Inleiding

In dit hoofdstuk wordt de relatie gelegd tussen het groepslid zijn, het begeleiden van groepen en een aantal algemene groepsdynamische theorieën, waaronder die van Schutz. Schutz staat vooral centraal omdat zijn model aansluit bij de basisbehoeften van mensen: autonomie (beschikken over je eigen leven), competent zijn (laten zien wat je kan) en behoefte aan het hebben van relaties met anderen. Hij beschrijft drie fasen in het groepsproces: de inclusiefase, de controlefase en de affectiefase, die verderop in het boek uitgebreider aan de orde komen. In iedere fase wordt duidelijk hoe mensen laten zien of er wel of niet aan hun basisbehoeften wordt voldaan, en hoe je daarmee om kunt gaan. Daarnaast zoomen we in op diverse aspecten van een groep. Verderop in het hoofdstuk kijk je naar jezelf in relatie tot groepen, zowel als lid van de groep als wanneer je een groep begeleidt. Een onderdeel hiervan is het leren kennen van je eigen basisbehoeften. Bepaalde persoonskenmerken, zoals toegankelijk zijn, kunnen de dynamiek binnen groepen verbeteren, anderen blokkeren deze juist. Het hoofdstuk eindigt met een korte samenvatting en suggesties voor verder zelfonderzoek.

2.2 Wat is een groep?

Een groep kun je definiëren als een samenstelling van twee of meer van elkaar afhankelijke individuen die elkaar beïnvloeden door sociale interactie. Een groep heeft een aantal herkenbare uitgangspunten. Dit zijn de mate van interactie tussen groepsleden, de structuur en grootte van de groep, het soort doelen dat de groep nastreeft, de verbondenheid van groepsleden met elkaar en de ontwikkeling van de groep in een bepaald tijdsbestek.

Interactie tussen groepsleden
Bij de start van een nieuw collegejaar is het nog niet zo duidelijk hoe er wordt omgegaan met de procedures en schoolregels. Studenten kijken bijvoorbeeld of zij iemand kennen, naast wie zij gaan zitten en observeren elkaar op gedrag in de groep, om zo voor zichzelf een houding te bepalen. Verder stellen zichzelf

wellicht vragen als 'mag je te laat komen?' en 'ben je verplicht om alle lessen te volgen?' In de eerste week komen de studenten meestal op tijd en zijn ze allemaal aanwezig. In de mentorbijeenkomsten wordt duidelijk dat niet alle lessen verplicht zijn. Na de les hebben de studenten het er met elkaar over. Wie gaat er wel naar iedere les, en wie niet? Sommigen nemen het voortouw, anderen wachten af wat de groep doet.

Na drie weken zijn er studenten die er altijd zijn, studenten die soms verzuimen en is er één student die zich bijna niet meer laat zien in de les. Beslissingen om wel of niet naar de lessen te komen ontstaan doordat de groepsleden elkaar beïnvloeden. Dit gebeurt door interactie. Men observeert elkaar, praat met elkaar en leert van elkaar. Deze interactie kan lichamelijk, verbaal, non-verbaal, emotioneel enzovoorts zijn en is een essentieel element van leven in groepen. Ook de mate van bij elkaar komen kan bepalend zijn voor de vraag in hoeverre een groep een hechte groep wordt. Een groep functioneert pas als er sprake is van regelmatige interactie tussen de groepsleden, namelijk als twee of meer groepsleden zich verenigen om een doel te bereiken. Langzamerhand begint er zo een structuur binnen de groep te ontstaan.

Verbondenheid door middel van contact maken

Als je met elkaar een groep wilt zijn, is het belangrijk om met elkaar in contact te zijn. Dit kan via lijfelijk aanwezig zijn of via digitale contacten. Het is wel belangrijk om elkaar regelmatig te zien of te spreken, omdat anders het contact snel verwatert. Zaken die daarbij een rol spelen zijn gelijkgestemdheid, bijvoorbeeld in meningen of ideeën, en nabijheid. Dit laatste lijkt een open deur, maar dit effect kan al optreden als men elkaar alleen al waarneemt, bijvoorbeeld in een lift of bij een bushalte. Dit noemen we het 'louter blootstelling'-effect; je hoeft elkaar alleen maar regelmatig tegen te komen, om elkaar aardiger te vinden, en daardoor meer betrokken bij elkaar te raken. Mensen kunnen dus ook een soort van 'groepsgevoel' ervaren door elkaar slechts kort, maar regelmatig te zien op bepaalde plaatsen. Er is dan natuurlijk nog geen sprake van een groep. Tot slot speelt zelfonthulling een belangrijke rol bij contact maken: hoeveel laat je van jezelf zien? Blijven gesprekken vooral oppervlakkig, dan zal het contact tussen de groepsleden snel verwateren (zie ook 'Een nieuwe groep' in paragraaf 2.4).

Structuur binnen de groep

Hoewel er veel manieren zijn om een groepsstructuur te beschrijven, gaan we hier uit van de begrippen *rollen*, *normen* en *status*. Bij een beschrijving van een rol die iemand heeft, horen ook de verantwoordelijkheden, bevoegdheden, doelen en taken van die rol. Al in een beginnende groepsstructuur worden rollen van groepsleden duidelijk. Enkele weken na de start van het collegejaar wordt al duidelijk wie de voorbereidingsopdrachten maken en wie niet; wie er op tijd komt en wie te laat, wie er humor heeft en wie een lastige vraag stelt. In hoofdstuk 4 wordt verder ingegaan op rollen.

Afbeelding 2.1   Structuur in de groep

Ook ontstaan er normen, soms opgelegd door de groep (bijvoorbeeld: wie een tweede keer te laat komt, trakteert), soms opgelegd door de docent (er mogen vragen over de leerstof worden gesteld maar pas als de uitleg is gegeven). Normen zijn duidelijke richtlijnen voor hoe men zich gedraagt in de groep. Normen komen voort uit algemene waarden (bijvoorbeeld uit vrijheid en rechtvaardigheid). In bijna alle samenlevingen komen normen voor. Normen kunnen niet worden opgelegd, ze ontstaan uit de interacties tussen de groepsleden. Normen kunnen wel worden opgelegd. Als normen worden opgelegd in opleidings- of werkkringen, verworden ze tot regels. Het werkt vaak beter om vanuit groepsnormen tot regels te komen, omdat de groepsleden dan mee kunnen beslissen. De kans dat die regels dan worden opgevolgd is groter.

De (sociale) status die iemand heeft, komt tot stand door hoe anderen tegen iemand aankijken. Dit kan positief of negatief zijn. Door inzichtelijk te krijgen welke status groepsleden hebben in een groep, wordt de structuur duidelijk.

Voorbeeld   De status van groepsleden

Projectgroep
In een projectgroep wordt slecht omgegaan met het uitvoeren van de opdrachten. Sommige leden doen meer dan anderen en er ontstaat irritatie. Ook blijken sommige studenten zich netjes af te melden en anderen niet. Niet iedereen houdt er dezelfde normen op na, daar waar het gaat om projectgroepslid te zijn. Na overleg worden de taken herverdeeld. Iedereen heeft nu een zelfde deel te doen. Bovendien zijn de procedures rondom afmelden en aanwezigheid geregeld. De groep kan weer verder.

John
Op een verpleegkundige afdeling werkt student verpleegkunde John. Hij is de enige mannelijke verpleegkundestudent. De patiënten benaderen hem afstandelijker en formeler dan de andere verpleegkundigen. Later blijkt dat zij denken dat John arts is, ze geven hem een andere status dan de verpleegkundigen. Als John vertelt dat hij in opleiding voor verpleegkundige is, bekijken ze hem weer anders. Ook willen sommige patiënten geen 'leerling' aan het bed. Van 'arts' verandert de status van John in 'nog lerende'.

Kader 2.1

Grootte

Wanneer is er sprake van een groep? Specifieke benamingen van groepsgrootten zijn de *dyade* (twee leden), *de triade* (drie leden), de kleine groep (vier tot twintig leden), de maatschap (twintig tot dertig leden) en de massa (meer dan veertig leden). Begrijpelijkerwijs is beïnvloeding door de groepsleden afhankelijk van de groepsgrootte. In kleine groepen lijkt beïnvloeding een grotere rol te spelen dan in grote groepen. In zeer grote groepen kan beïnvloeding zelfs geheel verdwijnen en kunnen groepsleden opgaan in de anonimiteit. We spreken dan van een massa.

Doelen

Groepen bestaan meestal niet zonder reden of doel. In vroeger tijden was het deel uitmaken van een groep een belangrijke voorwaarde om in leven te blijven. Tegenwoordig is het hebben van groepsdoelen minder van levensbelang, maar nog wel belangrijk. In groepen worden onder andere problemen opgelost en producten gemaakt. Bovendien wordt er kennis uitgewisseld, plezier gemaakt en veiligheid gecreëerd. Groepen helpen ons ook om onze doelen te bereiken. Het doel kan van alles zijn, een nieuw computerprogramma ontwerpen, een sportwedstrijd winnen, een uitje voor een kinderdagverblijf organiseren enzovoort. Een doel is een ideaal, iets waar mensen naartoe willen werken, een situatie waar mensen veel waarde aan hechten. Wanneer veel groepsleden dezelfde doelen hebben, spreken we van een groepsdoel. Een groepsdoel is een door de groepsleden gewenste situatie. De groepsleden zijn gemotiveerd om zich in te zetten voor het doel. Dit verstevigt de *cohesie* (verbondenheid) tussen de groepsleden en zet hen aan tot gezamenlijke inspanningen. Een doel creëert een band tussen de groepsleden, zij ervaren een gemeenschappelijke emotionele betrokkenheid. Doelen zijn ook belangrijk voor de vooruitgang van de groep. Zonder doelen kan het functioneren van een groep niet beoordeeld en geëvalueerd worden.

Veel sociaalwetenschappers zijn van mening dat een groepsdoel uit een combinatie van alle individuele doelen van de groepsleden bestaat, mits die doelen raakvlakken met elkaar hebben. Mensen worden lid van een groep omdat zij bepaalde doelen hebben die zij via hun groepslidmaatschap tot uitdrukking willen brengen of realiseren.

Verbondenheid of cohesie

Met verbondenheid, ook wel cohesie genoemd, wordt aangegeven hoe sterk de samenhang tussen groepsleden is. Door deze samenhang voelen de groepsleden zich een groep. Voelen zij zich sterk met elkaar verbonden, dan heeft de groep een grotere invloed op hen. Lewin en zijn collega's ontdekten dat er samenhang bestaat op individueel en groepsniveau. Individuele verbondenheid omvat elkaar aardig vinden, elkaar respecteren en elkaar vertrouwen. Op groepsniveau uit zich dat in het hebben van een 'wij-gevoel'. Een sterk verbonden groep ervaart meer plezier en tevredenheid, en de leden ervan hebben meer zelfvertrouwen en ervaren minder angst. Naast het gegeven dat mensen zich soms niet meer kunnen vinden in de groepsnormen, speelt ook het ervaren van cohesie een grote rol in het willen verlaten van de groep. Als de cohesie hoog is, zullen mensen graag in de groep blijven.

Ontwikkeling

Groepen maken ontwikkelingen door. Verschillende onderzoekers hebben deze ontwikkelingen met behulp van een model in kaart gebracht. Een van de bekendste modellen is het stadiamodel van Tuckman. Hij beschrijft dat een groep door vijf fasen gaat: *forming* (de groep ontstaat en groepsleden bepalen hun plaats), *storming* (de groepsleden verkennen de grenzen, beïnvloeden elkaar en plegen soms verzet), *norming* (de groep bereikt consensus en maakt afspraken), *performing* (de groep is productief) en *adjourning* (de groep gaat uiteen). Ieder stadium heeft zijn eigen kenmerken. Deze kenmerken spelen zowel in groepen die een dag bij elkaar zijn, als in groepen die een paar jaar bij elkaar zijn. Het onderzoek waarmee Tuckman tot zijn fasen kwam, is echter niet goed wetenschappelijk uitgevoerd. De fasen zijn namelijk wel herkenbaar bij de groepsbegeleider, maar hiervoor is geen uitgebreid wetenschappelijk bewijs geleverd. Een ander model is dat van Schutz. Hij beschrijft drie fasen: de inclusiefase (de groepsleden komen bij elkaar); de controlefase (de groepsleden testen elkaars macht en invloed) en de affectiefase (de groepsleden investeren in vriendschap en samenwerking). Hoewel ook voor het model van Schutz geen uitvoerig wetenschappelijk bewijs is geleverd, passen zijn theorieën wel goed bij de psychologische basisbehoeften van de mens, die wel wetenschappelijk zijn aangetoond: autonoom zijn (zelfstandig kunnen handelen), competent zijn (laten zien wie je bent) en het aangaan van relaties (behoefte aan verbondenheid). Het model van Schutz wordt in dit boek ingezet om de mate van groepsontwikkeling uitgebreid te bespreken en komt in diverse hoofdstukken uitgebreid terug.

2.3 Soorten groepen

Een groep laat zich op diverse manieren beschrijven. Zo zijn er primaire en secundaire groepen, sociogroepen en psychegroepen, en formele en informele groepen. Bovendien spreken we in bepaalde situaties van in- en outgroups (zie paragraaf 2.3).

Primaire en secundaire groepen

Primaire groepen kenmerken zich door persoonlijke, intieme relaties waarbij de groepsleden direct contact met elkaar hebben. Je kunt hierbij denken aan families en vriendenkringen. De contacten zijn ongedwongen en spontaan. In secundaire groepen zijn de relaties over het algemeen afstandelijker en onpersoonlijker. De groepsleden gaan formeler met elkaar om. Status heeft invloed op hoe men met elkaar omgaat. In een primaire groep gaat het erom wie je bent. Wanneer je geen deel meer uitmaakt van deze groep, zul je als persoon gemist worden. In een secundaire groep gaat het er meer om wat je deed. Je functie kan overgenomen worden en jouw vertrek zal minder als een gemis worden ervaren.

Sociogroepen en psychegroepen

Remmerswaal (2001) omschrijft *sociogroups* en *psychegroups*. Van een sociogroep ben je alleen lid omdat jouw naam daar deel van uitmaakt, bijvoorbeeld wanneer je een petitie tekent, terwijl je in een psychegroep meer als persoon aanwezig bent en je je verbonden voelt met de deelnemers. Je wilt je er graag mee identificeren. Een voorbeeld hiervan is een lidmaatschap van een zangvereniging.

Formele en informele groepen

Binnen dit onderscheid is van belang hoe expliciet de groepskenmerken zijn geformuleerd, bijvoorbeeld het doel, de rollen en de normen. Werk- en taakgroepen zijn in hoge mate georganiseerd. Structuur en doel van de groepen liggen vast. Door lid te worden van deze groepen houd je je aan de formele regels. Als de doelen, rollen en normen van de groep vrij vaag zijn, bijvoorbeeld in een spontaan tot stand gekomen vriendengroep, spreken we eerder van een informele groep. In de praktijk blijkt dit onderscheid niet altijd op te gaan. Binnen vriendengroepen blijken ook (ongeschreven) regels te bestaan en in formele groepen kun je soms zeer informeel gedrag tegenkomen.

In- en outgroups

Een speciale situatie binnen een groep heeft te maken met het verschijnsel *ingroup* versus *outgroup*. Mensen die lid zijn van een groep voelen zich de ingroup. Deze groep omvat henzelf en ieder die volgens hen onder 'wij' vallen. De outgroup omvat in dat geval de mensen die niet tot deze 'wij' (mogen) behoren. Ingroup-leden neigen tot stereotiepe denkwijzen over de outgroup. Zij denken dat mensen in de outgroup zich afwijkend gedragen. Bovendien zien ze meer overeenkomsten tussen leden van de outgroup onderling dan verschillen. Dit lijkt nodig te zijn om het wij-gevoel in de ingroup te versterken. In- en outgroupgevoelens kunnen al heel snel ontstaan binnen groepen. Zo kan het uitdelen van rode en witte lintjes aan willekeurige mensen er al voor zorgen dat men zich een groep voelt (wij zijn de 'roden' en zij zijn de 'witten'). Dit verschijnsel noem je ook wel het 'minimale groep'-paradigma.

2.4 Groepslid of groepsbegeleider

Soms ben je lid van een groep als deelnemer, op andere momenten ben je juist leider of begeleider van een groep. Hierbij ervaar je overeenkomsten maar ook verschillen. In deze paragraaf worden beide posities beschreven.

Waarom willen mensen graag bij een groep horen?

Robbins en Judge (2011) brengen dit op heldere wijze in kaart:
- een veilig gevoel hebben: de onzekerheid van het alleen zijn wordt beperkt, en mensen voelen zich sterker;
- status: lidmaatschappen van groepen die door anderen belangrijk worden gevonden, leveren erkenning en status op;
- eigenwaarde: lid zijn van een bepaalde groep vergroot het gevoel van eigenwaarde;
- affiliatie: de meeste mensen vinden het fijn om met anderen om te gaan; sociale behoeften worden zo vervuld;
- macht: samen sta je sterk. Groepsactiviteiten geven meer macht dan een eenzame actie;
- doelen bereiken: het bundelen van ieders kwaliteiten en inzet levert meer op.

Lid zijn van een groep

Erbij horen is een belangrijke behoefte van mensen. Het hoort bij mensen om onderdeel van een groep te willen zijn. Het geeft ons zelfvertrouwen, een gevoel van eigenwaarde als we bij een groep horen. Uit recent hersenonderzoek blijkt uitgesloten worden uit een groep eenzelfde activatie in de hersenen te geven als fysieke pijn. Dit schijnt zelfs voor te komen als mensen van digitale groepen, zoals op Facebook, worden uitgesloten.

Voorbeeld Uitsluiting en agressie

Uitsluiting biedt het agressieonderzoek goede aanknopingspunten (deels overgenomen van Rob Buiter)

'Ik was gefascineerd geraakt door een documentaire over een student op de militaire academie van West Point. Kadet James Pelosi werd om zoiets onbenulligs als het niet op tijd neerleggen van zijn pen bestraft door middel van *silencing*. Tweeënhalf jaar werd hij door al zijn medestudenten en docenten totaal genegeerd, alsof hij niet bestond. Ik wilde weten wat "sociaal onzichtbaar zijn" in het echt met iemand deed. Dit moest toch verschrikkelijk zijn?!'

Het eureka-moment voor professor Kipling D. Williams, psycholoog aan de Purdue Universiteit, kwam op een zonnige dag in het park. 'Ik zat daar met mijn hond, toen een frisbee per ongeluk naast mij landde. Ik gooide hem terug naar de jongens die ermee speelden, waarop zij mij even bij hun spel betrokken. Maar van het ene op het andere moment negeerden ze me weer volkomen, en gooiden de frisbee niet meer naar mij toe. Ik realiseerde me dat dit tot mijn verbazing echt pijn deed.'

De eerste experimenten die de sociaal psycholoog vervolgens deed, waren geïnspireerd op dat voorval in het park. Twee 'handlangers' van de onderzoeker en een proefpersoon werden in een ruimte gezet, zogenaamd om te wachten op het eigenlijke onderzoek. De handlangers zaten ondertussen een beetje met een balletje te spelen. Na aanvankelijk eerlijk overgooien, negeerden zij de proefpersoon van het ene op het andere moment. De videobeelden die Williams van de proefpersonen laat zien, spreken boekdelen. 'Je ziet deze jonge vrouw bijvoorbeeld al snel echt heel terneergeslagen kijken. Na een paar minuten stoppen we deze proeven, om vervolgens de proefpersoon uitgebreid te debriefen. We maken duidelijk wat de bedoeling van het experiment was en drukken hem of haar op het hart dat het echt niets persoonlijks was.'

Griekse uitsluiting
De effecten van de experimentele 'uitsluiting' door Williams en zijn handlangers blijken heel goed meetbaar, bijvoorbeeld via een score van welbevinden door de proefpersonen zelf. 'Het is eigenlijk vreemd dat het zo lang heeft moeten duren voordat deze effecten van uitsluiting experimenteel konden worden onderzocht,' zegt Williams. 'Al in 1890 schreef één van de grondleggers van de moderne psychologie, William James, dat uitsluiting waarschijnlijk erger is dan fysieke marteling. Ook de Amerikaans auteur John Steinbeck schreef in 1945 al hele rake dingen over de effecten van uitsluiting. En het Engelse woord voor uitsluiting, *ostracism*, stamt nota bene uit de Griekse tijd. Een groep kon toen stemmen over het verbannen van een persoon, door zijn of haar naam op "ostraca", een soort kleitabletten te krassen. Toch heeft het blijkbaar tot de jaren tachtig van de vorige eeuw moeten duren voor de experimentele psychologie er aandacht aan durfde te besteden.'

In de jaren die volgden dook Williams steeds dieper in de psychologische basis van uitsluiting. 'De biologie leert dat uitsluiting een heel fundamenteel evolutionair principe is. Een vrouwtjesleeuw die gewond is geraakt en mank loop, wordt zelfs uitgesloten door haar eigen jongen. Als ze een mank vrouwtje bij de groep proberen te houden, wordt de groep als geheel daar slechter van.' Hoe diep het zit bij mensen liet Williams zien met behulp van virtuele uitsluiting. 'Ook voor dit idee werden we aanvankelijk uitgelachen, maar in 1998 heb ik met twee studenten in Australië een computerversie van het eerder door ons gebruikte "balspel" ontwikkeld. Het genegeerd worden door twee niet bestaande, getekende poppetjes op een computerscherm bleek net zo effectief om mensen de pijn van sociale uitsluiting te laten voelen.' Om dat te illustreren laat Williams een verborgen cameraopname zien van een proefpersoon voor de computer, die wordt buitengesloten tijdens het spelen van *Cyberball*. Aanvankelijk lacht hij, als hij denkt dat hij in de maling wordt genomen door zijn nepmedespelers. Binnen een minuut na het uitgesloten worden steekt de jongen uit de grond van zijn hart een middelvinger op naar het beeldscherm, onwetend dat er iemand meekijkt.

Alles weer onder controle
Uiteindelijk kreeg Williams het zelfs voor elkaar mensen een vervelend gevoel te bezorgen via uitsluiting door twee vierkantjes die op een scherm een rondje heen en weer pingpongden. 'Daarbij moest ik mensen vaak wel eerst vragen om zich een voorstelling te vormen van wat er nu eigenlijk achter die vierkantjes en dat rondje schuilging. Maar dan was het primaire gevoel van onbehagen tot mijn verbazing ook net zo sterk als wanneer ze werden uitgesloten door echte personen, door tekenfilmfiguurtjes, of zelfs door getekende figuren met wie ze in het dagelijks leven helemaal niets te maken wilden hebben, zoals mensen van een tegenovergestelde politieke stroming of zelfs Ku Klux Klan-leden.' Het verschil tussen uitsluiting door een vierkantje of door bijvoorbeeld een

medestudent zag de onderzoeker in de fase daarna. Na het primaire gevoel van te zijn uitgesloten, neemt de ratio het blijkbaar toch over. 'Waarom voel je je nou rot, het is toch maar een getekend poppetje? Wat doe je nou moeilijk, het is maar een kkk-stripfiguurtje.' In die ratio-achteraf schuilt volgens Williams ook een belangrijk praktisch aspect van zijn onderzoek. 'De afgelopen jaren hebben we, denk ik, overtuigend laten zien dat mensen zich fundamenteel rot kunnen gaan voelen door uitsluiting. Het is de vraag wat mensen er in die tweede stap mee doen. Kunnen ze zich rationeel wapenen tegen de pijn? In feite gebruiken ouders ook een vorm van uitsluiting wanneer zij een stout kind negeren. Door zo'n time-out gaan ze ervan uit dat het kind zich realiseert dat het zich wat prosocialer moet opstellen. Ook dat kun je evolutionair begrijpen. De groep heeft er belang bij een lastig element buiten te sluiten, en de uitgeslotene heeft er vervolgens belang bij weer bij die groep te kunnen horen. Die moet daar zijn best voor doen.'

Therapie
Werd Williams in de begindagen van zijn onderzoek nog voor gek verklaard door collega's, nu is hij een vraagbaak voor wetenschappers over de hele wereld die zich met dit thema bezighouden. 'Ook leken gaan bij mij te rade,' voegt hij daaraan toe. 'Ik word gebeld door mensen die zich uitgesloten voelen, op hun werk bijvoorbeeld. Ze bellen mij om te vragen hoe ze dat kunnen stoppen. Nu ben ik een experimenteel, sociaal psycholoog en zeker geen clinicus. Ik heb dus ook geen therapie voorhanden en ook geen recept hoe mensen zich prosocialer kunnen opstellen na uitsluiting. Maar een letterlijk medicijn tegen de pijn is volgens mij hoe dan ook geen goed idee. Er is inderdaad ontdekt dat de pijn van sociale uitsluiting kan worden bestreden met een pijnstiller. Dat gegeven is vooral van academisch belang. De farmacologie laat hier zien dat de pijn "echt" is. Maar je gaat ook geen pijnstiller slikken terwijl je je hand in het vuur houdt. In plaats van de gewenste reactie – je hand uit het vuur halen – bestrijd je de pijn terwijl ondertussen je hand verbrandt. Ik denk dat je uitsluiting ook op een sociaalpsychologische manier moet oplossen, bijvoorbeeld door prosociaal gedrag te ontwikkelen en niet door de pijn, een waardevol signaal, te onderdrukken.'

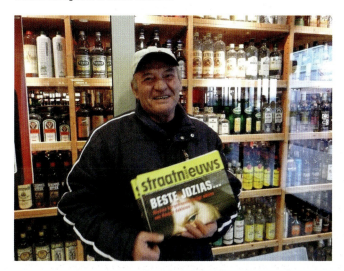

Afbeelding 2.2   Williams: 'Ik kijk een dakloze aan als ik zijn krant afwijs.'
(Bron: FaceMePLS – Flickr – Street News!)

Bijna twintig jaar na zijn eerste balspelletjes in het psychologielaboratorium is Williams nog steeds gefascineerd door zijn onderzoek naar het fenomeen uitsluiting. 'Het heeft mijn dagelijkse privéleven ook wel wat veranderd. Ik kijk bijvoorbeeld een dakloze tegenwoordig heel bewust aan, groet hem of haar en zeg dat ik geen daklozenkrant hoef te hebben, in plaats van die persoon te negeren. En in het restaurant ben ik vaak de enige die de ober aankijkt en bedankt als die mij een glaasje water inschenkt. Maar laatst hoorde ik dat ook dát weer niet handig is,' lacht Williams. 'Een goede ober schijnt juist zijn best te doen zo onopvallend mogelijk te zijn.'

Bron: www.kennislink.nl, Achtergrond zaterdag 1 september 2012, Bio-wetenschappen en maatschappij

Kader 2.2

Een nieuwe groep

Aan het begin van een college- of studiejaar word je er weer mee geconfronteerd: je start in een nieuwe groep. Waar ga je zitten en waarom? Met wie ga je een eerste contact leggen? We gaan hier nader op in.

Wat bepaalt tot wie je je aangetrokken voelt in een nieuwe groep (ook wel *interpersoonlijke attractie* genoemd)? Uit onderzoek blijkt dat de volgende factoren daarin een rol spelen:
- ruimtelijke nabijheid: hoe dicht is de ander in de buurt en maakt die ander deel uit van je naaste omgeving?
- gelijkenis: heeft de ander overeenkomsten met jou, bijvoorbeeld qua uiterlijk of qua opvattingen?
- zelfonthulling en openheid: hoe open is iemand over zichzelf?
- wederkerigheid: is de ander bereid om naast te nemen ook te geven? Maar ook: we vinden iemand aardig die ons aardig vindt.

Heel menselijk is ook dat we niet helemaal op willen gaan in de groep, we willen ook onszelf zijn en onafhankelijk zijn. Mensen zijn individualisten. Ze willen zich graag onderscheiden van de massa en willen uniek en bijzonder zijn, en zeker geen groepsdier. We kiezen zelf met wie we omgaan en laten ons niet leiden door wat een groep zou vinden. De laatste vijftig jaar, waarin het individualisme tot volle bloei kwam, leidt dit tot dilemma's bij groepsleden.

Ingedeeld in groepen

Of we willen of niet, we maken onderdeel uit van groepen. Misschien vindt iemand zichzelf bijzonder en uniek, maar de buitenwereld, de anderen, zullen snel een inschatting van hem of haar willen maken om te weten te komen tot welke groep hij of zij behoort: man of vrouw, wit of zwart, elitair of volks, Nederlander of buitenlander enzovoorts. Bovendien wil men weten of die persoon een bedreiging vormt of juist een soortgenoot is. Zo kijkt ieder met zijn eigen bril naar wat hij belangrijk vindt en deelt een ander in.

Zelfgekozen groepen

Natuurlijk kan iemand er ook zelf voor kiezen deel uit te maken van een groep. Dat kan een fysieke groep zijn, bijvoorbeeld een sport- of eetclub, maar ook een virtuele, bijvoorbeeld een LinkedIn-groep. Met deze voorbeelden wordt gelijk duidelijk dat de ene groep de andere niet is en dat een verbintenis met de ene groep heel wat hechter kan zijn dan met de andere. Het mooie van het deel uitmaken van verschillende groepen is dat je er zoveel aspecten, rollen van jezelf in kwijt kunt. Bovendien bepaal je zelf de mate van intensiteit van je lidmaatschap. Uit een onderzoek van sociaal psycholoog Naomi Ellemers uit 2010 blijkt dat veel mensen groepen uitkiezen op de waarden die de groep heeft.

Nadelen van groepslid zijn

Lid zijn van een groep heeft niet alleen maar voordelen. Het heeft de volgende nadelen:

- Aanpassen: vaak moet je je aanpassen aan de groep en de groepsregels. Hoe hechter en strenger de groep, des te meer aanpassing er gevraagd wordt. Uit een hechte groep stappen is niet makkelijk. De groep kan zich tegen je keren en niets meer met je te maken willen hebben.
- Buitensluiten: groepen zijn goed in het buitensluiten van anderen en sterker nog, het scheppen van vijanden. Dat laatste versterkt immers het groepsgevoel, de eigen identiteit en daarmee het positieve zelfbeeld.
- Onbewust laten beïnvloeden: voordat je er erg in hebt, laat je je in je gedrag en je waarneming door de groepsleden leiden. De unieke mens lijkt te verdwijnen.

2.5 Begeleiden van groepen

Kennis over groepsdynamica is – zoals in het begin van dit hoofdstuk al aangegeven – onmisbaar voor iedereen die met groepen werkt: kennis over hoe groepen functioneren en zich ontwikkelen en inzicht in hun problematiek zorgen ervoor dat een begeleider het overzicht houdt. Door kennis van groepsdynamica te hebben kunnen begeleiders analyseren of de problematiek die zij ontmoeten met de groep(sdynamica) te maken heeft of met persoonlijke eigenschappen. Problemen als te individualistisch bezig zijn, groepsontwikkelingsproblematiek negeren of te veel boven op de groep zitten waardoor groepen te passief worden, zijn te verminderen of te voorkomen als je iets weet van groepsdynamica.

Casus Charissa

Charissa loopt voor het eerst stage in een groep verstandelijk beperkte bewoners. Op de – normaal gesproken – rustige groep heerst nu onrust. Charissa is nieuw op de groep en de bewoners accepteren haar (nog) niet. Eén bewoner reageert uitermate agressief als Charissa hem wil verzorgen. Charissa vraagt aan haar begeleider wat zij verkeerd doet.

Haar begeleider geeft aan dat de groepsleden Charissa eerst beter willen leren kennen en haar als onderdeel van de groep moeten accepteren. Dat kan zij doen door kleine taakjes te verrichten zoals een spelletje doen of samen een rondje wandelen. Na een maand hoort Charissa erbij en kan zij met alle bewoners opschieten. Belangrijk hierbij is dat Charissa leert welk deel van de interactie bij haar ligt. Is zij bijvoorbeeld voldoende empathisch en communicatief vaardig om met de bewoners om te gaan? Welke rol speelt de ontwikkeling die de groep doormaakt in relatie tot een nieuwe begeleider?

In de interactie met groepen gaat het, zoals eerder geschreven, over de interactie tussen groepsleden, en tussen groepsleden en begeleider. Het handelen van jou als groepslid of als begeleider wordt mede bepaald door wat je van jezelf meeneemt en laat zien. Omdat een groep, meer dan één individu, veel teruggeeft van je gedrag, kun je 'jezelf' soms kwijtraken.

Casus   Aisha

Aisha is een vriendelijk, invoelende vrouw van 20 jaar. Ze staat bekend om haar zachte karakter en vindt dat ze goed met kinderen kan omgaan. Ze volgt de opleiding SPH en gaat als bijbaan wiskundebijles geven aan 14-jarigen. Vandaag heeft ze haar eerste les. Het loopt niet lekker. De kinderen luisteren slecht en doen niet goed mee. Na 45 minuten zegt één van de kinderen dat de leraar op school het veel beter uitlegt. Aisha wordt boos en roept: 'Dan ga je toch lekker naar je eigen leraar, wat kom je hier dan doen?' Achteraf is zij verbaasd over haar manier van doen. Dit past niet bij haar normale wijze van reageren.

De vraag bij deze casus is of Aisha zichzelf wel goed kent, of dat zij last heeft gehad van de groepsdynamiek van een nieuwe groep. In de volgende paragrafen gaan we daarom eens kijken hoe belangrijk het is dat jezelf goed kent als je met groepen werkt.

2.6 Jezelf leren kennen in relatie tot de groep

Mensen doen vaak allerlei uitspraken over zichzelf, bijvoorbeeld 'ik ben geduldig' of 'ik kan goed luisteren'. Het vermogen om jezelf te beschrijven is een zeer belangrijk hulpmiddel voor jezelf in relatie tot anderen. Wie naar zichzelf kijkt, kan zichzelf evalueren en zo komen tot nieuwe inzichten of nieuw gedrag. Een groepsbegeleider die zichzelf wil observeren, bijvoorbeeld via een filmopname, op sturend begeleidersgedrag, kan werken aan het in stand houden of verbeteren van haar technieken om minder te sturen en meer los te laten. Door meerdere keren haar gedrag in kaart te brengen kan zij ontdekken wat zij al kan en wat zij nog moet leren, eventueel in samenspraak met de groep. Soms willen groepsleden namelijk iets leren wat zij al kunnen, of menen ze juist iets te beheersen wat helaas niet zo is. Informatie over wie je bent, wat je kunt of waar je in gelooft, wordt (mede) gevormd door anderen. Daarom hameren docenten en begeleiders regelmatig op het vragen naar feedback en het reflecteren op je eigen gedrag. Dit kun je nooit te veel doen.

Ben je eigenlijk een competente groepsbegeleider?
Zoals in de inleiding wordt aangegeven, is het vermogen tot het verkrijgen van *zelfkennis* een zeer belangrijke factor. Het maakt het mogelijk dat mensen ideeën over zichzelf hebben of gaan krijgen, en zich bewust zijn van hun eigen gedrag. Als je bijvoorbeeld antwoord geeft op de vraag '*hoe betrokken ben ik bij mijn groep?*' maak je gebruik van dat vermogen tot het verkrijgen van zelfkennis.

Om vaardig te worden in het omgaan met groepen is het belangrijk om aan zelfobservatie te doen. Zelfkennis en het vermogen om kritisch naar jezelf te kijken helpen hierbij. Om te weten hoe deze processen werken volgt in dit hoofdstuk een korte beschrijving over het 'zelf'. Daarnaast worden in dit hoofdstuk enkele modellen beschreven die kunnen bijdragen aan het vergroten van je zelfkennis. Door met deze modellen te oefenen, kom je achter je kwaliteiten; waar je goed in bent, maar ook waar je jezelf nog in kunt verbeteren.

Laten we eens wat meer inzoomen op het begrip 'zelf'? Het zelf bestaat uit de kennis die iemand heeft over zichzelf (zelfkennis) en uit hoe iemand zichzelf waardeert (zelfwaardering). Mensen die slecht naar zichzelf kunnen kijken komen eerder in lastige (groeps)situaties terecht dan mensen die dat wel kunnen. Zolang je echter niet stilstaat bij deze situaties, en er zelf, of met anderen, niet over nadenkt, zul je er steeds weer in terechtkomen.

> **Casus** Erica
>
> Erica, groepsbegeleider en leidinggevende, heeft een niet-functionele manier van stiltes laten vallen wanneer zij een teamoverleg leidt. Hierdoor komt zij aarzelend over, waardoor haar gesprekken met de teamleden stilvallen. Zelf denkt zij er goed aan te doen om mensen de ruimte te geven door stiltes te laten vallen, maar de stiltes duren te lang. Door dit in te zien en hiermee te oefenen kan zij haar techniek verbeteren.

Zoals eerder aangegeven, zoomen we in dit boek ook in op het belang van het vergroten van je zelfkennis en ontdekken we welke hulpmiddelen je daarbij kunnen ondersteunen. Via een positieve kijk op jezelf, namelijk het onderzoeken welke kwaliteiten je bezit in het omgaan met groepen, zul je het kernkwaliteitenmodel bestuderen en toepassen. Naast kwaliteiten is er ook aandacht voor valkuilen, allergieën en leerdoelen. Sommige vaardigheden binnen groepsdynamische vaardigheden zijn verweven met je persoonlijke trekken. Het is goed om hier bewust van te zijn, zodat je kunt ontdekken of je jezelf hierin wilt of kunt veranderen. In deze paragraaf ga je dat onderzoeken.

Casus — Kent Ellen zichzelf?

Ellen is iemand met wie je kunt lachen, heel spontaan en met een groot hart, een beetje chaotisch. Als je Ellen zou moeten beschrijven, zouden dit de belangrijkste eigenschappen zijn: vriendelijk, sociaal, gericht op harmonie, emotioneel. Ze improviseert graag en kan goed omgaan met deadlines. Ook kan ze goed met stress omgaan. Sommige collega's vinden dat ze wel iets zakelijker zou mogen zijn, ze wil het namelijk graag iedereen naar de zin maken en dat lukt nu eenmaal niet altijd. Er zijn ook collega's die een beroep op haar doen wanneer ze het werk zelf niet afkrijgen. Hierdoor heeft Ellen regelmatig meer werk dan anderen. Ellen heeft zelf niet het idee dat hier misbruik van wordt gemaakt. Zelf ziet Ellen zich als een behulpzaam en sociaal persoon. Ze helpt graag anderen, en vindt het vervelend als er conflicten op het werk zijn. Sommige beschrijvingen van Ellen worden zowel door haarzelf als door anderen gegeven. Ellen heeft echter ook eigenschappen die zij niet ziet van zichzelf. Anderen zien die wel. Door het er met Ellen over te hebben, kan zij zichzelf beter leren kennen en keuzes maken in haar gedrag.

Het zelf

Onder het zelf verstaan we het geheel van psychologische processen, gedragingen, gedachten en gevoelens die bepalen hoe mensen hun eigen persoon ervaren. Daarnaast wordt binnen de sociale psychologie het begrip 'zelfconcept' gebruikt: hoe goed is iemands kennis over zichzelf? Dit wordt ook wel het zelfbeeld genoemd. Om vaardig te worden in het omgaan met groepen is het belangrijk om aan zelfobservatie te doen. Zelfkennis en het vermogen om kritisch naar jezelf te kijken helpen hierbij. Om te weten hoe deze processen werken, volgt hier een korte beschrijving over het 'zelf'.

Het zelf en drie niveaus van zelfbewustzijn

Wanneer we ons meer bewust zijn van onszelf, hebben we een scherper zelfbewustzijn. We nemen onszelf meer bewust waar, en zien onze goede of minder goede kanten. We zijn meer bewust van onszelf. Binnen dit zelfbewustzijn kunnen we drie niveaus onderscheiden: het subjectief, het objectief en het extensief bewustzijn.

Het *subjectief* zelfbewustzijn bestaat uit het vermogen om een onderscheid te maken in wat vertrouwd of 'vreemd' is. We zetten het in wanneer we iets waarnemen. Belangrijke functies hierbij zijn het vermogen om je ruimtelijk te oriënteren, dus welke plek je inneemt of in wilt nemen in een ruimte, en het coördineren van je eigen motoriek. Zo kan het zijn dat je tijdens een gesprek met de groep ervaart dat je spieren zich aanspannen, waarop je kunt besluiten om van houding te veranderen. Je ziet bijvoorbeeld je docent, die voor de groep staat, regelmatig van houding veranderen. Oriëntaties van het zelfbewustzijn hebben een egocentrisch (gericht op jezelf) trekje; reageren op de wereld gebeurt namelijk vanuit het eigen, persoonlijke perspectief. Opvallend hierbij is de neiging om aan te nemen dat anderen de wereld net zo waarnemen als jijzelf. Hierin kan een verklaring liggen voor het verschijnsel dat wij mensen zich niet voldoende in de echte belevingswereld van een ander verplaatsen. Het is dus niet altijd opzet of ongeïnteresseerdheid; we nemen op dat moment subjectief (vanuit onze eigen ideeën) waar, en doen dat niet bewust.

> **Casus**   Is David egocentrisch?
>
> David is in opleiding voor HBO-psycholoog; hij wil graag coach worden. Hij krijgt van zijn docent te horen dat hij zich tijdens de oefengesprekken te weinig inleeft in een ander. David vindt dat hij dit juist heel goed doet; hij geeft regelmatig aan dat hij, ook heeft meegemaakt, wat anderen inbrengen. Wanneer zijn gesprekspartner vertelt dat zij als kind gepest werd, neemt David het gesprek over en vertelt uitgebreid dat hij ook werd gepest en hoe hij dat heeft ervaren. De gesprekspartner houdt vervolgens haar mond.

Wanneer je communiceert met een groep(slid), is het belangrijk om je te verplaatsen in de ander. Het bevordert de interactie tussen jou en de deelnemer(s). Wanneer er daarbij te veel van het subjectief zelfbewustzijn wordt uitgegaan, dus te veel vanuit het eigen beeld wordt gehandeld, bevordert dit impulsiviteit. Impulsiviteit levert meestal geen professioneel gedrag op. Bedenk dus steeds dat je meestal uitgaat van je eigen gezichtspunt en leer open te staan voor de handelswijzen van de ander. David zou in zijn professionele rol, zich wel kunnen inleven in de ander, maar zijn eigen verhaal speelt hier geen rol. De ander heeft niet dezelfde ervaringen als David.

Het *objectief* zelfbewustzijn verwijst naar het vermogen van de mens om zichzelf te herkennen als een zelfstandig persoon, je kunt bijvoorbeeld naar jezelf kijken alsof je je eigen waarnemer bent. Dit wordt versterkt door in de spiegel te kijken of een geluids- of video-opname van jezelf te maken terwijl je in de groep handelt. Hierdoor kun je jezelf vergelijken met hoe je vindt dat je zou moeten zijn. Afwijkingen van hoe je denkt dat je bent of doet (het jou vertrouwde beeld) kunnen als bedreigend worden ervaren, zeker als je het gevoel hebt dat je niet (meer) voldoet aan de eisen die je aan jezelf stelt. Veel mensen vinden zichzelf raar overkomen op een filmpje. Dit kan je positieve zelfbeeld verminderen.

Wanneer iemand onder druk wordt gezet, neemt vaak zijn objectieve zelfbewustzijn toe, wat er vervolgens toe kan leiden dat routinetaken slechter uitgevoerd worden. Wanneer je bijvoorbeeld geobserveerd wordt tijdens een gesprek, of je gesprek wordt vastgelegd voor een beoordeling, kan het zijn dat je juist slechter presteert. Het objectieve zelfbewustzijn neemt door die aanwezigheid van anderen (direct of indirect door een camera) namelijk sterk toe. Je kunt het vergelijken met wanneer je poseert voor een foto. Veel mensen vragen zich hierbij af hoe zij op het beeld overkomen. Deze cognitieve inspanning kost extra energie, wat bij prestaties kan leiden tot een slechtere uitvoering. Dit komt omdat mensen zichzelf als het ware bekijken en evalueren. Dit leidt bovendien tot een lagere concentratie op de handeling die zij uitvoeren.

Afbeelding 2.3   Kijk eens naar jezelf alsof je je eigen waarnemer bent

Het *extensieve (of uitgebreide) zelfbewustzijn* is het vermogen om nieuwe ervaringen te koppelen aan eerdere persoonlijke herinneringen en emoties. Dit bewustzijn is sterker aanwezig wanneer je terugdenkt aan vroegere gebeurtenissen. Daaraan ontleen je hoe je in het leven staat en welke waarden je belangrijk vindt. Een belangrijke ervaring die verbonden is met het extensieve bewustzijn is een gevoel van autonomie, het gevoel wat je krijgt als je zelfstandig denkt, voelt en keuzes maakt. Ook helpt het extensieve zelfbewustzijn om doelgericht bezig te zijn, doordat het je helpt een verbinding te leggen met waarden en ervaringen die je belangrijk vindt. Hierdoor kun je jezelf voor iets motiveren. Het extensieve zelfbewustzijn helpt ook om negatieve gevoelens te verwerken en gebeurtenissen in een breder perspectief te zien. Het helpt je om een gebeurtenis makkelijker te relativeren. Wanneer je feedback ontvangt, wordt je extensieve zelfbewustzijn aangesproken en kun je leren om het te verdiepen. Tot slot bevordert het extensieve zelfbewustzijn je creativiteit. Door je eigen keuzes te maken, en af te zetten tegen eerdere ervaringen, kun je nieuwe plannen maken en nieuwe ontdekkingen doen. Hierdoor stimuleer je je creativiteit. 'Te' bewust zijn van datgene wat je doet, kan echter ook leiden tot het afzien van zaken die mogelijk niet bij je passen. Je kunt zo goed beredeneren waarom je iets niet zou doen, dat je er ook niet aan begint. Dit kan je belemmeren in je ontwikkeling. Ook kun je besluiten om idees van anderen, die jou verder kunnen helpen, weg te wuiven.

2 Groepslid of groepsbegeleider?

Casus	Lotte

Lotte werkt al enige tijd in een gesloten inrichting. Ze blijkt goed in haar werk te zijn, maar ook goed in het meedenken in organisatorische zaken. De directeur van de afdeling vraagt haar of zij er wat in ziet om een traject tot leidinggevende te volgen. Lotte ziet er in eerste instantie van af. Ze wil liever niet aan het hoofd van een team staan. Dat is niets voor haar. In de weken die volgen merkt zij echter dat zij zichzelf gaat bekijken als een leidinggevende. Ze kan niet ontkennen dat zij steeds goede ideeën heeft en dat mensen haar ideeën ook uitvoeren. Ze besluit toch nog eens met haar directeur te gaan praten.

Als je professioneel groepsbegeleider bent, is het prettig wanneer je jezelf een beetje kent. Het regelmatig onder de loep nemen van jezelf en je ervaringen met groepsleden en cliënten helpt hierbij. Op die momenten is het prettig als je op jezelf terug kunt vallen en niet voor verrassingen komt te staan. Maar hoe weet je of je (nog) capabel bent in het begeleiden van groepen en hoe houd je je zelfkennis hierover in stand? De drie niveaus van zelfbewustzijn kunnen je hierbij helpen. Sta je open voor nieuwe zaken, heb je heldere beelden over jezelf en kun je nieuwe ervaringen koppelen aan wat je al kunt? Neem deze uitgangspunten mee bij de volgende onderdelen.

Zelfkennis met behulp van een zelfschema

Zelfkennis doe je onder andere op doordat je dat vanaf je geboorte hebt aangeleerd bijvoorbeeld omdat je ouders je complimenten makten, door eigen waarnemingen en door persoonlijke ervaringen. Hierdoor beschik je over een enorme hoeveelheid informatie over jezelf. Deze kennis rangschik je op een systematische manier. Zo kom je tot een *zelfschema*. Het begrip 'schema' wordt in hoofdstuk 3 nader uitgelegd. Het is een manier van ordenen dat je gebruikt om de hoeveelheid informatie die je dagelijks binnenkrijgt te schematiseren. Een zelfschema bestaat uit abstracte kennis over jezelf (bijvoorbeeld je weet dat je goed bent in het verdelen van aandacht onder al je zorgvragers) die geassocieerd is met allerlei concrete situaties rondom jezelf (bijvoorbeeld herinneringen aan allerlei situaties waaruit bleek dat je die aandacht goed verdeelde). Een zelfschema is dus een soort kapstok om informatie over jezelf aan op te hangen. Je kunt deze kapstok gebruiken om te ontdekken waar je kwaliteiten en valkuilen liggen. Wanneer je (nog) niet weet waar je kwaliteiten liggen, kun je deze in de groep niet bewust inzetten. Wanneer je inzicht in je valkuilen krijgt, kun je deze proberen te vermijden tijdens je interactie met de groep. Een valkuil van het iedereen aandacht geven, is namelijk dat je te veel tijd neemt in de groep. Door dit onder ogen te zien, kun je er rekening mee houden. Je gebruikt het zelfschema ongetwijfeld ook om jezelf te beschrijven en beoordelen. Ben je inderdaad iemand die zijn aandacht goed verdeelt en zo ja waar blijkt dat dan uit? Met andere woorden; hoe waardeer je jezelf?

De mate waarin je jezelf positief of negatief beoordeelt, wordt zelfwaardering genoemd. Je maakt hierbij ook gebruik van anderen, bijvoorbeeld door ideeën over jezelf te spiegelen aan die anderen. Wanneer je anderen om feedback vraagt, maak je gebruik van dit proces (zie ook paragraaf 5.3). Er is een verband tussen je zelfwaardering en hoe mensen denken dat anderen hen zien. We hebben dus niet altijd realistische ideeën van wat anderen echt van ons vinden. Als wij onszelf een goede begeleider vinden, kunnen anderen dat juist niet vinden. Daar schrikken we soms van. Wanneer we opmerkingen van anderen niet prettig vinden, gaan we er creatief mee om; als de ander iets van ons vindt wat ons niet bevalt, zullen we dat niet altijd aannemen.

Anderzijds zien we ook dat de meeste mensen de ander willen 'sparen' en daardoor soms niet eerlijk zijn in hun oordeel. Wanneer je meer inzicht hebt in hoe deze concepten werken, kun je eerlijker naar jezelf kijken in je rol van groepsbegeleider. Feedback en oprechte evaluatiegegevens helpen om eerlijk naar je ervaringen te kijken.

De mate van zelfwaardering beïnvloedt het gedrag van de deelnemers en het verloop van de interactie met de groepsleden. Wanneer je jezelf of de ander een onjuiste waardering geeft, kan het gesprek ongewild negatief verlopen. Wanneer je niet weet waar je kwaliteiten of tekortkomingen liggen, kun je hier tijdens het gesprek geen gebruik van maken en kom je niet tot zelfverbetering.

Jezelf verbeteren

De wens tot zelfverbetering is het verlangen om informatie te zoeken die je helpt om jezelf te verbeteren. De meeste mensen zijn geïnteresseerd in hoe andere mensen iets doen en hoe het zit met hun eigen zwakke punten ten opzichte van die anderen. Hierbij zijn ze vooral geïnteresseerd in punten die zij kunnen verbeteren. Dit kunnen ze bijvoorbeeld doen door gebruik te maken van sociale vergelijkingen (zie ook paragraaf 3.7). Onderzoek laat zien dat studenten die in groepjes werken die weinig status en aanzien bezitten, zich graag met andere groepjes vergelijken. Wanneer ze dit doen, maken zij daarbij zinvolle afwegingen. Zo kunnen zij zich met groepjes vergelijken die nog minder status bezitten, omdat zij zich daar beter bij voelen. Dat stimuleert hen echter niet om hun grenzen te verleggen. Stel dat je later als begeleider zo'n groepje moet begeleiden. Dan kun je extra sturing geven, door bijvoorbeeld zelf groepjes in te delen, en hen niet zelf te laten kiezen. Op die manier krik je de status van bepaalde groepjes op door bijvoorbeeld slimmere studenten in het groepje te zetten.

Sociale vergelijking is een veel bestudeerd verschijnsel binnen de sociale psychologie. De sociaal psycholoog Festinger deed hier voor het eerst onderzoek naar. De basis van de sociale vergelijkingstheorie is dat mensen graag de juistheid van hun meningen en bekwaamheden op waarde willen schatten. Zij doen dit door zichzelf met anderen te vergelijken, bij voorkeur met mensen die veel op hen lijken. Hierbij is het mogelijk om opwaarts of neerwaarts te vergelijken. Wanneer mensen zichzelf willen verbeteren, is het beter om zichzelf opwaarts te vergelijken. Dat wil zeggen dat ze zich moeten vergelijken met anderen die beter zijn dan zij. Wanneer ze zichzelf willen verheffen, is het beter om zichzelf neerwaarts te vergelijken, dus zich te vergelijken met mensen die het slechter doen dan zij. Het eerdergenoemde groepje studenten kan zich beter vergelijken met een groep die het beter doet, zodat zij zich uitgedaagd voelen om ook dat niveau te halen.

Zelfpresentatie is het proces waarbij mensen de indrukken die anderen over hen vormen, proberen te beheersen en/of te beïnvloeden. Doordat mensen zichzelf positief aan anderen presenteren, versterken zij hun eigen identiteit in de ogen van anderen. Dit vergroot het eigen gevoel van (subjectief) welzijn. Zelfpresentatie kunnen mensen ook inzetten om anderen te beïnvloeden hen aardiger te vinden. Hiermee kunnen sociale en materiële uitkomsten vergroot worden, bijvoorbeeld meer aanzien of salaris.

Binnen zelfpresentatie kun je bijzondere gedragingen tegenkomen: sociaal wenselijk gedrag (slijmen) om iets gedaan te krijgen versus extreem onafhankelijk gedrag ('het kan me niet schelen wat iemand van mij denkt') als je een persoon feedback geeft op zijn gedrag. In het eerste geval kom je er niet achter wat iemand echt wil, in het tweede geval kun je je afvragen of dit echt waar is en of het handig is dat iemand zich zo opstelt.
Opvallend is ook dat in een onderzoek naar zelfbeeld werd aangetoond dat mensen een voorkeur hebben voor personen die wat betreft hun persoonskenmerken ongeveer gelijk aan henzelf zijn. Op die manier kunnen deze mensen hun zelfbeeld namelijk in stand houden. Wanneer zij in groepen verkeren die te heterogeen (gevarieerd) zijn, kan dit bedreigend zijn voor het zelfbeeld. Dit gegeven kan een belangrijke rol spelen wanneer groepsleden in subgroepen aan het werk gaan.

Het is belangrijk dat mensen over een positief zelfbeeld beschikken, zichzelf positief waarderen en dit ook in stand houden. Om zoveel mogelijk een positief zelfbeeld te handhaven, kun je verschillende processen toepassen. Een van deze processen is het zogenoemde *zelfhandicappen*: je stelt extra hoge eisen aan jezelf wanneer je een prestatie moet leveren. Wanneer deze prestatie dan niet lukt, hoef je dit niet aan jezelf te wijten; wanneer de prestatie wel lukt, kun je de bijzonder goede vaardigheden wel aan jezelf toeschrijven.

Casus — Jordan

Jordan heeft vandaag een presentatie voor de groep, waarin hij zijn portfolio toon en toelicht. Hij ziet er erg tegen op want hij heeft het niet eerder gedaan. Hij begint zijn presentatie met het uit te leggen dat hij moe is, omdat hij slecht heeft geslapen. 'Als ik een beetje onduidelijk ben, dan weten jullie hoe het komt,' zegt hij. De presentatie verloopt prima. Het zelfhandicappen was waarschijnlijk helemaal niet nodig.

Naast het sociaal vergelijken wordt ons zelfbeeld op meer manieren beïnvloed door de sociale omgeving. Vervolgens beïnvloeden wij met ons zelfbeeld de omgeving weer, bijvoorbeeld door gedachten of gevoelens die we over onszelf hebben, toe te schrijven aan anderen. We noemen dit *projectie*. Hiermee worden de eigen emoties ontkend of verborgen. Als je het namelijk over de tekortkomingen van anderen hebt, hoef je het in ieder geval niet over die van jezelf te hebben. De klassieke opvatting en uitleg van projectie is dat het een afweermechanisme is tegen negatieve emoties. Projectie neemt schijnbaar onrust weg over zaken die wij liever niet bij onszelf zien. Dit gebeurt vaak onbewust zodat ons zelfbeeld in stand blijft. Dat projectie geen onbekend fenomeen is, blijkt wel uit de uitdrukkingen 'wat je zegt, ben je zelf' en 'zoals de waard is, vertrouwt hij zijn gasten'.

Een bijzondere vorm van projectie is het verschijnsel *overdracht*. Overdracht is het onbewust overdragen van oude gevoelens (bijvoorbeeld zoals we dingen van huis uit hebben meegekregen) in een nieuwe situatie, bijvoorbeeld op het werk. Daarbij handelt ieder vanuit de verschillende systemen waar hij deel van uitmaakt. Zo herhaalt en projecteert iemand die een training volgt (oude) gevoelens vanuit zijn (familie)systeem op zijn begeleider. Vice versa doet de begeleider dat bijvoorbeeld vanuit zijn persoonlijke gezinssysteem of vanuit het organisatiesysteem waarbinnen hij is opgeleid. Er wordt (onbewust) een gevoel van verwachting geprojecteerd over hoe de ander naar jou kijkt. De kans dat iemand daarbij naast de werkelijkheid zit is groot en misverstanden liggen op de loer. Het optreden van (ogenschijnlijk) niet te verklaren emoties in de interactie tussen groepslid en begeleider kan zijn oorsprong vinden in eerder opgedane ervaringen, bijvoorbeeld in het gezin of op school.

Een groepsbegeleider, bijvoorbeeld van een groep jongeren, staat in een hiërarchische verhouding tot elk groepslid. Deze hiërarchie die doet denken aan de oorspronkelijke relatie tussen ouder en kind, maar is toch anders. Vanuit zijn persoonlijk leiderschap en zijn vrije wil om invulling te geven aan zijn taken moet de groepsbegeleider alert zijn op leiden en geleid worden. In het laatste geval kan de begeleider zich laten leiden door gevoelens die hij projecteert op de groep jongeren. Door de afhankelijke positie van de jongeren is het extra belangrijk dat de groepsleider in staat is overdrachtsfenomenen te herkennen én te verdragen. Hierdoor weet hij dat de – mogelijk – gecompliceerde communicatie niet met de actuele situatie te maken heeft, maar voortkomt uit oude patronen van hen allebei. Door hier van af te weten kan de groepsleider helpen om meer afstand van de situatie te nemen. Vanuit de theorie van het zelf is het interessant om op te merken of beide gesprekspartners zich bewust zijn van overdracht. Het fenomeen voelt namelijk vertrouwd en bekend, maar verstoort het gesprek.

Wanneer krijg je iets te zien van iemands zelfbeeld en is dat beeld ook juist? Een speciale manier waarop het zelfbeeld in gedrag tot uitdrukking komt, wordt aangeduid als zelfpresentatie: het proces waardoor mensen de indruk die ze maken op anderen proberen te beheersen en/of te beïnvloeden. Door jezelf positief aan anderen te presenteren versterk je je eigen identiteit in de ogen van anderen. Dit zorgt ervoor dat je je beter voelt. Daarnaast kan zelfpresentatie ingezet worden om anderen te beïnvloeden. Door jezelf positiever te presenteren dan je bent, word je meer gewaardeerd. Hiermee kunnen sociale en materiële uitkomsten vergroot worden, bijvoorbeeld meer aanzien, of in commerciële bedrijven salaris of privileges.

Samenvattend kan opgemerkt worden dat meer weten over jezelf en anderen een belangrijke rol speelt bij het begeleiden van groepen. Het maakt wel uit in welke situatie of levensfase je zit. Het zelfbeeld kan namelijk variëren binnen situaties maar ook binnen veranderende levensfasen. Kinderen en jongeren hebben nog niet zo duidelijk voor ogen wie zij werkelijk zijn.

Nu je beter weet hoe je je zelfbeeld vormt en vast kunt houden, wordt dit hoofdstuk vervolgd met methoden om het zelfbeeld in kaart te brengen en eventueel te verbeteren. Sommige methoden richten zich op overtuigingen en idealen, andere op kwaliteiten en vaardigheden, of op persoonskenmerken. Er zijn ook modellen die kijken naar wat iemand minder goed kan of waar iemand last van heeft. Voorbeelden hiervan zijn automatisch gedrag of gedrag dat ander gedrag aanvult, bijvoorbeeld bij de Roos van Leary. Inzicht krijgen in jezelf en het daarbij behorende gedrag gaat beter met behulp van reflecteren en feedback ontvangen. Deze methoden worden beschreven in paragraaf 2.9 en paragraaf 5.3. Door jezelf beter te leren kennen, krijg je ook in beeld waar jouw basisbehoeften liggen die je wilt vervullen in een groep. Dit kan vanuit de positie van groepslid (bijvoorbeeld als student) of als begeleider. Hiervoor gaan we eerst inzoomen op wat er wordt bedoeld met basisbehoeften.

2.7 Basisbehoeften binnen groepen

Ieder mens wil ergens bij horen. Vroeger was dit letterlijk van levensbelang. In groepen ontving men bescherming tegen natuurgeweld en aanvallen door andere groepen. Hierdoor genoot men ook veiligheid. Daarnaast leerden mensen dat zij elkaar nodig hadden. Ook tegenwoordig hebben mensen de behoefte om ergens bij te horen. Wanneer zij eenmaal deel uitmaken van een groep of groepen, vervult die groep één of meer van hun behoeften.

De zelfdeterminatietheorie van Deci en Ryan

De betekenis van psychologische basisbehoeften voor de wijze waarop mensen met hun omgeving interacteren, is uitvoerig beschreven en gedocumenteerd in de self-determination theory (Deci & Ryan, 2000). Deze theorie gaat uit van de aanname dat mensen zich doorlopend willen ontwikkelen, dus willen leren of iets willen kunnen, en vooruit willen komen in hun leven. Het ontwikkelen wordt ingegeven door drie aangeboren psychologische basisbehoeften, namelijk de behoefte aan relatie (verbinding met anderen), competentie (bekwaamheid) en autonomie (zelfbeschikking). Deze aangeboren behoeften hebben zich in de loop van de evolutie op basis van een proces van natuurlijke selectie ontwikkeld tot kenmerken van de menselijke soort en gelden als universeel. Het streven naar vervulling van deze basisbehoeften functioneert als een aanpassingsstrategie van mensen aan (veranderingen in) hun omgeving.

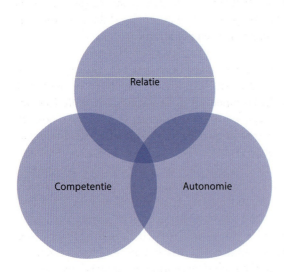

Figuur 2.1   De basisbehoeften van de zelfdeterminatietheorie van Deci en Ryan

Psychologische basisbehoeften onderscheiden zich van de fysiologische behoefte aan voedsel en water. Fysiologische behoeften moeten bevredigd worden om lichamelijk gezond en in leven te blijven. Mensen gaan op zoek naar voedsel of water als er een tekort is en daardoor een gevaar voor hun gezondheid ontstaat. Psychologische basisbehoeften worden niet enkel ervaren op momenten van schaarste of gevaar, maar zijn er volgens Ryan en Deci altijd. Psychologische behoeften worden nooit volledig vervuld; mensen blijven altijd streven naar meer vitaliteit, integratie en mentale gezondheid. Hierin ligt een verschil met fysiologische behoeften. Die zijn op een bepaald moment bevredigd, psychologische behoeften niet.

De self-determination theory benadrukt dat onder bepaalde condities in de sociale context, zoals afwijzing, overvraging en overmatige controle, de ontwikkeling van mensen kan stagneren of minder belangrijk worden. Omdat mensen van nature streven naar ontwikkeling als compensatie, kunnen ze op deze condities reageren met verdedigende of zelfbeschermende strategieën. Die strategieën worden zichtbaar in bijvoorbeeld de neiging om zich antisociaal of egoïstisch te gedragen. Ook op dit punt onderscheiden psychologische basisbehoeften zich van de behoefte aan water en voedsel. Wanneer mensen honger hebben, zullen zij hun gedrag richten op het verkrijgen van voedsel. Die neiging wordt sterker naarmate de behoefte groter is. Bij psychologische basisbehoeften ligt dat anders. Mensen kunnen, in geval van bijvoorbeeld afwijzing door hun omgeving, ook niet-functioneel reageren, bijvoorbeeld boos worden, zich terugtrekken, zich antisociaal gedragen et cetera. De omgeving kan hier vervolgens op reageren met nog meer afwijzing. Zowel functionele als niet-functionele interacties tussen mensen en hun sociale context hebben de neiging zich te herhalen en daardoor een vast patroon te worden. In deze patronen wordt zichtbaar hoe mensen zich richten op hun sociale omgeving en als gevolg daarvan invloed uitoefenen op de wijze waarop die al dan niet voorziet in hun behoeften aan relatie, competentie en autonomie.

Van belang is dat de interactie van anderen met hun sociale omgeving vrijwillig is en zelfsturend verloopt. Deci en Ryan leggen in dit kader een verband met het begrip intrinsieke motivatie. Hiermee wordt bedoeld dat de motivatie van binnenuit ontstaat, en niet opgelegd wordt door anderen. Van belang is ook dat een gezonde psychologische ontwikkeling vraagt dat in elk van de drie basisbehoeften wordt voorzien. Door deel uit te maken van groepen kunnen mensen in ieder geval voldoen aan hun behoefte aan verbondenheid met anderen. In groepen leggen ze contacten met die anderen. Bovendien kunnen ze in groepen hun bekwaamheden vergroten door van elkaar te leren.

Groepsleden vormen als verschillende individuen een groep. Zij hebben echter niet allemaal dezelfde behoeften om aan een groep deel te nemen en nemen dus hun individuele (basis)behoeften mee. Deze kunnen in strijd zijn met de behoeften van de groep. Als je bijvoorbeeld erg veel behoefte hebt aan verbondenheid, kun je vooral zorgen voor een goede sfeer in de groep, maar let je minder op wat de groepsleden kunnen. Om uiteindelijk een goed functionerende groep te worden, moeten er zowel bij het individu als in de groep bepaalde ontwikkelingsprocessen plaatsvinden. Individuele behoeften worden samengesmeed tot groepsbehoeften, zo wordt een groep een (h)echte groep.

Groepsontwikkeling volgens het model van Schutz
Een aansprekende manier om naar groepsontwikkeling te kijken is in te zoomen op drie eerder genoemde sociale, individuele basisbehoeften. Deze basisbehoeften zijn: erbij horen of niet *(inclusie)*, invloed kunnen uitoefenen en autonoom kunnen zijn *(controle)* en genegenheid kunnen geven en ontvangen *(affectie)*.

Deze basisbehoeften kunnen tot specifieke problemen in groepen leiden wanneer ze niet herkend en ingelost worden. Een groepslid dat de sterke behoefte heeft zich af te zonderen binnen de groep (inclusie), kan een probleem krijgen als de basisbehoeften van meerdere groepsleden op affectief gebied liggen. Zij zullen niet accepteren dat het groepslid tijd in zijn eentje doorbrengt.

Bij de meeste groepsleden zal altijd een van de drie basisbehoeften overheersen. Ook begeleiders hebben vaak een voorkeur voor één behoefte. Een begeleider die sterk de behoefte heeft om invloed uit te oefenen, zal erg dominant aanwezig zijn en kan te weinig oog hebben voor genegenheid. Omgekeerd kan een begeleider met een te grote behoefte aan affectie de groep afschrikken door in de kennismakingsfase (inclusie) te 'close' met de groep te zijn.

Casus Kristien

Kristien loopt voor het eerst stage in een gezinsvervangend tehuis. De dag begint met een werkoverdracht waarbij diverse teamleden aanwezig zijn en er een situatie rondom medicijngebruik wordt besproken. Het overleg gaat meteen van start en de praktijkbegeleider vergeet Kristien voor te stellen. Kristien voelt zich onbelangrijk en niet welkom in de groep. Haar praktijkbegeleider is veel aan het woord en uit haar mening rondom het voorval. Later biedt ze Kristien haar verontschuldigingen aan. Ze was meer bezig met invloed uitoefenen dan met Kristien.

Daarnaast maakt een groep een groepsontwikkeling door. Deze ontwikkeling verloopt over het algemeen in fasen. De fasen volgen elkaar op naar gelang de groep langer bij elkaar is. In het model van Schutz verlopen de groepsfasen gewoonlijk als volgt: inclusie => controle => affectie (zie figuur 2.2).

Figuur 2.2 Ontwikkelingsfasen van Schutz

Het zou mooi zijn als de vervulling van de behoeften van de groepsleden (inclusie, controle en affectie) volgens een vaste volgorde en voor iedereen naar wens zou verlopen in de groep, maar zo gaat het in werkelijkheid niet. Problemen rondom het vervullen van behoeften die niet worden opgelost, zitten een goede groepsontwikkeling in de weg. Het is dus belangrijk om als begeleider aandacht te besteden aan deze problemen en ze indien mogelijk op te lossen. Verderop in het boek worden concrete thema's behandeld en daarbij worden tips gegeven voor oplossingen. Een extra moeilijkheid bij het werken aan deze groepsproblematiek is dat de fasen steeds kunnen terugkeren als de basisbehoeften niet worden vervuld, of als nieuwe groepsleden aansluiten bij de groep, of groepsleden de groep verlaten. Er ontstaat dan een cyclisch, steeds terugkerend geheel (zie figuur 2.3). De door Schutz genoemde basisbehoeften en ontwikkelingsfasen zullen hierna verder worden besproken.

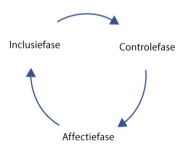

Figuur 2.3   Het cyclische model van Schutz

Eerste basisbehoefte: inclusie

Bij de start van de groep is het belangrijkste thema: erbij horen. Groepsleden scannen in hoeverre zij zich kunnen aansluiten bij de groep, en de groepsbegeleider zorgt voor kennismakingsopdrachten die zo opgezet zijn dat iedereen zich veilig genoeg voelt om kennis te maken. Ook worden er al enkele regels besproken om de groepsleden enigszins houvast te geven. In hoofdstuk 3 wordt de inclusiefase uitgebreid besproken.

Tweede basisbehoefte: controle

Als de inclusiebehoefte enigszins bevredigd is, gaan mensen min of meer hun invloed in de groep laten gelden; erop of eronder lijkt hier te gaan spelen. De eerste onzekerheid wordt minder en groepsleden zijn meer bereid het achterste van hun tong te laten zien. De plekken in de groep worden duidelijker. Dit gebeurt meestal door elkaar uit te testen. Er vinden discussies plaats over doelen, taken en werkwijzen en iedereen probeert op zijn eigen wijze zijn invloed te laten gelden. Sommigen doen dat door verbaal sterk aanwezig te zijn, anderen door mokkend te zwijgen. Het is ook de fase waarin de eerste conflicten en ergernissen kunnen ontstaan, bijvoorbeeld over inzet en op tijd komen.

In deze fase ontstaat ook de eerste kritiek op de begeleider. Het is belangrijk dat je deze kritiek op waarde schat. Als je er niets mee doet, zal de groep het vertrouwen in jou opzeggen. Maar als je er te veel op ingaat, kan daardoor het groepsproces stagneren. Wanneer je de schuld over het stagnerende groepsproces volledig op je neemt, ontneem je de groep de mogelijkheid om de eigen problemen te ontdekken en op te lossen, tenzij je de groep natuurlijk echt tekort hebt gedaan.

In deze fase zijn je taken als begeleider: helpen bij het afspraken maken als het gaat om normen en waarden, taakverdeling en wederzijdse verplichtingen. Gebruik hierbij vooral meningvormende discussies.

Als de groep de problematiek rondom controle niet goed doorkomt, kunnen de deelnemers telkens in controlegerelateerde problemen terechtkomen. De strijd om de macht blijft de groep achtervolgen en er staan informele leiders op. Vragen die groepsleden zichzelf maar ook anderen kunnen stellen, zijn: Wie heeft de meeste invloed in deze groep? En wat vinden wij daarvan? Ook kunnen groepsleden zich onttrekken aan de hiërarchie in de groep en een eigen plan trekken. Hierdoor verdwijnt de samenhang binnen de groep en begint de inclusiefase opnieuw.

Wanneer de inclusie- en controleproblemen goed worden uitgewerkt, kan er een diepere verbondenheid ontstaan in de groep, wat resulteert in een begin van de genegenheidsfase. Begeleiderstaken die hierbij kunnen helpen zijn:
- de groep inzicht geven en zich laten verdiepen in de taak en de samenwerkingsproblemen van de groep;
- helpen bij het verwezenlijken of het bijstellen van de groepsdoelen.

Het kan hierbij nodig zijn om de deelnemers te confronteren met hun 'tekortkomingen'.

Derde basisbehoefte: affectie

Naarmate de cohesie zich verder ontwikkelt, gaat de groep steeds beter samenwerken. De woorden *wij* en *ons* worden vaker gebruikt. Het wij-gevoel wordt sterker. Er ontstaan eigen, specifieke gewoontes in de groep en men besluit soms om ook buiten de verplichte bijeenkomsten bij elkaar te zijn. Er ontstaan vriendschapsbanden. Hoe prettig deze fase ook kan overkomen, er bestaan in deze fase ook valkuilen. Zo is het gevaar aanwezig dat de groep te close wordt. Om de nieuwe samenhang vast te houden, worden negatieve gevoelens niet meer geuit. Het gevaar voor 'groepsdenken' (zie paragraaf 5.7.4) neemt toe. Ook de begeleider kan zich 'verleid' voelen tot eenwording met de groep. Hierdoor kunnen (ongewild) de grenzen vervagen tussen professionaliteit en vriendschap. Zeker wanneer je met zorgvragers werkt, is het heel belangrijk om je grenzen goed aan te geven. Een warme benadering door de begeleider kan door een cliënt als een teken van liefde worden opgevat.

Het is sowieso belangrijk om verschillen te bespreken in openheid. Verwachtingen hierover kunnen namelijk per groepslid verschillen. Voor het ene groepslid staat genegenheid gelijk aan wat persoonlijke communicatie, voor de ander aan intieme vriendschap. Dit kan leiden tot verschillende verwachtingen over elkaar.

Tot slot kan in de affectiefase de productiviteit afnemen. In een groep waar veel genegenheid is, kan de groep te veel op sfeer gericht zijn. Het wordt dan te gezellig met elkaar, waardoor er minder taakgericht wordt gewerkt.

Dit boek is ontwikkeld op basis van de psychologische basisbehoeften die mensen in groepen willen vervullen. In de praktijk worden echter ook andere modellen om naar groepsontwikkeling te kijken, gebruikt. Deze worden hierna kort beschreven.

2.8 Groepsontwikkeling

Het mag duidelijk zijn dat in dit boek met name de groepsfaseontwikkeling van Schultz centraal staat (inclusiefase, controlefase en affectiefase). De ontwikkelingen vinden plaats door interactie tussen de groepsleden maar ook met de begeleider. Wanneer groepen niet begeleid worden, of er gekozen wordt voor situationeel leiderschap (zie paragraaf 4.5.3.), volgen zij hun eigen ontwikkeling.

2.8.1 Orming-model van Tuckman

Een model waarbij deze ontwikkeling in kaart gebracht wordt, is het eerder beschreven model van Tuckman. Wanneer je als docent aan een groep moet lesgeven die ongeorganiseerd en rommelig overkomt, kan het best zijn dat de groep zich in de stormingfase bevindt. Voor de groep is dat een normale fase van de ontwikkeling, voor jou als docent is het misschien een lastige fase waarbij je aan je docentkwaliteiten gaat twijfelen.
Het Orming-model bestaat uit de volgende fasen:
- forming: de oriënterende fase;
- storming: de conflictfase;
- norming: de cohesiefase (wij-gevoel);
- performing: de productieve fase;
- adjourning: de fase waarin de groep uit elkaar gaat.

Forming
In de 'formingfase' ontstaat de groep als groep. Deze fase vindt vanzelfsprekend aan het begin plaats. Maar ook als een deel van de groep elkaar al kent en er nieuwe mensen bij komen, kan er weer sprake zijn van een 'formingfase'. Men is beleefd en formeel naar elkaar en er is voorzichtige interactie. De waarden en normen van de groepsleden worden verkend.

Storming
In de 'stormingfase' wordt het onrustig in de groep. Men wordt opener en kritischer naar elkaar, wat in sommige groepen kan leiden tot vijandigheid. Er kunnen kleine groepjes ontstaan binnen de groep en de meningen lopen soms sterk uiteen (polarisatie). Norming: Wanneer de groep deze fase goed doorkomt, dat wil zeggen de onrust en conflicten erkent en oplost, ontstaat er weer rust. De dynamiek in de groep werkt positief en er ontstaat stabiliteit en tevredenheid. Groepsleden beginnen zich verbonden te voelen met de groep.

Het kan zijn dat je als docent hier een bemiddelende rol in wilt spelen. Dit kan het zelfsturende vermogen van een groep in de weg zitten. Wees hier dus voorzichtig mee en wacht tot de groep zelf het initiatief neemt voor een bemiddelaar. Soms kan dit ook een ander persoon zijn dan jij.

Performing
In de 'performingfase' is de groep is een productieve groep geworden waarin ieder zijn aandeel heeft. Problemen worden bespreekbaar gemaakt en er wordt naar oplossingen gestreefd. Tevens worden er besluitvormingsprocedures besproken en nageleefd.

Adjourning
Op een dag gaat de groep uit elkaar. De cursus of de opleiding is klaar. Het kan voorkomen dat de groep onrustig wordt. Sommige groepsleden zien op tegen het afscheid en trekken zich al eerder terug. Anderen voelen misschien spijt omdat ze meer verwacht hadden. In deze fase worden er soms plannen gemaakt voor een reünie, die meestal niet plaatsvindt of tegenvalt. Afscheid nemen van een groep is belangrijk, ook voor jou als docent. Creëer hier mogelijkheden voor.

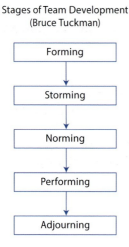

Figuur 2.4   Orming-model (volgens Tuckman)

Onlangs is gebleken dat het Orming-model van Tuckman niet wetenschappelijk is onderbouwd (Simons & Ruijter, 2012). Tuckman heeft te weinig groepen onderzocht om bewijs voor de stadia te vinden. Desalniettemin zullen veel mensen de fasen bekijken wanneer ze naar groepen kijken. Bovendien worden de stadia eenvoudig onthouden door hun naamgeving.

Wel of niet begeleid?

In sommige varianten op het Orming-model wordt gepleit voor het omdraaien van de norming- en stormingfase wanneer een groep wordt begeleid. Door de aanwezigheid van begeleiding worden de normen besproken en uitgezet en zal de groep eerst die normen verkennen. Vervolgens zijn er altijd weer momenten waarin de groep het belangrijk vindt om normen en waarden te verkennen, zodat er wederom onrust in de groep kan ontstaan. De formingfase dient zich alsnog aan, alleen na de stormingfase.

2.8.2 Model van Levine

Een model dat voortkomt uit de psychotherapie voor groepen is het model van Levine. De kern van dit model is de mate van autoriteit van de groepsleider, die aanvankelijk hoog is en vervolgens steeds lager wordt. Omgekeerd wordt de autoriteit van de groepsleden steeds hoger naarmate zij langer een groep zijn. De groepsleider/docent geeft steeds minder sturing. Als de groep op het punt van opheffen staat, loopt de autoriteit van de docent weer op, zodat het uit elkaar gaan en afscheid nemen op een professionele manier gebeurt. In de praktijk kunnen Levines fasen minder herkenbaar zijn en door elkaar heen lopen aangezien niet elke deelnemer zich in dezelfde fase bevindt. Groepen kunnen ook terugvallen naar eerdere fasen, wat echter ook bij andere groepindelingen wordt beschreven.

Levine formuleert de fasen als volgt:
- fase 1: parallelfase: intimiteit groep laag, autoriteit docent hoog;
- fase 2: opnemingsfase: intimiteit groep loopt op; autoriteit docent moet afzwakken;
- fase 3: wederkerigheid: intimiteit groep hoog; autoriteit docent laag;
- fase 4: afscheid: intimiteit groep weer omlaag; autoriteit docent hoog.

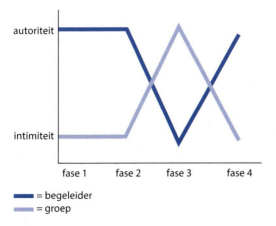

Figuur 2.5   Model van Levine

Toepassing
Wanneer je de ontwikkeling van een groep wilt analyseren, maakt het niet uit welk model je kiest: dat van Schutz, Tuckman of Levine. Het model van Schutz is goed toepasbaar binnen de groepsdynamica, omdat het goed aansluit bij behoeften van deelnemers. Belangrijk om groepen goed te kunnen begeleiden is dat je als begeleider kennis hebt van groepsontwikkeling. Het kan je helpen om problemen en lastige situaties te begrijpen, en te ontdekken in welke mate je als begeleider invloed hebt op groepsprocessen. Ook geeft het inzicht in wanneer een groep het meest productief is. Belangrijk binnen groepsontwikkeling is dat als nieuwe mensen de groep betreden of de groep juist verlaten, je als begeleider oog moet hebben voor de veranderingen die daardoor ontstaan; omdat het groepsproces weer van voren af aan kan beginnen.

2.9 Kwaliteiten (en valkuilen) van de groepsbegeleider

In paragraaf 2.6 is al uitvoerig beschreven hoe belangrijk het is om jezelf beter te kennen. In dit hoofdstuk ervaar je hoe je je zelfkennis kunt vergroten en te ontdekken welke hulpmiddelen je daarbij kunnen ondersteunen. Via een positieve kijk op jezelf, namelijk het onderzoeken welke kwaliteiten je bezit, ga je leren om het kernkwaliteitenmodel toe te passen. Naast je kwaliteiten is er ook aandacht voor je valkuilen, allergieën en leerdoelen. Sommige vaardigheden die je inzet bij het begeleiden van een groep, zijn verweven met je persoonlijke trekken. Het is goed om je daar bewust van te zijn, zodat je ontdekt wat je kunt en waarin je mogelijk wilt of kunt veranderen. In dit hoofdstuk ga je dat onderzoeken. Bepaalde kwaliteiten als groepsbegeleider kunnen de dynamiek binnen een groep verbeteren, anderen blokkeren juist een goede interactie met de groep. Terugkijken op hoe dit is verlopen, is uitermate leerzaam en kan op diverse manieren.

Praten over waar je kwaliteiten en valkuilen liggen, is niet altijd gemakkelijk. Het vraagt namelijk dat je in staat bent om naar jezelf te kijken en op je gedrag terug te kijken. Eerder zagen we al hoe het zelfbeeld is opgebouwd en wat we kunnen doen om ons zelfbeeld in stand te houden of te veranderen, ook al klopt het beeld wellicht niet dat we van onszelf hebben, of doen we onszelf beter voor. Om jezelf echt goed te leren kennen is het goed om af en toe met jezelf en/of anderen in gesprek te gaan en gericht terug te kijken op wat er is gebeurd. Dat wordt ook wel *reflecteren* genoemd. Reflecteren is het doorgronden en herkennen van processen die bewust en onbewust plaatsvinden binnen een mens. Het gaat hierbij niet alleen om denkprocessen, maar ook om gedrag en heeft vaak betrekking op ervaringen en gebeurtenissen. Reflectie wordt gebruikt om eenzelfde soort situaties in de toekomst beter te kunnen hanteren.

Reflecteren kunnen we allerlei op niveaus. Bateson en Dilts (2012) hebben een model uitgewerkt waarbij je op meerdere niveaus naar jezelf kunt kijken.

De niveaus volgen elkaar logisch op en heten daarom ook wel de logische (reflectie)niveaus van Bateson en Dilts. Het model vormt de basis voor het model van Korthagen en Vasalos (2007) wat in paragraaf 2.9 wordt besproken.

Tabel 2.1 Logische reflecties (vrij naar Dilts)

	Niveau in je zelf	Waar is het mee verbonden?
A	Reflecteren op wie je bent	Wat is je missie
B	Reflecteren op waar je in gelooft	Motivatie
C	Reflecteren op wat je kan	Groei en mogelijkheden
D	Reflecteren op wat je laat zien/doet	Acties en reacties
E	Reflecteren op wat er op je pad komt	Kansen zien

Vragen die helpen om te reflecteren en daardoor meer te weten te komen over iemands gedachten en gedrag zijn bijvoorbeeld:
- Welke rol heb ik gespeeld in het geheel?
- Welke keuzemogelijkheden had ik?
- Welke keuzes heb ik gemaakt?
- Waarom heb ik díé keuze gemaakt?
- Hoe kijken anderen naar mijn gedrag?
- Wat betekenen de antwoorden op deze vragen voor mijn gedrag in de toekomst?

Deze vragen, of aan deze onderwerpen gerelateerde andere vragen, liggen aan de basis van de onderdelen die in paragraaf 2.9 nader worden uitgewerkt.

2.9.1 Het ui-model

Wanneer we onze zelfkennis willen verbeteren, kunnen we dus gebruikmaken van reflectie en feedback die we van anderen ontvangen (zie ook paragraaf 2.9). Reflecteren is een hulpmiddel om tot nieuwe zelfinzichten te komen. Korthagen en Vasalos hebben het model van de logische niveaus (tabel 2.1) omgevormd tot het *ui-model* (Korthagen & Vasalos, 2007). Dit ui-model (zie figuur 2.6) is op verschillende manieren te gebruiken maar is zeker geschikt als hulpmiddel om te leren veranderen en te ontwikkelen. Binnen de groepsdynamica is het erg waardevol als hulpmiddel om te ontdekken of er mogelijk belemmeringen in de interactieprocessen in de groep optreden. Een van de lagen richt zich namelijk op het hebben van overtuigingen. Overtuigingen als 'groepsleden kunnen niet samenwerken' kunnen een goede begeleiding van groepen in de weg zitten. Wanneer je bij jezelf deze overtuigingen herkent en er afstand van neemt, kun je komen tot een meer openstaande houding ten opzichte van je relatie. met de groep. We lichten het ui-model hierna verder toe.

Groepsdynamica

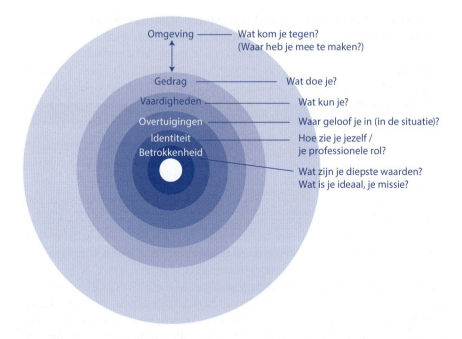

Figuur 2.6   Het ui-model van Korthagen en Vasalos (2007)

Het ui-model heeft zes lagen. Op elk van deze lagen kun je reflecteren door jezelf vragen te stellen die bij die laag horen. De lagen lopen van de omgevingsinvloed (de buitenste laag) via het gedrag, onze bekwaamheden en onze overtuigingen naar onze identiteit (wie wil ik zijn als professional) en betrokkenheid (de binnenste laag die mensen bij hun diepste verlangens en idealen brengt). Deze zes lagen staan allemaal met elkaar in verbinding. Ze zijn af te pellen als een ui en brengen mensen steeds dieper naar de kern van hun bestaan. De lagen beïnvloeden elkaar. Door te reflecteren met behulp van de steeds dieper liggende lagen, ontstaat er inzicht in de oorsprong van het eigen functioneren (al dan niet disfunctioneel) en de onderliggende opvattingen en patronen.

Wanneer iemand tijdens de interactie met een groep handelt vanuit zijn diepste betrokkenheid zal deze interactie authentiek en vanuit persoonlijke kracht verlopen. Voelt diegene zich echter belemmerd in zijn functioneren, dan kan hij met behulp van de zes lagen onderzoeken op welk niveau de belemmering zich voordoet. Door de dimensies letterlijk onder de loep te nemen, worden gevoelens, de daarbij behorende houding en het gedrag helder. Om je hierbij te helpen kun je jezelf bij elke laag kernvragen stellen:
- Omgeving: Wat zijn de (fysieke) omstandigheden in de groep waar ik mee te maken heb?
- Gedrag: Hoe gedraag ik mij (gewoonlijk) in de groep?
- Bekwaamheden: Welke kennis, ervaring en capaciteiten heb ik?
- Overtuigingen: Waar geloof ik in, Wat vind ik belangrijk?

- Identiteit: Wie (of wat) ben ik/Hoe zie ik mijzelf, wie wil ik zijn?
- Betrokkenheid: Wat wil ik zijn (Waartoe besta ik?)

Hoe kan het ui-model binnen groepsdynamica behulpzaam zijn? De hierna volgende toepassing kan helpen om lastige groepssituaties te analyseren en mogelijk op te lossen. Dit zal leiden tot verbetering van de omgang tussen groep en begeleider.

De zes lagen van de ui

In de buitenste (eerste laag) van de ui bevinden zich de *omgevingsfactoren*; waar bevind je je? De meeste reflecties voltrekken zich op dit niveau. Er speelt een groepssituatie, en men kijkt of de situatie met een simpele interventie opgelost kan worden. Vaak gaat het hier om ad hoc oplossingen: het aanpassen van een rooster, het veranderen van een opstelling in een ruimte of een oplossing vragen aan een deskundige.

De situaties die je tegenkomt in de groep, zorgen er ook voor dat je een bepaald gedrag inzet. Dat is meestal gedrag waar je vertrouwd mee bent en dat je gewend bent. Als je wil reflecteren op de tweede laag, neem je je gedrag onder de loep. De vraag die bij deze laag opkomt, is: welk gedrag zet ik in om hier op te reageren? Gedrag kan iets zijn wat bij je hoort omdat de meeste mensen zich in soortgelijke situaties vaak hetzelfde lijken te gedragen. Het ingewikkelde hierbij is dat veel mensen denken dat gedrag iets is wat je niet in de hand hebt. Ze handelen automatisch en menen daarom dat gedrag veel dieper binnen de ui ligt. Toch zijn gedragskeuzes de grondslag van elk functioneren. Keuzes die gebaseerd zijn op wat iemand *kan* (laag 3), bijvoorbeeld het reguleren van gelijke inbreng in de groep, en waar iemand *overtuigd* van is (laag 4), bijvoorbeeld 'mensen in groepen luisteren meestal niet naar de begeleider' beïnvloeden de manier waarop je je opstelt in een groep.

Laag 3 is gebaseerd op kennis en vaardigheden, dus wat iemand weet en kan. Dat wat je niet geleerd hebt, zul je ook niet toepassen in een bepaalde situatie. Bepaalde vaardigheden die je gaat aanleren of bekwaamheden die je al hebt, zullen tijdens het voeren van een (lastige) groepsdynamische situatie helpen om de juiste interventie in te zetten. Ook het leren van eerdere situaties kan daarbij helpen.

Bij het aanleren van nieuwe vaardigheden of gedragingen kunnen overtuigingen (laag 4) soms in de weg zitten. Deze overtuigingen werken dan belemmerend. Hierdoor reageert iemand niet altijd zoals hij of zij zou willen. Verpleegkundigen kunnen bijvoorbeeld overtuigingen hebben als 'patiënten kunnen dit niet zelf', een trainer kan de overtuiging hebben dat 'deelnemers niet open staan voor de training'. Dit kan ertoe leiden dat ze niet echt gaan voor een nieuwe aanpak. Overtuigingen zijn ook vaak positief: wanneer je ervan overtuigd bent dat je iets wil bereiken, geeft dit motivatie en kracht.

Het is niet eenvoudig om overtuigingen te veranderen. Je hebt er namelijk lang over gedaan om je ze eigen te maken. Ze hebben je geholpen te komen tot waar je nu bent. Ook de belemmerende overtuigingen hebben je vermoedelijk beschermd. Je kunt je echter afvragen of je ze niet bent ontgroeid, en ze niet meer nodig hebt. Wanneer mensen naar hun overtuigingen wordt gevraagd, kom je soms overtuigingen tegen die zij als kind al hadden en/of wellicht hebben meegekregen van hun ouders. Overtuigingen kunnen natuurlijk ook een positieve uitwerking hebben op je functioneren. Als je er van overtuigd bent dat ieder mens van nature goed is, kun je hierin gevoed worden door je identiteit (laag 5).

Iemands identiteit heeft te maken met wat voor persoon hij is. In de meeste gevallen zal dit ook uitgedragen worden in iemands professionele rol van groepsbegeleider of groepslid. Er zijn natuurlijk ook mensen die zich binnen hun beroep een rol aanmeten die niet helemaal overeenkomt met datgene waar zij zich voor in willen zetten. Als met groepen werken deel uitmaakt van je werk, terwijl je passie ligt bij persoonlijke begeleiding, zul je minder tot je recht komen in het groepswerk. Uiteindelijk ga je je ook minder prettig binnen je werk voelen. In je identiteit worden je kwaliteiten zichtbaar, maar daarmee ook je valkuilen.

De zesde laag: helemaal binnen in de ui zit de kern die te maken heeft met betrokkenheid en idealen. Hier liggen passies en idealen die iemands leven kleur geven. Bij sommige mensen is de binnenste laag diep verborgen. Zij zijn zo ver afgedwaald van hun idealen dat zij niet goed meer weten waarom zij iedere dag hun werk uitvoeren.

Voorbeeld   Doe ik het of doe ik het niet?

Je komt op je stage en hebt 's middags een afspraak met je slb'er en je stagebegeleider. Je blijkt plotseling een uur vrij te hebben want jouw cliënt is naar een afspraak bij de tandarts. Dat komt goed uit want je hebt nog wat tijd nodig om het gesprek voor te bereiden. Je hebt net je laptop opgestart en de benodigdheden opgezocht als een medewerker je vraagt om op een andere groep te helpen. Er is uitval op de afdeling en er is ondersteuning nodig. Wat doe je?

Het antwoord dat je gaat geven, zal zonder dat je je daar grotendeels bewust van bent, de lagen van het uimodel passeren en je helpen een keuze te maken:
- laag 1: je wordt geconfronteerd met een zieke collega's en een medewerker die een beroep op je doet;
- laag 2: je weet dat er iets van je wordt verwacht in deze situatie; je handelt zoals je meestal doet;
- laag 3: je denkt na en overweegt of je bekwaam bent om de werkzaamheden over te nemen;
- laag 4: je hebt als mens en collega een positieve overtuiging: ik vind dat ik anderen moet helpen, maar ook een negatieve namelijk: ik word regelmatig (te) laat gevraagd voor bepaalde werkzaamheden, en dan kan ik mijn werk niet goed uitvoeren (ik ben altijd de klos);

- laag 5: je bent een mens die graag klaarstaat voor anderen en meedenkt in het bedrijf; je kwaliteit is 'flexibiliteit'; je valkuil is echter moeilijk nee kunnen zeggen;
- laag 6: je betrokkenheid naar het werk is groot; zowel cliënten als medewerkers zijn belangrijk. Hulp bieden aan elkaar is een ideaal van jou.

Wat beslis je uiteindelijk?
De kans is groot dat je uiteindelijk gaat helpen en je daar prettig bij voelt. Tegelijkertijd voel je dat je tekortschiet tegenover jezelf en het op handen zijnde gesprek. In hoeverre vind je het één belangrijker dan het andere? Je overtuigingen en idealen zitten hier deels in de weg. Hier kun je later over gaan reflecteren. Misschien neem je actie om jezelf boven de teamgeest te stellen en vraag je de volgende keer aan je collega om op zoek te gaan naar een andere collega. Jij hoeft immers niet altijd collega's te vervangen (nieuwe overtuiging). Ook kan het zijn dat je geconfronteerd wordt met je valkuil: geen nee durven zeggen. In dat geval kun je eens onderzoeken uit welke kwaliteit deze valkuil is voortgekomen. Door het ui model te betrekken in je handelen en het in te zetten bij reflecteren, kun je leren van je beslissingen. Doe je het de volgende keer weer zo, of juist anders?

Kader 2.3

Het ui-model is dus een middel om iemand te helpen beter naar zichzelf en zijn functioneren te kijken, maar leidt niet altijd tot ander gedrag. Als je echter tot meer inzicht hebt in je handelen komt, kan dit uiteindelijk wel gevolgen voor het daadwerkelijk handelen hebben. Je kunt zo je handelen beïnvloeden en veranderen, waardoor je beter kunt functioneren en minder snel voor vervelende situaties komt te staan. In het begin zal dit misschien wat onwennig voelen. Je bent namelijk gewend om bij nieuw gedrag gemakkelijk terug te vallen in gedrag dat je gewend bent, je 'comfortzone'. Hier voelt iemand zich comfortabel bij. Blijven uitproberen zal er uiteindelijk toe leiden dat het nieuwe gedrag eigen gemaakt wordt, en voelt als vertrouwd gedrag.

Kwaliteiten en valkuilen: hoe komen ze tot uiting?
In laag 5 ligt het wezen van je handelen en 'drives'. We spreken hier van kernkwaliteiten omdat ze een uniek visitekaartje zijn van iemands aard en motivaties. Veel mensen weten (nog) niet goed waar hun kwaliteiten liggen. Vraag je hun daarentegen wat zij nog aan zichzelf willen verbeteren, dan weten zij dit maar al te goed te vertellen. Praten over tekortkomingen is blijkbaar makkelijker dan over datgene waar je goed in bent. Beschikken mensen over het algemeen dan over meer slechte dan goede eigenschappen, of is er hier sprake van 'valse bescheidenheid'?

2.9.2 Het kernkwadrantenmodel

Tijdens het doorwerken van dit onderdeel krijg je meer zicht op datgene waar je goed in bent, je kwaliteiten en datgene waar je minder goed in bent, de vervormingen, ook wel valkuilen genoemd. Verrassend genoeg zul je ontdekken dat deze twee meer met elkaar te maken hebben dan je misschien dacht. In de volgende paragrafen gaan we verkennen met welk gedrag van anderen je moeite hebt en waar nog uitdagingen of leerpunten voor je liggen. Voor effectief omgaan met groepen is het van belang dat je inzicht hebt in je eigen patronen in de interactie met de groep en dat je goed weet wat je wilt bereiken en bij wie. Het kernkwaliteitenmodel van Ofman (2014) geeft hier veel inzicht in. Volgens Ofman horen bij iedere persoon bepaalde kernkwaliteiten. Het zijn de specifieke eigenschappen die een persoon kenmerken, zijn 'kern' vormen. Het inzicht hebben in de eigen sterke en minder sterke kanten helpt om effectiever te communiceren.

Kwaliteiten
De meeste mensen weten van zichzelf wel enkele positieve zaken te noemen. Dit betreft meestal een vaardigheid zoals tekenen, zeilen, piano spelen of koken. Lastiger wordt het wanneer het gaat om persoonlijke eigenschappen zoals behulpzaamheid, verstandigheid, vrolijkheid of eerlijkheid. Het voelt soms wat onwennig wanneer iemand iets positiefs over zichzelf vertelt. Binnen kennismakingsoefeningen met groepen, kunnen eigenschappen van mensen centraal staan. Om de veiligheid te vergroten is het goed om juist naar iemands goede kanten of eigenschappen te vragen. Wanneer iemand op zo'n moment niet goed weet wat hij moet zeggen, ontstaat er wellicht een moment van onrust in de groep. Door zelf als groepsbegeleider een helder voorbeeld over je eigen goede eigenschappen te geven, help je de groep op weg. Stilstaan bij iemands positieve kanten tijdens een kennismaking vergroot de veiligheid. Een vorm die kan helpen bij het herkennen en benoemen van kwaliteiten is het gebruikmaken van kernkwaliteitenkaarten (*Kernkwaliteitenspel* van Gerrickens (1997)). Dit is een kaartspel waarmee mensen meer te weten kunnen komen over de eigen kwaliteiten, maar ook over welke kwaliteiten de omgeving aan hen toeschrijft. Kwaliteiten, maar ook de bijbehorende vervormingen, allergieën en uitdagingen worden aan de hand van een model beschreven; het *kernkwadrant* (zie figuur 2.7). Je kunt als kennismakingsoefening ook vragen naar een moment waarop een deelnemer tevreden was over zichzelf.

Kernkwaliteiten
Ieder mens beschikt over kwaliteiten, hier kernkwaliteiten genoemd. Het zijn onze meest 'eigene' eigenschappen. Ze vormen het potentieel aan persoonlijke mogelijkheden dat wij tot onze beschikking hebben en dat we al dan niet gebruiken. Ieder mens heeft een eigen set van kwaliteiten, die net zo uniek zijn als een vingerafdruk. Voorbeelden van dergelijke kwaliteiten zijn: geduld, overtuigingskracht, humor, creativiteit en inlevingsvermogen. Degene die de kwaliteit bezit, zal hem misschien niet eens als bijzonder beschouwen of denkt dat iedereen die heeft. Ofman (2014) beschrijft dat als je iemands kwaliteit weg zou halen, je de persoon niet eens meer zou herkennen. Je kunt een kernkwaliteit niet aan- of uitzetten, je kunt hem wel verborgen houden. Wanneer je echter goed in je vel zit (in flow bent) worden kernkwaliteiten zichtbaar in je handelen.

Een kwaliteit onderscheidt zich van een vaardigheid doordat de kwaliteit van binnenuit komt en de vaardigheid van buitenaf is aangeleerd.

Bij de ontwikkeling van een kwaliteit zijn vier stadia aan te geven:
1. Latente kwaliteit: is in de kiem aanwezig, maar nog niet ontwikkeld.
2. Halflatente kwaliteit: wordt alleen ingezet in een vertrouwde situatie.
3. Manifeste kwaliteit: heeft iemand goed in de vingers en weet hij juist te gebruiken.
4. Vervormde kwaliteit: te ver doorgevoerde kwaliteit (te veel van het goede).

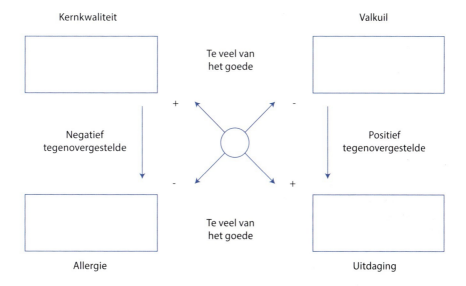

Figuur 2.7   Het kernkwadrant (Bron: Ofman, 2006)

Valkuilen
Aan alle kwaliteiten blijkt ook een keerzijde te zitten. Dit is het geval als mensen hun kwaliteiten iets te ver gaan doorvoeren (zie stadium 4), waardoor deze gaan vervormen. Zo kan de kwaliteit zorgzaamheid omslaan in betutteling, ordelijkheid in starheid of daadkracht in drammerigheid.

Vaak gebeurt zoiets ten gevolge van stress of overbelasting. Er ontstaat een negatieve formulering van iets positiefs. In vervormingen klinken eigenschappen door die mensen elkaar verwijten, bijvoorbeeld: 'Karin is altijd zo …' of: 'Daar heb je Marc weer met zijn…'. *Vervormingen* worden ook wel *valkuilen* genoemd; je valt erin als je niet op jezelf past.

Gelukkig past bij de valkuil van elke kernkwaliteit ook een *uitdaging*. De uitdaging probeer je na te streven vanuit je kwaliteit. Zo kan bijvoorbeeld een betrokken jongerenbegeleider vanuit zorgzaamheid (kwaliteit) een jongere toch loslaten (uitdaging), omdat hij weet dat dat beter voor de ontwikkeling van de jongere is. Je kunt hierbij ook denken aan ouders die – hoewel zij hun kind graag beschermen – het toch ruimte geven om een studie in een ander land te volgen.

De uitdaging is het positieve tegenovergestelde van de valkuil (zie figuur 2.8). In de toegepaste vorm (zie figuur 2.9) is de uitdaging 'Actief meedoen'. De uitdaging en de kernkwaliteit zijn elkaar aanvullende kwaliteiten. Om te voorkomen dat iemand in zijn valkuil terechtkomt is het verstandig om de uitdaging te ontwikkelen. Een kernkwaliteit inzetten kost weinig energie, dit in tegenstelling tot een uitdaging aangaan, waar je echt een leerdoel van moet maken.

Tot slot is er de allergie. Dit is het negatief tegenovergestelde van iemands kwaliteit. Veel mensen zijn allergisch voor een teveel van hun uitdaging, vooral als ze dit bij anderen tegenkomen. Je zou kunnen zeggen dat ze daar een soort voelsprieten voor hebben ontwikkeld. In het eerder genoemde voorbeeld van loslaten is de allergie 'onverschilligheid'.
In het model uit 2.9 is een rustig iemand allergisch voor mensen die hyperactief zijn. Achter een allergie zit soms ook heimelijke afgunst. Goed voorbereide klasgenoten van je, die bijvoorbeeld zorgvuldig zijn bij het maken van opdrachten, kunnen stiekem fantaseren over hoe het zou zijn om eens wat slordiger te zijn, dus even niet alles in orde te hoeven hebben.
Kernkwaliteit, valkuil, uitdaging en allergie zijn in één schema onder te brengen: het *kernkwadrant* (zie figuur 2.8).

In figuur 2.8 zie je het kernkwadrant toegepast op de kwaliteit 'Rustig'.

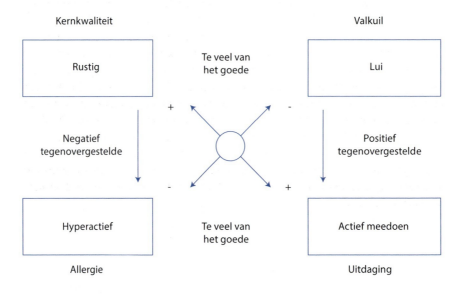

Figuur 2.8   Toegepaste kernkwadrant (Bron: Ofman, 2006)

Samengevat kun je het volgende zeggen over het kernkwadrant:
- De kernkwaliteit en de uitdaging zijn elkaar aanvullende kwaliteiten.
- De valkuil is een vervorming van de kernkwaliteit.
- De uitdaging is het positieve tegenovergestelde van iemands valkuil.
- De allergie is het negatieve tegenovergestelde van de kernkwaliteit.
- De meeste mensen blijken allergisch te zijn voor een teveel van hun uitdaging, vooral als ze dit bij een ander tegenkomen.

Dubbelkwadranten

Kernkwadranten kunnen helpen om (professioneel) communicatiegedrag in kaart te brengen en zijn zeer geschikt voor zelfonderzoek, allergie voor de ander is hierbij goed bruikbaar. Stel je voert een gesprek met enkele groepsleden over hun inzet in de werkgroep. Je ergert je nogal aan hun opstelling, omdat je hen erg traag vindt in het vinden van oplossingen. Zelf ben je erg besluitvaardig; je houdt niet van aanrommelen. Je herkent in de anderen je eigen allergische reactie, maar voor je oordeelt besluit je eerst te onderzoeken wat dit over jezelf zegt. Wanneer je dat niet doet en impulsief reageert, loop je een redelijk groot risico om tijdens het gesprek in je valkuil (te veel regelen) te stappen en te snel al een oplossing aan te dragen. Dit wordt door de anderen geïnterpreteerd als te sturend (allergie) waardoor zij op hun beurt doorschieten en misschien zelfs afhaken. De anderen wakkeren bij jou volop de allergie aan, jij doet er nog een schepje bovenop door meer te sturen en het 'gesprek' loopt vast.

Om inzicht in deze 'vastlopende' situaties te krijgen, kun je deze in een dubbelkwadrantenschema zetten. In de opdrachten aan het eind van dit hoofdstuk kun je een kern- en dubbelkwadrant gaan uitwerken. Dit kun je doen door een kernkwadrant van jezelf te maken en vervolgens een kernkwadrant van *de ander*, bijvoorbeeld een collega of een klasgenoot met wie je soms communicatieproblemen hebt. In figuur 2.9a kun je je eigen kernkwadrant invullen zoals dit is gedaan bij figuur 2.8. Je gebruikt hiervoor natuurlijk je eigen kwaliteit. Vervolgens vraag je je collega/groepsgenoot hetzelfde te doen voor zijn kwaliteit (zie figuur 2.9b). Je hebt nu twee kernkwadranten. Door deze twee kwadranten in elkaar te schuiven, ontstaat een *dubbelkwadrant* (zie figuur 2.9c). Dit dubbelkwadrant beschrijft de interactie tussen twee personen op basis van hun valkuilen en allergieën. Door inzicht te krijgen in de modellen en hoe zij elkaar aanvullen kun je de interactie tussen jullie beiden verbeteren en zo bijdragen aan een betere samenwerking. In onderstaande figuren kun je alles daadwerkelijk gaan invullen.

Groepsdynamica

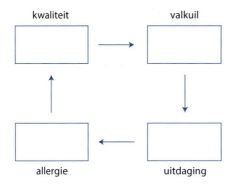

Figuur 2.9a Je persoonlijke kernkwadrant (Bron: Ofman, 2006)

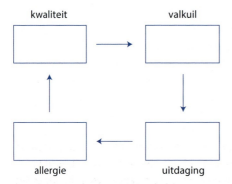

Figuur 2.9b Het enkele kernkwadrant van een ander (Bron: Ofman, 2006)

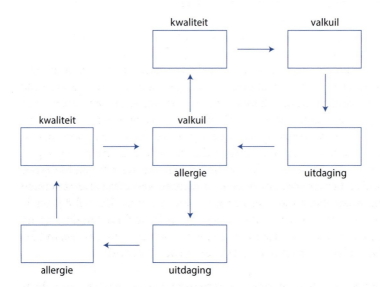

Figuur 2.9c Het dubbelkwadrant (Bron: Ofman, 2006)

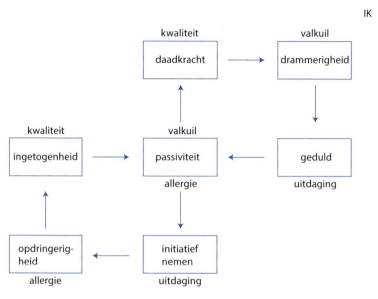

Figuur 2.9d   Voorbeeld ingevuld dubbelkwadrant

Een dubbelkwadrant kun je op ieder moment invullen waarop je meer inzicht in de professionele relatie met een ander wilt hebben, dus ook wanneer je bijvoorbeeld in een project moet samenwerken met een groepsgenoot waar je voorkeur niet naar uitgaat. Door een dubbelkwadrant te maken en elkaars kwaliteiten te doorgronden, zal de samenwerking beter verlopen.

Hoe kan het kernkwaliteitenmodel bijdragen aan het verbeteren van interactie in groepen?
Bij het bovenstaande onderdeel over dubbelkwadranten werd een voorbeeld genoemd waarbij een voortvarend persoon zich geïrriteerd voelt over dralende groepsleden. Je kunt tot de conclusie komen dat de irritatie vooral iets over de geïrriteerde persoon zegt. Interessant is waarom deze persoon zich irriteert. Even nadenken over mogelijk oplossingen is niet verkeerd, maar vergroot de kans op een juiste oplossing. We kunnen dus op zoek gaan naar onze ergernis achter de activiteit van de ander. Misschien zouden we zelf ook wel graag meer doordachte keuzes maken. Je bewust worden van dergelijke processen kan ertoe leiden dat je je minder gaat ergeren aan een ander. Het helpt je om je zelfkennis te vergroten en versterkt daardoor je professionaliteit in de omgang met anderen. Deze kun je inzetten wanneer je in contact komt met iemand die ogenschijnlijk anders reageert dan jij. Hoe doe je dat concreet?

Je kunt de ander met behulp van een kernkwadrant aanspreken over diens bijdrage aan stroef verlopende contacten. In dat geval gebruik je het dubbelkwadrant als volgt. Je gaat ervan uit dat het gedrag waarop je de ander wilt aanspreken diens valkuil is, maar tevens jouw allergie (figuur 2.7). Dit kwadrant kan natuurlijk het spiegelbeeld van je eigen kernkwadrant zijn. Dan zou jouw eigen uitdaging de kernkwaliteit van de ander zijn en vice versa. Soms komt dit voor in het contact met een ander. Meestal spiegelen de kwadranten niet precies, maar liggen de begrippen wel dicht bij elkaar. Hierdoor krijg je toch goed zicht op hoe allergieën en valkuilen met elkaar te maken hebben. Door oog te hebben voor elkaars allergieën en uitdagingen, kunnen groepsleden elkaar ondersteunen en stimuleren bij het vergroten van elkaars zelfkennis, zonder elkaar persoonlijke verwijten te maken.

Kwaliteiten horen bij jou als persoon. Wanneer je contact maakt vanuit een positieve insteek, zien anderen jouw kwaliteiten terug in je professionele uitstraling. Wanneer je binnen het contact je positieve gevoel kwijtraakt, bijvoorbeeld doordat je voortdurend wordt afgeleid, of door vermoeidheid je focus kwijtraakt, kun je in je valkuil terechtkomen. Ook deze hoort bij jou, omdat hij voortkomt uit je kwaliteit. Probeer te analyseren waarom je afdwaalt van je kwaliteit en wat je nodig hebt om weer vanuit je kwaliteiten aan de slag te gaan. Zo nodig kun je deze analyse voorleggen aan anderen.

2.10 Ontvangen van feedback

Casus Theo

Theo is leidinggevende in een middelgrote instelling voor volwassenen met een verstandelijke beperking. Hij is leidinggevende geworden nadat hij een jarenlange goede staat van dienst had als begeleider. Ook is hij stagebegeleider van studenten. Zijn collega's zijn erg positief over Theo, ook in zijn rol als leidinggevende. Sinds een tijdje is er vanuit de directie beslist dat elke medewerker een jaargesprek krijgt over zijn functioneren en de doorgemaakte ontwikkelingen. Theo, een uitstekende leidinggevende en leermeester van jonge collega's, blijkt niet zo vaardig te zijn in het voeren van een ontwikkelgesprek. Communiceren aan de hand van competenties en het maken van ontwikkelplannen is iets wat Theo nooit heeft geleerd. Na een tijd aanmodderen, waarbij hij op weinig onderbouwde wijze de gesprekken voert en verslaat, wordt hij door de regiomanager uitgenodigd voor een gesprek. Uit dit gesprek volgt een trainingsprogramma voor Theo. Op de training leert hij de techniek van het voeren van een ontwikkelgesprek. Het grootste deel van de training gaat echter over het ontdekken van kwaliteiten en valkuilen. Theo krijgt feedback van zijn cursusgenoten. Het benaderen van mensen blijkt een kwaliteit van Theo te zijn. Het open staan voor nieuwe werkzaamheden zoals het stellen van goede vragen en het schrijven van verslagen van medewerkers, blijkt Theo minder goed te beheersen. Vooral de systematiek van het proces roept bij Theo weerstand op. 'Ik ben gewend om het anders te doen, al dat bureaucratische gedoe is niets voor mij', is een uitspraak van Theo. Pas als de cursusleider vraagt of Theo ook tijdens het begeleiden van zijn cliënten volgens een bepaald systeem werkt, legt Theo de link met het opleidingswerk en ziet hij de meerwaarde. Hij snapt het doel van planmatig werken en het schrijven van ontwikkelingsplannen. Tevens begrijpt hij dat het maken van een plan van aanpak meerwaarde heeft voor het leren van zijn leerlingen. Ook ziet hij overeenkomsten met het rapporteren van werkprocessen in de zorgplannen en de leerprocessen van de medewerkers en de leerlingen. Theo kan op basis van de feedback zijn wijze van omgaan met medewerkers behouden maar leren om flexibeler te zijn als het gaat om openstaan voor nieuwe werkwijzen.

Nieuw gedrag uitproberen en groeien om te zijn zoals je graag wilt, vraagt om feedback. Remmerswaal (2001) omschrijft feedback als informatie die iemand aan een ander geeft over hoe het gedrag van die ander wordt waargenomen, begrepen en ervaren. De mate waarin feedback wordt gegeven en de effectiviteit ervan worden sterk bepaald door de sfeer van vertrouwen. Feedback is handig om blinde vlekken (zie het Johariraam, dit wordt hierna besproken) in kaart te brengen, want anderen zien die meestal beter dan jijzelf. Deze blinde vlekken hoeven niet per se negatief te zijn. Het is prettig om te horen dat je – nog niet ontdekte – goede kanten hebt. Vooral feedback krijgen op kwaliteiten is een positieve ervaring. Het versterkt je positieve kanten. Jonge mensen weten vaak nog niet zo goed waar hun kwaliteiten liggen, maar ook niet altijd wat ze fout doen. Wel krijgen ze vaak tips, die ze vervolgens niet altijd opvolgen. Oudere mensen weten meestal wel waar hun goede en minder goede kanten liggen, maar staan niet altijd open voor veranderingen. Belemmerende overtuigingen zorgen er voor dat we denken dat ze niet meer kunnen veranderen. Stilstaan bij de positieve kanten van mensen is waardevol. Goed gedrag tonen, vasthouden en vervolgens bewust inzetten is net zo belangrijk als leren van fouten.

Mensen zullen meer bereid zijn tot leren en veranderen als ze zich prettig voelen. In een groepsgesprek waarin het functioneren van de groep wordt besproken, zal de sfeer vooral goed zijn als de groepsleider ook complimenten geeft. Wees wel oprecht bij het geven van complimenten en overdrijf niet. Een lange lijst met complimenten komt net zo min binnen als een lange lijst met verbeterpunten. Wanneer je het waargenomen gedrag beschrijft, geef dan ook het *effect* van dit gedrag weer. Alleen zo kan er geleerd worden.

Casus Johan

Johan is een adolescent met een verstandelijke beperking. Hij heeft een zeer harde stem en andere mensen schrikken wel eens van hem, en denken dan dat hij agressief is. Maaike, zijn begeleider, geeft hem feedback op zijn wijze van praten, en legt ook uit wat er gebeurt als hij zo hard praat. Als Johan hoort dat hij zachter moet praten in de groep, maar ook hoort dat hij zo minder agressief overkomt, zal hij waarschijnlijk eerder bereid zijn om wat zachter te praten.

Het Johariraam
Een handig hulpmiddel om feedback te geven, is het Johariraam (zie figuur 2.10), genoemd naar de auteurs Joe Luft en Harry Ingham (in Remmerswaal, 2001). Het is een psychologisch model om bekende en onbekende kanten van gedrag in kaart te brengen. Elk raam beschrijft een onderdeel:

- Het 'open' raam is het gedrag dat je van jezelf kent en dat anderen ook kunnen zien. Je laat zien wie je bent.
- Het 'verborgen' raam omvat een gedragsrepertoire dat onbekend is bij anderen, maar wel bekend is bij jezelf. Je kiest ervoor om dit niet aan anderen te laten zien.
- Het 'blinde' raam is datgene wat anderen van jou zien, maar wat je zelf (nog) niet ziet. Door feedback te vragen kun je deze 'blinde' kant van jezelf verkleinen. Als je wilt, kun je deze feedback gebruiken om van te leren en te veranderen.
- Het 'onbekende' raam is dat stukje wat niemand van je weet, zelfs jij niet. Hier zitten onontdekte mogelijkheden, dromen en verlangens. Soms komen ze aan het licht wanneer je psychotherapie ondergaat.

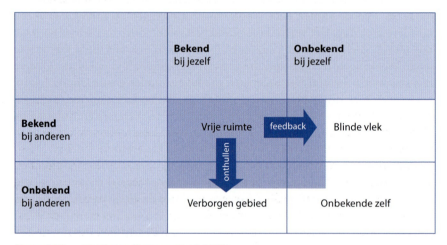

Figuur 2.10   Johariraam (Remmerswaal, 2001)

Binnen veel organisaties wordt niet alleen gewerkt, maar ook geleerd. Leidinggevenden, docenten maar ook collega's/groepsgenoten zullen dan ook regelmatig feedback geven aan medegroepsleden. Deze trajecten vallen onder het kopje 'leren door bekrachtiging'. Een teamlid verricht een bepaalde handeling of laat een bepaalde vaardigheid zien, de begeleider of docent geeft feedback en een volgende keer gaat het teamlid het nog eens proberen.

Helaas wordt hier vaak de nadruk gelegd op datgene wat minder goed ging. Hoewel er volgens de feedbackregels (zie paragraaf 2.10) vaak keurig wordt begonnen met iets positiefs, ligt de nadruk toch meer op datgene wat niet goed ging. Zinvoller is het om samen op zoek te gaan naar succeservaringen, dus dat iemand daar vooral mee aan de slag gaat. Als er op deze wijze feedback wordt gegeven, zul je meer open staan voor die feedback en minder gebruikmaken van rechtvaardiging achteraf. Dit een methode waarbij mensen op zoek gaan naar standpunten die de feedback van iemand anders ondermijnen.

| Casus | Hanna |

Leerling-verpleegkundige Hanna krijgt van haar begeleider te horen dat zij – als zij met patiënten praat – op haar benaderingswijze moet letten; zij behandelt de patiënten nogal kinderlijk. De medewerker is het hier niet mee eens, wat haar een vervelend gevoel geeft. Ze gaat op zoek naar tegenargumenten. Ze kan zich bijvoorbeeld gesprekken herinneren waarbij de patiënt die manier van benaderen juist prettig vond, en zij daardoor een goede aansluiting met de patiënt had. Op die manier 'repareert' zij haar zelfbeeld, maar zo staat ze niet open voor de feedback.

Wat levert deze rechtvaardiging achteraf de leerling nog meer op? Haar zelfbeeld is dan wel gered, maar het zou wellicht beter zijn geweest om zich te verdiepen in de werkelijke reden van de ontvangen feedback. Misschien zijn er klachten van patiënten binnengekomen over haar benaderingswijze, of van collega's. Als zij voor dit pad kiest, zou haar gedrag in overeenstemming zijn met haar vervelende gevoel; zij heeft wellicht terechte feedback gehad en ze moet er wat aan doen. Daarvoor is oprechte feedback van anderen nodig. Oprechte feedback houdt je scherp en zorgt dat je niet stil blijft staan. Wanneer iemand feedback geeft is het best moeilijk om professioneel te reageren.

Aandachtspunten bij het ontvangen van feedback

Bij het ontvangen van feedback reageren mensen soms anders dan verwacht. Positieve feedback of een compliment kan worden weggewuifd. Het lijkt er dan op of men zich in verlegenheid gebracht voelt. Bij negatieve feedback kunnen mensen zich gaan verdedigen of zelfs boos worden. Meestal is dat een gevolg van het op onjuiste wijze feedback geven, bijvoorbeeld op de persoon in plaats van op het gedrag. Maar het kan ook zijn dat men niet goed hoort wat er wordt gezegd. Probeer de volgende aandachtspunten in acht te nemen wanneer je zelf feedback krijgt:

1. Luister goed naar wat de ander zegt. Let ook op lichaamstaal, non-verbale uitdrukkingen en de wijze waarop iemand iets zegt. Dit zegt vaak meer dan de inhoudelijke boodschap. Zijn deze zaken met elkaar in overeenstemming of klopt er iets niet? Wanneer iemand je een compliment geeft maar hij er geen overeenstemmend gedrag bij vertoont, zal het compliment niet overkomen. Ditzelfde geldt wanneer de toon van de boodschap sarcastisch is.
2. Check of de feedback gaat over iets waar je invloed op kunt uitoefenen en of de feedback gaat over een recente gebeurtenis. Heeft de ander aangegeven wat het effect van jouw handeling is op hem/haar?
3. Bevat de feedback één of twee verbeterpunten waar je wat mee kunt en geen lange lijst met aandachtspunten?
4. Is er na het geven van de feedback ruimte voor jou om te reageren?
5. Schat de gegeven feedback op waarde en beslis wat je ermee wilt. Bedenk dat je altijd de mogelijkheid hebt om niets met de feedback te doen. Realiseer je dan wel wat de gevolgen van je keuze zijn. Stel dat je een tijdelijke baan hebt en je feedback krijgt op het feit dat je vaak te laat komt. Je hoeft daar niets mee te doen, maar de kans bestaat dat je dan een vaste aanstelling misloopt.

6. Sommige visies op het geven van feedback schrijven voor dat je iemand bedankt voor het feit dat je feedback krijgt. Feedback geven wordt dan gezien als het geven van een cadeautje voor iemands persoonlijke ontwikkeling. Of je dit wilt bepaal je natuurlijk helemaal zelf. Kijk echter niet gek op als iemand je bedankt wanneer je hem of haar feedback geeft.

Helaas hebben niet alle 'feedbackgevers' de intentie om iemand verder te helpen en wordt de feedback soms ongezouten en kwetsend gebracht. Het leereffect is dan minimaal. Succeservaringen zijn dus effectief, ze helpen iemand verder, daarnaast sporen ze kwaliteiten van de medewerker op. Deze kunnen als basis dienen bij het in kaart brengen van iemands ontwikkeling.

2.11 Persoonlijkheidstypen en communiceren in groepen

Je communicatiestijl zegt iets over je communicatie, zoals dat waarneembaar is door anderen. Het zegt dus iets over je functioneren, dat wat anderen van je zien en horen. Dit is iets anders dan persoonlijkheid. Iemands persoonlijkheid wordt deels bepaald door opvoeding (nurture) en is deels erfelijk bepaald (nature). Persoonlijkheid of karakter is zo veelzijdig dat we vaak maar delen daarvan terugzien in iemands functioneren. Zo kan iemand bijvoorbeeld een heel spontaan en vrolijk karakter hebben, maar de opvatting hebben dat hij zich op het werk professioneel dient te gedragen en dat daar geen uitbundig gedrag past. Er is dan tijdens het werk heel ander gedrag waar te nemen bij de collega dan in zijn privéleven. Persoonlijkheid en communicatiestijl zijn dus twee verschillende zaken. Wat verstaan we onder het begrip persoonlijkheid? Zimbardo (2012) beschrijft persoonlijkheid als de psychologische kenmerken die een zekere continuïteit verlenen aan het gedrag van een individu in verschillende situaties en op verschillende momenten. Persoonlijkheid blijkt het resultaat van zowel erfelijke als omgevingsfactoren. We krijgen onze persoonlijkheid dus voor een deel via de geboorte mee, daarnaast worden we gevormd door onze cultuur, onze sociale relaties en ons ontwikkelingsniveau.

Persoonlijkheid kan worden gemeten via zelftesten en observaties door anderen. Een zeer veel gebruikt meetmodel is de Myers-Briggs Type Indicator (MBTI). Dit is een test van honderd uitspraken die mensen vraagt aan te geven hoe ze zich gewoonlijk voelen of handelen in bepaalde situaties. De MBTI wordt veel gebruikt bij managementtrainingen; de persoonlijkheid wordt gekoppeld aan het soort werk waar iemand geschikt voor lijkt. De items waarop gescoord wordt, zijn de glijdende schalen introversie-extraversie; denken-voelen; sensatie-intuïtie en oordeel-perceptie. Er is gekozen voor glijdende schalen omdat mensen beter passen binnen een continuüm van deze begrippen in plaats van in een hokje. Ook blijken mensen niet in alle situaties op dezelfde manier te handelen.

Een theorie die ook gebaseerd is op het feit dat karaktertrekken binnen een continuüm liggen, is de vijffactorentheorie (The Big Five). Eigenschappen van mensen worden daarbij gekarakteriseerd op een continuüm van vijf fundamentele persoonlijkheidsdimensies. Deze vijf dimensies zijn:
- open/nieuwsgierig versus gesloten/ongeïnteresseerd;
- betrouwbaar/georganiseerd versus onbetrouwbaar/chaotisch;
- dominant/extravert versus ondergeschikt/introvert;
- warm/vertrouwend versus koel/achterdochtig;
- gelijkmatig/zelfverzekerd versus nerveus/temperamentvol.

Afhankelijk van de uitslag van de test wordt duidelijk in hoeverre je persoonlijkheidstrekken bezit die goed aansluiten bij het functioneren in een groep. Karaktertrekken als openheid, betrouwbaarheid en warmte kunnen hier zeker aan bijdragen. Door jezelf te (laten) testen kun je een goed inzicht verkrijgen of je bijvoorbeeld introvert of extravert bent, en in hoeverre je een leidende of meer afwachtende rol in de groep zult nemen. Het maakt hierbij niet uit of je groepsbegeleider of groepslid bent. Je persoonlijkheid zal zichtbaar zijn in je handelen.

Hoe zien we persoonlijkheidskenmerken van mensen terug binnen groepsgedrag? In bijeenkomsten waar veel medewerkers bij elkaar zijn, bijvoorbeeld in een teamvergadering, zien we persoonlijkheidskenmerken naar voren komen bij de medewerkers. Iedereen kent het verschijnsel dat sommige medewerkers doorlopend hun mening uiten en anderen juist zwijgen. Wanneer de groepsleider voldoende veiligheid in de bijeenkomst creëert, en de groepsleden zich voldoende veilig voelen om ieders inbreng tot zijn recht te laten komen, spelen waarschijnlijk persoonlijke kenmerken van de groepsleden een rol. Extraverte medewerkers zijn nu eenmaal vaker aan het woord dan introverte medewerkers en zijn meestal ook dominanter. De groepsleider kan de vergadering zo sturen dat iedereen het woord kan nemen, bijvoorbeeld door iedereen persoonlijk aan te spreken. Dit is voor groepsleden meestal niet prettig. Beter kan de groepsleider het probleem bij de groep neerleggen. Het is namelijk een probleem van de hele groep. Veelpraters moeten leren zich te beheersen om ook een ander eens aan het woord te laten, maar iemand die weinig inbrengt moet hier eveneens aan werken. De groepsleider kan de medewerkers zo inzicht geven in wat hun gedrag in de groep kan oproepen. Door hier een gezamenlijke verantwoordelijkheid van te maken, heeft ieder een eigen aandeel in de communicatie.

Concreet betekent het dat je als groepsbegeleider een interventie voor de hele groep doet door:
- te benoemen wat je opvalt (ik zie dat…);
- aan te geven wat het effect is (ik merk dat ik op deze wijze niet ieders mening hoor en dat zou ik wel graag willen);

- toe te lichten dat dit een groepsprobleem is waarbij sommige deelnemers te veel ruimte innemen en anderen zichzelf te weinig ruimte geven;
- een gezamenlijk groepsdoel te formuleren, waarin beide groepen deelnemers van elkaar kunnen leren.

Naast inzoomen op kwaliteiten en persoonskenmerken, die een deel van ons zelf zijn, kunnen we ook kijken naar hoe wij reageren en wat ons drijft. Dit doen wij door te reflecteren op ons gedrag en onze vaardigheden. Het begrip reflecteren (zie paragraaf 2.9) gebruiken we om inzicht in ons gedrag te verkrijgen en dit mogelijk te verbeteren. Hulpmiddelen bij het reflecteren zijn inbreng van anderen, bijvoorbeeld door het geven van feedback.

2.12 Opdrachten

1.
   a. Welke 3 fasen onderscheidt Schutz in groepsontwikkeling?
   b. Beschrijf bij elke fase minimaal 2 specifieke kenmerken van de betreffende fase.
   c. Zet de fasen in de juiste volgorde en verklaar waarom deze volgorde een logische volgorde is als het gaat om basisbehoeften van mensen.
   d. Geef twee begeleidingsactiviteiten van een goede groepsbegeleider per fase van Schutz.

2. Denk terug aan de eerste studiedag:
   a. Naast wie wilde je gaan zitten in de studieruimte/collegezaal?
   b. Was dat ook degene naast wie je uiteindelijk ging zitten? Waarom wel/niet?
   c. Hoe is je relatie met degene naast wie je destijds ging zitten?
   d. In hoeverre zijn de hierboven beschreven factoren van toepassing op de vragen a tot en met c?

3. Test je persoonlijkheid op: www.impact-ontwikkeling.nl/persoonlijkheidstest/1.
   Bekijk de uitslag van de test en vraag aan een groepslid of hij/zij jou herkent in de uitslag. Ben je tevreden over de uitslag of zijn er onderdelen die jou eventueel in de weg kunnen zitten als groepslid? En hoe zit dat als groepsbegeleider?

4. Maak voor jezelf een kernkwadrant aan de hand van de volgende stappen:
   a. Benoem een kwaliteit en een valkuil van jezelf.
   b. Teken hiermee een kernkwadrant en interpreteer het samen met een medestudent of collega.
   c. Trek een dubbelkwadrant met een groepsgenoot en benoem de voor- en nadelen van een mogelijke samenwerking.

2.13 Samenvatting

In hoofdstuk 2 hebben we nader ingezoomd op wat een groep is, en zijn er verschillende soorten groepen benoemd. Daarnaast is het belangrijk om de groep vanuit meerdere invalshoeken te zien. Meestal ben je de begeleider van een groep, maar op andere momenten ben je zelf groepslid. Interessant om te ontdekken is of je verschillend gedrag laat zien als begeleider of als groepslid. Je hebt ontdekt hoe je zelfbeeld wordt gevormd en hoe het je handelen beïnvloedt. Vervolgens is beschreven hoe de basisbehoeften autonomie, competentie en relatie een rol spelen in groepsgedrag en de ontwikkeling van groepsfasen. Er worden verschillende groepsfasen benoemd, waaronder het model van Schutz, dat de basis vormt voor de verdere hoofdstukken. Ook ben je meer te weten gekomen over je kwaliteiten, valkuilen, uitdagingen en allergieën binnen groepsgedrag door een kernkwadrant van jezelf op te stellen. Om verder te komen in je ontwikkeling heb je feedback nodig, om jezelf te leren kennen. Je koppelt dit aan wie je bent, je persoonlijkheid, en wat je doet, je gedrag. Feedback kan je vooral helpen om je gedrag te veranderen.

Het ontstaan van een groep: de inclusiefase

3.1 Inleiding

In dit hoofdstuk zoomen we in op de inclusiefase, omdat deze past binnen het ontstaan van een groep. De problemen die in dit hoofdstuk worden beschreven komen vooral in de startfase van de groep voor. Iedereen die in een groep heeft gezeten, kent de situatie: hoor ik bij deze groep en/of wil ik er wel bij horen? Val ik erbinnen of blijf ik er juist buiten? De cohesie (de samenhang) of juist desintegratie (het niet bij elkaar willen horen) van een groep begint op dit punt. Er doen zich problemen voor bij identiteitsvorming. Als begeleider of als deelnemer aan een groep valt je bij een eerste kennismaking met een groep al een aantal zaken op:

- Wie is er al meteen aan het woord, wie stelt de vragen? Wie valt op door extravert gedrag? En wie trekt zich terug en probeert juist niet op te vallen?
- Waar gaan de (oppervlakkige) gesprekken over, oftewel: welke zaken durven of willen groepsleden in een vroeg stadium bespreken?

Dit zijn zaken die met de basisbehoefte 'erbij horen' te maken hebben en die passen binnen de eerste fase, de inclusiefase.

3.2 Basisbehoeften binnen de inclusiefase

Een groepsbegeleider heeft in de inclusiefase een belangrijke functie. Daartoe dient hij de problematiek van een startende groep te kennen en te herkennen. Specifiek groepsgedrag ontstaat al in de inclusiefase. Een voorbeeld hiervan is dat in de eerste bijeenkomst (stilzwijgend) een aantal kenmerken van de groep worden bepaald die ertoe kunnen leiden dat groepsleden zich wel of niet aangetrokken voelen tot de groep. Een te grote openhartigheid in bijvoorbeeld een kennismakingsronde kan groepsleden afschrikken. Een kennismakingsronde dient daarom goed begeleid te worden (zie paragraaf 3.3). Maar ook de kledingkeuze van een begeleider kan iemand doen besluiten dat hij zich niet thuis voelt in de groep. Ook kan er bij de start van een groep al (stilzwijgend) een aantal normen worden vastgesteld (zie kader 3.1). Het – op de eerste dag – afwijken van afspraken, bijvoorbeeld van de aanvangstijd, kan door groepsleden uitgelegd worden als ruimte om in het vervolg later te komen en/of eerder weg te gaan.

Nadat groepsleden de eerste normen en waarden binnen een groep verkend hebben, richten zij zich op elkaar: hoe gedragen de deelnemers zich in deze groep? Ook kijken zij naar zichzelf: laat ik mijn eigen wensen vallen om ergens bij te horen? Overigens kent 'erbij horen' diverse gradaties. Het ene groepslid wil alles meemaken, terwijl anderen de ruimte willen blijven houden om zich af en toe terug te kunnen trekken.

Opvallend bij de start van een groepsproces is dat beginnende groepsleden bij binnenkomst onbewust 'scannen' naast wie zij in een groep gaan zitten. Omdat mensen over het algemeen vasthouden aan gewoontes, zullen zij tijdens de daarop volgende bijeenkomsten meestal weer naast die persoon gaan zitten, met als gevolg dat er langdurige relaties kunnen ontstaan tussen deze personen. Als groepsbegeleider kun je tijdens de eerste bijeenkomst van een groep eens kijken wie naast wie gaat zitten en waarom. Ook kun je overwegen om de groepsleden eens uit te nodigen van plaats te veranderen na één of twee groepsbijeenkomsten.

Voorbeeld Test jezelf

Denk aan een situatie waarin je langere tijd deel uitmaakte van een groep, bijvoorbeeld tijdens een opleiding. Onderzoek bij jezelf eens met welke studenten je nu of destijds omgaat/omging en of zij bij jou in de buurt zaten bij de start van de opleiding. Waren dat dezelfde personen?

Kader 3.1

Veel mensen vinden hun plaats in de groep belangrijk. Ook bij opdrachten in kleine groepjes kan het voor deelnemers erg belangrijk zijn met wie zij in een groepje zitten. Houd hier als begeleider rekening mee. Naarmate de groepsidentiteit duidelijker wordt, kunnen er subgroepjes ontstaan. Deze worden gevormd door mensen die zich niet in die identiteit herkennen. Hierdoor kunnen de groepsdoelen uit het oog worden verloren en vermindert de betrokkenheid bij de groep.

Als begeleider kun je de groep door de inclusiefase heen helpen door de juiste voorwaarden te scheppen voor kennismaking en afspraken te maken over groepstaken, werkwijzen en werktijden. Dit wordt nader besproken in 3.3.

3.3 Kennismaken en cohesie

Wat is een goede kennismaking? Een goede, eerste groepsbijeenkomst start met kennismaken, maar waar ligt die start precies? Lang van tevoren, vlak voor, of tijdens de bijeenkomst? In opleidingen is er veel aandacht voor kennismaken. Een goed begin is immers het halve werk. Bovendien versterkt het de eerste fase van het groepsproces, waarin het 'erbij horen' een belangrijke rol speelt. Een leuke, activerende kennismaking levert een prettige start op.

> **Voorbeeld** Interview elkaar!
>
> Een favoriet van veel groepsbegeleiders is dat de deelnemers elkaar interviewen. Dit is leuk, maar wanneer de uitkomsten van de interviews in de hele groep worden nabesproken, duurt dit vrij lang waardoor niet iedereen meer naar elkaar luistert. Hierdoor ontstaat vaak het tegenovergestelde ontstaat van wat men wenst in de inclusiefase, elkaar leren kennen. Een nadeel van elkaar interviewen is ook dat er juist bij het vormen van tweetallen pijnlijke momenten ontstaan, zeker bij oneven groepen. Mensen blijven over en met name bij een ongelijk groepsaantal staat de laatste deelnemer moederziel alleen. De begeleider kan dan zelf meedoen, om de pijnlijkheid van het overblijven weg te nemen, maar verliest daarmee (tijdelijk) zijn leiderspositie. Ook plaatst het de 'overblijver' in een ongemakkelijke positie. Een tweede tekortkoming van elkaar interviewen komt naar voren wanneer de deelnemers niet zo duidelijk instructie krijgen over welke onderwerpen ze elkaar moeten bevragen. In het terugkom moment met de hele groep, kan dat leiden dat tot zeer verschillende uitkomsten. Sommige duo's kennen slechts elkaars naam, woonplaats en werk, andere hebben hun hele levensloop besproken. Om van interviewen dus een constructieve kennismakingsoefening te maken, is een even aantal deelnemers en een goede uitleg van te voren noodzakelijk.
>
> Kader 3.2

Niet de lengte, maar de intensiteit van de kennismaking moet centraal staan. Als begeleider mag je best veel sturing geven door goede aanwijzingen te geven en het onderwerp van de kennismaking al voor een groot deel op het onderwerp of doel van de training, bijeenkomsten of opleiding te richten. Bij een training trainersvaardigheden maak je bijvoorbeeld kennis aan de hand van de vraag 'wie of wat inspireerde jou om trainer te worden?' Bij de start van een verpleegkundeopleiding kun je bij aanvang iedereen zichzelf kort laten introduceren aan de hand van bijvoorbeeld plaatjes met cartoons uit de zorg. Iedereen vertelt naast zijn naam en woonplaats ook waarom de gekozen cartoon hem aanspreekt. Zo kun je de deelnemers laten kennismaken met elkaar, maar ook al enigszins met het onderwerp.

Je kunt de groepsleden elkaar ook in groepjes laten interviewen aan de hand van vooropgestelde thema's zoals motivatie of groepskwaliteiten. Zorg er wel voor dat er duidelijke richtlijnen zijn over inhoud, duur van de opdracht, wijze van terugkoppeling en spreektijd van de groepjes.

Kennismaken gaat altijd 'ten koste' van leer- of werktijd, maar het levert je gedurende de rest van het groepsproces veel op. In de eerste fase van groepsontwikkeling gaat het erom dat mensen zich welkom voelen en erkend worden in wie ze zijn, een basisbehoefte. Het ritueel 'dat hoort bij de start van een groep' is bij veel deelnemers bekend en geeft houvast. Afwijken hiervan – door bijvoorbeeld het kennismaken te weinig aandacht te geven – kan onrust geven bij het opstarten en de rest van het groepsproces beïnvloeden.

Adviezen voor prettig kennismaken:

- Zorg vanaf het eerste moment voor veiligheid. Structureer je kennismakingsopdracht door zelf te groeperen. Het maakt niet uit op welk kenmerk of uitgangspunt, maar het voorkomt dat iemand bij de start alleen komt te staan. Dit kan een trend worden voor de rest van het groepsproces.
- Wees je ervan bewust dat mensen zich vertrouwder voelen naarmate ze meer met elkaar omgaan (het *proximity-attractioneffect*). Werk dus van af het begin met wisselende subgroepen, als je dat later ook wilt doen.
- Maak gebruik van het verschijnsel dat mensen zich snel aanpassen omdat ze vinden dat het zo hoort (normatief conformisme), omdat ze graag willen weten wat anderen van iets vinden (informatief conformisme) en omdat aangepaste mensen als prettig worden ervaren. Conformisme verstevigt het groepsgevoel.
- Sociale identiteit: door in de groep te vertellen wie we zijn en te horen wie de anderen zijn, kunnen we ons zelfbeeld opwaarderen. We ontlenen een belangrijk deel van onze identiteit aan een groepslidmaatschap. Lijkt de groep te bestaan uit de 'juiste' mensen, dan voelt het goed om daar lid van te zijn.
- Door de kennismakingsoefening te baseren op het groepsdoel is er iets gemeenschappelijks. Dat zorgt ervoor dat mensen een gevoel van gelijkheid ervaren (het *similarity-attractioneffect*).

Werknemers, studerenden of bewoners vormen soms tegen wil en dank een groep. Zij hebben niet allemaal dezelfde behoeften om aan een groep deel te nemen en nemen dus hun individuele (basis)behoeften mee. Deze kunnen in strijd zijn met de behoeften van de groep. Om uiteindelijk een goed functionerende groep te worden, moeten er zowel bij de deelnemer als in de groep bepaalde ontwikkelingsprocessen plaatsvinden. Individuele behoeften worden samengesmeed tot groepsbehoeften, zo wordt een groep een (h)echte groep.

Hoor ik erbij?

In de inclusiefase hebben deelnemers vooral behoefte aan 'erbij horen'. Het is dan ook goed om specifieke oefeningen te ontwerpen voor deze fase, waarbij het gezamenlijk doel centraal staat. Dan zal er sneller een gevoel van cohesie ontstaan: 'we zitten hier goed, we horen erbij en voelen ons verbonden met het thema'. Een filmpje of een casuïstiek rondom het onderwerp waar de groep mee bezig is, zal de cohesie versterken. Dit vereist wel dat je de behoefte van de doelgroep goed kent. Wanneer de deelnemers zich namelijk niet herkennen in datgene waar zij mee aan de slag gaan, zal er wel cohesie ontstaan tussen de deelnemers, maar tevens twijfel over de bekwaamheid van de groepsbegeleider ('wij worden niet erkend, wij horen hier niet'? Of… 'wij hebben wel wat beters te doen dan hier te zitten'). Ook bij bestaande groepen, waar nieuwe personen aan toegevoegd worden, is het steeds weer belangrijk om de nieuwkomer welkom te heten. Ook hier kan een thema hanteren wat bij iedereen bekend is, de nieuwkomer een welkomgevoel geven.

Casus Niels

In woongroep Noordereinde is Niels (Downsyndroom, 35 jaar) overgeplaatst van de jongerengroep naar een groep met oudere bewoners. Niels voelt zich niet op zijn gemak; alles is vreemd en na het avondeten de eerste avond gaat hij in zijn eigen kamer zitten. Het samen eten vond hij niet leuk. De gerechten waren onbekend en ook de eetgewoonten aan de eettafel waren anders. Begeleidster Sanne komt Niels ophalen om samen met de andere bewoners naar 'The Voice of Holland' te kijken. Dit is bekend voor Niels en hij voelt zich meer op zijn gemak.

Cohesie

Met cohesie bedoelen we hier sociale cohesie. Sociale cohesie duidt op de samenhang in een maatschappij. Door sociologen wordt sociale cohesie ook wel omschreven als 'kleefkracht'. In onderzoek naar sociale ongelijkheid en identiteit is de vraag hoe samenlevingen bij elkaar blijven een van de kernvragen. Er zijn vele antwoorden gegeven op de vraag wat de samenleving bij elkaar houdt. Deze zijn samen te vatten als wederzijdse afhankelijkheid of eigenbelang, dwang of macht en gedeelde waarden en normen.

Sociale cohesie bestaat op micro- en macroniveau. Op microniveau zien we (sociale) cohesie binnen het gezin, de familie, de vriendenkring. Op een iets hoger niveau bestaat sociale cohesie binnen verenigingen, kerkgenootschappen en dergelijke. Ook op het niveau van de maatschappij zien we sociale cohesie, vooral binnen uniculturele (één cultuur) samenlevingen. Binnen een dergelijke samenleving delen mensen dezelfde taal, geschiedenis, gewoonten enzovoort, dat zorgt voor een zekere mate van sociale cohesie: men identificeert zich met elkaar en/of voelt zich verbonden.

Binnen de groepsdynamica focussen we op groepscohesie. Het gaat hier dus om de samenhang van de groepsleden met elkaar in een werk- of leergroep. In hoofdstuk 1 zagen we al dat verbondenheid hier een grote rol in speelt. Cohesie heeft dus ook te maken met de mate waarin de groepsleden zich verbonden met elkaar voelen.

Wanneer de *cohesie* in een groep hoog is, voelen groepsleden zich sterk met elkaar verbonden. Er ontstaat een 'wij'-gevoel. Een wij-gevoel bevordert de harmonie in een groep en daarmee een veilige sfeer. Als je de cohesie wilt bevorderen, is het belangrijk om met de volgende aspecten rekening te houden:

1. De aantrekkelijkheid van de groep(sleden) voor de deelnemers: herken ik mij in de uitgangspunten of de sterke, aansprekende start van de bijeenkomst; voel ik mij op mijn gemak?
2. De mate van samenwerking tussen de groepsleden: laat groepsleden al snel samenwerken in kleine opdrachten, maar vermijd in de inclusiefase competitiegerichte opdrachten. Dit verlaagt de groepscohesie, maar zal al snel tot sociale categorisatie leiden oftewel een wij- en zij-gevoel.
3. Stel elkaar 'laag risicovolle' vragen over bijvoorbeeld vooropleiding en hobby. Vragen die wellicht stress of schaamte oproepen kunnen beter vermeden worden, tenzij het doel juist is om anderen te laten zien dat ze niet de enige met een 'probleem' zijn, zoals in een zelfhulpgroep. Geef eventueel zelf het eerste voorbeeld, zodat de deelnemers weten waar de grenzen van hun antwoorden liggen. Als een groepslid tijdens de kennismaking te openhartig is, kan anderen zich daardoor ongemakkelijk voelen en kan hij anderen tevens het gevoel geven dat ze ook zo openhartig moeten zijn.
4. De mate van inzet en motivatie van de groepsleden: verricht vooraf een goede research waar de individuele en de groepsdoelen liggen zodat je er als begeleider op kunt inspelen.
5. Ook dien je als begeleider er op te letten dat er binnen de groep geen grote competitie ontstaat tijdens de inclusiefase. Opdrachten met een competitie element kun je als begeleider dus beter achterwege laten. Zoek in de opdrachten vooral naar verbondenheid.

Groepsprestaties en cohesie

De sociaal psycholoog Bandura introduceerde in 1986 het begrip *group-efficacy*, wat wordt gedefinieerd als 'het vermogen van de groep om een bepaalde taak uit te kunnen voeren'. Vervolgens werd onderzocht hoe het met deze group-efficacy in groepen gesteld was, met de volgende uitkomsten:

- Cohesie in groepen is hoger wanneer groepen een hogere group-efficacy hebben.
- Men durft daardoor als groep meer uitdagende doelen na te streven.
- Groepen die uitdagender doelen nastreven, gaan meer vooruit dan groepen met minder uitdagender doelen.

Daarnaast werd gevonden dat de cohesie in groepen toeneemt naarmate de groep meer doelen bereikt en meer plezier heeft in het samen deze doelen nastreven. De mate van aantrekkelijkheid van de groep verhoogt ook de cohesie in groepen, omdat mensen er graag lid van zijn.

3.4 Normen en waarden

In iedere groep is het ook belangrijk om normen met elkaar te bespreken of – indien de normen vastliggen zoals in sommige scholen of instellingen – deze met elkaar door te nemen. Op bijvoorbeeld middelbare scholen en ROC's worden normen vaak omgezet in regels. Deze regels dienen streng te worden nageleefd en worden doorgaans zwaar bestraft bij overtreden. In therapeutische groepen kan het gaan om openheid en geheimhouding. Hoewel deze regels bijdragen aan duidelijkheid en veiligheid, worden ze door groepen dikwijls niet eigen gemaakt. Het is dan ook zinvoller (indien mogelijk) om een groep zijn eigen regels (en sancties) te laten maken, bij voorkeur tijdens de eerste bijeenkomst. Groepsleden zullen dan elkaar corrigeren als iemand zich niet aan de regels houdt. Dit voorkomt veel problematiek achteraf. Belangrijk hierbij is wel een open houding in de groep, zodat ieders mening wordt gehoord. Als de regels slechts door de meest invloedrijke personen in de groep zijn vastgesteld, zullen ze niet door iedereen worden nageleefd. Als begeleider dien je je ook aan de met elkaar opgestelde regels te houden. In het algemeen zijn er drie elementen die een rol spelen bij normen en waarden:

- Waarden: wat vind je belangrijk?
- Normen: hoe ga je om met regels?
- Deugden: Hoe laat je zien dat je het meent?

Tabel 3.1 Voorbeelden van waarden, normen en deugden

Waarden	Normen	Deugden
Eerbied voor het leven	Je mag geen mensen/dieren doden	Ik draag geen bont
Tolerantie	Je dient andere meningen toe te staan	In de klas respecteer ik de mening van de leerling
Vrijheid	Je ontneemt niemand de vrijheid om zijn eigen leven in te richten	Ik werk niet mee aan vrijheidsbeperkende maatregelen
Gelijkheid	Je discrimineert niet op grond van afkomst, geslacht, geloof, seksuele geaardheid, enz.	Ik geef het goede voorbeeld door niet te discrimineren of discriminerende grappen te maken
Fatsoen	Je wacht op je beurt, niet door elkaar praten	Ik laat mijn collega's uitspreken in een vergadering
Beheersing	Je wordt niet boos, blijft geduldig	Ik luister geduldig naar wat cliënten bezighoudt
Eerlijkheid	Je bevoordeelt niet jezelf ten koste van een ander	Ik trek niemand voor in de groep
Gezondheid	Je sport, beweegt, rookt niet, drinkt niet te veel alcohol	Ik rook niet

Groepsnormen reguleren het gedrag van zowel de machtigen als de minder machtigen; men laat zich door groepsnormen beïnvloeden op een manier die mensen afzonderlijk meestal niet voor elkaar krijgen. Groepsnormen gaan namelijk meestal over wat je behoort te doen. Over normen valt het volgende te vermelden:
- Dwang: doe het, of anders… Normen worden soms afgedwongen door beloningen en straffen (*carrot and stick*-benadering). Het gebruiken van beloningen en straffen is de minst effectieve manier om ervoor te zorgen dat mensen zich aan regels houden. Dit komt omdat het niet waarschijnlijk is dat het persoonlijk niet aanvaarden van de norm publieke naleving teweegbrengt. Daarnaast kan geen enkele maatschappij het zich veroorloven mensen in te huren die al deze normen bij de hele bevolking constant afdwingen.
- Internalisatie: het is goed en het hoort zo, dus ik doe het. Mensen volgen normen omdat ze juist en goed lijken. Het volgen van groepsnormen is een manier om gezamenlijk de werkelijkheid al juist en waar te beleven en zo een groepsidentiteit te tonen. Bovendien voelen mensen zich gerespecteerd door anderen waarvan die anderen hun meningen waarderen.
- Consensus en steun: iedereen doet het, dus ik doe het ook. De aanwezigheid van groepsleden versterkt, in plaats van belemmert, normatief gedrag. Normatief gedrag wordt gesteund doordat andere groepsleden het aangewezen gedrag activeren, eigen maken en versterken.
- Frequente activatie: ik dacht er (weer) aan, dus ik doe het (weer). Normen worden bekrachtigd als ze frequent worden geactiveerd. Als er sterke associaties tussen situaties en gedrag worden gevormd, maakt de gedachte aan deze situaties het bijbehorende gedrag makkelijker om uit te voeren.

Voorbeeld Wie heeft het bepaald?

In de Frauenkirche in Dresden hangen bij de ingang borden die duidelijk maken dat er niet gefotografeerd mag worden in de kerk. Niet duidelijk is waarom deze regel er is en vanuit welke norm de regel is opgesteld. De bezoekers zijn niet gekend in de regelgeving, en er is ook niet duidelijk wat er gebeurt als de norm wordt overtreden. Bezoekers van de kerk zijn dan toch geneigd om de regel te overtreden want eenmaal in de kerk blijkt het fotografieverbod massaal genegeerd te worden. Na enige observatie blijkt het volgende gedrag merkbaar:
De bezoekers houden de camera in de tas totdat zij binnenkomen. Daar zien zij dat andere mensen wel foto's maken. Hierdoor wordt de norm vastgesteld dat er blijkbaar toch foto's gemaakt mogen worden. De kerk sluit 's avonds. De volgende dag begint het gedrag opnieuw. De interessante vraag hierbij is natuurlijk: wie neemt nu als eerste het besluit om het fotografeerverbod te negeren?

Kader 3.3

Normen die bijdragen aan een positief groepsklimaat

Als begeleider streef je ernaar de groepsleden een positief groepsklimaat te laten creëren. Dit kun je doen door samen de normen te bespreken, zoals wat jij en de groep wel of niet willen, of door hen positieve activiteiten te laten verrichten die voor een positief klimaat zorgen zoals elkaar helpen en samen leuke taken verrichten als iets lekkers voor de groep halen. Door samen de normen en waarden te bespreken kom je er als begeleider achter hoe de groepsleden zich veilig kunnen voelen en wat zij daarvoor nodig hebben, bijvoorbeeld in het begin elkaar alleen wijzen op elkaars goede kanten. Belangrijk daarbij is dat je als begeleider bewaakt dat dit ook gebeurt. Daarnaast is het belangrijk dat er over en weer respect is. Soms kan het helpen om daar voorbeelden in te geven. In sommige groepen jongeren is het 'normaal' om een slechte voetballer een homo te noemen. Als je als begeleider hier niets van zegt, kan het idee ontstaan dat het 'mag'. Leg ook uit waarom het niet kan, evenals schelden met ziektes en vloeken. Lach als begeleider ook niet mee met een foute grap, want ook dat kan jongeren het idee geven dat zij hiervoor toestemming hebben.

Zoals eerder gezegd zijn er ook normen die misschien niet helemaal stroken met die van de begeleider, maar wel opgesteld door de groep. Mits ze binnen de kaders blijven waar de groep onder valt, kan dit. De groepsleden zullen zich hier ook makkelijker aan conformeren dan aan opgelegde regels. Later blijkt dan wel eens dat de groep de regels alsnog bijstelt, omdat hun aanvankelijke afspraken niet werken.

Voorbeeld Structuur is soms nodig

In een groep verpleegkundigen in opleiding één keer per maand staat het houden van intervisie op het lesrooster. De bedoeling is dat de intervisie ook daadwerkelijk plaatsvindt, volgens een bepaald model. De studenten verpleegkunde willen afwijken van de intervisie, zij regelen het zelf wel en vinden een intervisiemodel ook niet nodig. De docent laat hen het zelf regelen. Na ongeveer drie maanden komen de studenten bij de docent; de intervisie komt niet van de grond. Twee keer ging de bijeenkomst niet door, en de keer dat hij wel doorging, was er geen structuur en had men niets geleerd. De studenten vragen of de docent de intervisie wil ondersteunen en vragen ook om verschillende modellen. Nu lukt het wel.

Kader 3.4

3.5 Beïnvloeding en conformiteit

Als je je regelmatig in groepen bevindt, ontdek je dat de meeste mensen zich aanpassen aan de normen en regels binnen een groep. Naarmate er meer mensen met problematisch gedrag in de groep aanwezig zijn, zal dit wat minder sterk zichtbaar zijn, of er zal meer sturing nodig zijn. In dit onderdeel gaan we uit van een standaardgroep, bijvoorbeeld een groep met studenten in opleiding. Als je je niet grotendeels aanpast in de groep, kun je problemen met je medestudenten krijgen, of krijg je van je docent het verzoek om je wat meer te voegen in de normen van de groep. Ook in je toekomstige beroep wordt van je verwacht dat je je min of meer aanpast aan de normen van het bedrijf of de instelling. We gaan nader in op het begrip aanpassen of 'conformeren'.

Conformisme

Opvallend is dat mensen in groepen een grote neiging tot conformiteit (of aanpassen) hebben. Dit heeft te maken met het feit dat:
- mensen graag op de hoogte zijn van zaken (een informatieve functie);
- mensen vinden dat je je aan hoort te passen (een normatieve functie);
- aangepaste mensen als prettig worden ervaren (een persoonlijk belang).

Daarnaast zijn over conformisme enkele interessante ontdekkingen gedaan, zoals:
- Invloed leidt tot conformisme omdat men gelooft dat de anderen correct oordelen. Dit komt voor bij ambigue stimuli (men weet niet goed hoe het zit) zoals in het experiment met het autokinetische effect van Sherif (zie paragraaf 3.5).
- Invloed leidt ook tot conformisme wanneer men vreest voor de negatieve sociale gevolgen om afwijkend te lijken, zoals in het lijnexperiment van Asch (zie paragraaf 3.5).
- Er bestaat zoiets als private conformiteit: de verandering van opvatting die optreedt wanneer iemand voor zichzelf een nieuw standpunt inneemt. Hij verandert dus echt van mening.
- Er bestaat zoiets als publieke conformiteit: een oppervlakkige verandering in openlijk gedrag, zonder een echte meningsverandering, veroorzaakt door reële of ervaren groepsdruk. Hij verandert alleen van mening om met de groep mee te gaan.

Rondom het aanpassen aan groepsnormen zijn een aantal factoren van belang:
- Volgzaamheid: de persoon doet wat er gevraagd wordt omdat iemand hem controleert. Verdwijnt de controle, dan stopt de persoon met het opvolgen van de regels.
- Identificatie: de persoon doet wat de ander(en) wil(len) omdat hij zich verbonden voelt met die ander(en). Er is geen dwang of controle, maar er wordt een rolmodel gevolgd.
- Internalisatie: naarmate iemand zich vaker schikt in de – door anderen – opgelegde normen, wordt de norm een eigen norm. De persoon gaat zich er uit zichzelf aan houden.

Belangrijk bij deze drie factoren is dat volgzaamheid dus vooral voortkomt uit controle, identificatie voortkomt uit aantrekkelijkheid en internalisatie voortkomt uit geloofwaardigheid. Als begeleider is het goed om dit in je achterhoofd te houden, als je wilt dat de groepsleden zich conformeren.

Informationele invloed

Wanneer mensen zich onzeker voelen, zijn zij geneigd om advies aan elkaar te vragen. Als je na een eerste kennismaking met je groepsleider of docent een indruk hebt, wil je die indruk wellicht bevestigd zien. Door er (bijvoorbeeld) in de pauze met je groepsleden over te spreken check je of je eerste indruk klopt. Doordat jullie elkaar hierbij ook weer beïnvloeden komt er een gedeelde interpretatie van wat jullie hebben gezien, en komen jullie tot een gedeelde eerste indruk.

Als meerdere groepsleden de mening delen zal er vermoedelijk snel een 'waarheid' worden geformuleerd over de begeleider of de docent. Dit verschijnsel werd voor het eerst aangetoond in een klassiek experiment met het zogenoemde autokinetische effect dat Sherif in 1953 verrichtte.
Sheriff besloot een groep mensen te laten kijken naar een lichtbron die niet bewoog, maar in totale duisternis wel het effect van beweging had (het autokinetische effect). Daarna werden de individuele leden gevraagd naar de mate van beweging van het licht. De individuele scores binnen het bewegen varieerden van 2 tot 25 cm. Initieel verschilden de meningen in de groep dus sterk, maar toen men met elkaar in discussie ging, ontstond er meer en meer een groepsoordeel. Twijfelaars en nieuwelingen adopteerden de groepsnorm. Het werd een norm waarin men daadwerkelijk geloofde.

In het dagelijks leven vindt informationele beïnvloeding doorlopend plaats. Zaken waarvoor geen duidelijke objectieve maat bestaat, zoals bij mode, muziek en kunst, worden op waarde geschat door wederzijdse beïnvloeding.

Het stappenmodel van Latane en Darley

Een zeer noodlottig gevolg van informationele invloed is het 'omstandereffect'. Als mensen een verkeersongeluk zien gebeuren, kijken zij vooral naar andere mensen om te kijken wie er reageert en hulp aanbiedt. Als niemand iets doet, wordt er dus daadwerkelijk geen hulp geboden. Een veel voorkomende menselijke gedachte blijkt hierbij te zijn: ik zie niemand iets doen, dus het zal wel niet erg zijn. De kans dat iemand hulp aanbiedt, is kleiner naarmate er meer mensen aanwezig zijn. Omstanders grijpen het snelst in als ze met zijn tweeën zijn.
In 1968 deden de onderzoekers Latane en Darley onderzoek naar dit verschijnsel. Zij hebben een aantal condities gevonden waaraan moet worden voldaan voordat een individu te hulp zal schieten. Zij beschrijven de volgende stappen:
1. Men moet de gebeurtenis kunnen zien.
2. De gebeurtenis moet als een noodgeval geïnterpreteerd worden.
3. Men moet zich verantwoordelijk voelen om te helpen.
4. De juiste hulpmethode moet bekend zijn.
5. Men moet daadwerkelijk willen helpen.

Volgens Latane en Darley zal iemand niet helpen als niet aan alle condities wordt voldaan. Als het aantal mensen groter wordt, ontstaat er een probleem bij stap 2 en stap 3 (zie kader 3.5).

Stap 1: er is sprake van een gebeurtenis, waarbij iets moet worden gedaan
Deze stap spreekt voor zich.

Stap 2: interpreteren als noodgeval
Als het aantal omstanders groter wordt, wordt het moeilijker om de situatie als een noodgeval te interpreteren doordat niet iedereen 'ernstig' kijkt. Bij het ontstaan van een noodgeval 'bevriest' iedereen en kijkt men naar elkaar omdat niemand weet wat er gedaan moet worden. De omstanders zien bij elkaar een soort van gebrek aan ernst. Daardoor wordt er bewust of onbewust gedacht dat er niks aan de hand is. Dit noemen Latane en Darley *pluralistic ignorance*.

Stap 3: zich verantwoordelijk voelen
Als er veel omstanders zijn, wordt de hoogte van het verantwoordelijkheidsgevoel van één omstander verlaagd en verdeeld onder alle omstanders. Hoe meer omstanders, hoe minder elk individu zich verantwoordelijk zal voelen. Latane en Darley noemen dit *diffuse of responsibilty*.

Stap 4 : De juiste hulpmethode moet bekend zijn.
Men moet natuurlijk wel weten op welke wijze hij hulp moet bieden. Mensen met een EHBO diploma zullen eerder hulp aanbieden dan wie dit niet heeft. De ander concreet een taak aanbieden zoals: 'jij gaat nu 112 bellen en vraagt om een ambulance' zal bijdragen aan iemand inzet.

Stap 5: Men moet daadwerkelijk willen helpen.
Iedereen kan altijd wat doen, maar een enkeling zal zo zijn redenen hebben om niet te willen helpen. Bij een noodgeval is iedere burger verplicht om een ander te helpen, weglopen en de ander aan zijn lot over laten kan zelfs tot strafvervolging leiden. In een noodsituatie kan men zich echter beter richten tot omstanders die wel willen helpen, zie ook stap 4.

Voorbeeld   Hoe meer omstanders, des te kleiner de kans dat iemand iets doet

Hoe meer omstanders er aanwezig zijn bij een noodgeval, des te kleiner de kans dat er iemand helpt. Klinkt raar, maar het is een standvastig effect in psychologisch onderzoek. In de nacht van 10 februari 2010 werd een 19-jarige man in de trein in de rug aangevallen door een onbekende en enkele malen hard gestompt. Het slachtoffer vluchtte naar een andere coupé om hulp te zoeken maar werd gevolgd. In de volgende coupé zaten mensen, maar zij reageerden niet op de vraag om te helpen. Op het station vluchtte hij de trein uit, maar de belager bleef hem volgen. Opnieuw vroeg hij passanten om hulp, opnieuw zonder resultaat. In een straat kreeg de dader hem te pakken. De man werd geslagen en geschopt, kwam ten val en brak zijn pols. Hij werd bedreigd met een mes en kreeg nog meer klappen. Pas minuten later wist hij enkele passerende fietsers tot actie te bewegen. Zij belden de politie en de dader ging er direct vandoor. Naderhand tastte de politie in het duister over de identiteit van de dader en zijn motieven. Het vermoeden was dat getuigen zich niet durfden te melden uit schaamte dat ze niets gedaan hadden.

Achteraf is het schokkend dat zelfs niemand even de politie heeft gebeld, terwijl toch zoveel treinpassagiers en omstanders getuige zijn geweest van het incident. Maar volgens psychologisch onderzoek is het grote aantal getuigen juist de *oorzaak* dat niemand actie heeft ondernomen. Iedere getuige kan veronderstellen dat iemand anders al wel de politie heeft gebeld. De verantwoordelijkheid om iets te doen was verspreid over veel mensen.
In zulke onduidelijke situaties kijken mensen naar anderen voor aanwijzingen. Is iedereen in paniek, dan is er iets kennelijk ergs aan de hand.
Om te voorkomen dat je zelf het slachtoffer wordt van dit type onbedoelde beïnvloeding, is het allereerst goed om te beseffen dat dit je kan overkomen net als iedereen. Dat mensen geen hulp bieden of zich anderszins onnozel gedragen, komt vaak gewoon doordat ze aarzelen en teveel de anderen volgen. Waar je ook bent, het is altijd goed jezelf twee vragen te stellen: 1) Weten anderen beter dan ik wat hier aan de hand is? 2) Is mijn gedrag consistent met mijn eigen morele kompas? Mocht je zelf een keer de noodlijdende partij zijn, wees verstandig en wijs lukraak één omstander aan: Wil jij mij helpen? Dat is een beproefde methode om de hier beschreven effecten tegen te gaan.

Bron: www.roosvonkblog.nl (een gedeelte uit een column 'Meervoudig onwetend' van Roos Vonk, 13 februari 2010)

Kader 3.5

Normatieve invloed

Naast informatie opdoen om je onzekerheid te verkleinen, wil je ook weten wat de normen zijn of worden in de groep. We spreken hier dan van normatieve invloed. Bij normatieve invloed gaat het om een invloed die ertoe leidt dat mensen zich aanpassen. Zij doen dit omdat zij bang zijn voor de negatieve, sociale gevolgen van het afwijkend zijn. We zien dit vaak terug in bijvoorbeeld kledingkeuze. Je moet lef hebben om bijvoorbeeld op een middelbare school afwijkende kleding te dragen. Ook bij volwassenen doet zich dergelijk gedrag voor. In vergaderingen wordt vaak ingestemd met voorstellen waarmee de meeste mensen het eens zijn. Ook hier wordt vaak verwezen naar een klassiek experiment: het lijnenexperiment van Asch.

Het experiment van Asch zat als volgt in elkaar: Asch bracht een vrijwillige student (de proefpersoon) naar het laboratorium waar al zes tot acht andere studenten aanwezig waren. De bedoeling was dat men *de lengte van lijnen beoordeelde*. Steeds opnieuw werd er een standaardlijn getoond, samen met drie lijnen ter vergelijking. Men moest aangeven welke van de drie lijnen even lang was als de standaardlijn. Dat was een op het oog zeer simpele taak want de lijnen verschilden sterk van de standaardlijn, met uitzondering van de juiste lijn.

Het doel van deze taak was echter niet het meten van het inschattingsvermogen van de *proefpersoon*, maar het *meten van de invloed van de andere aanwezigen*.

In werkelijkheid waren deze andere studenten geen proefpersonen, maar medewerkers van het experiment. Dit was echter niet bekend bij de proefpersoon. De medewerkers waren door de proefleider van tevoren geïnstrueerd om expres een fout antwoord te geven. Om de beurt moesten de studenten hardop aangeven welke lijn even lang was als de standaardlijn. De studenten gaven hun antwoord op volgorde van waarin zij zaten, en de proefpersoon was telkens de laatste persoon die het antwoord moest geven. Er werd bijgehouden in welke mate de proefpersoon mee ging met de andere medewerkers wanneer zij een fout antwoord gaven. Er werden meerdere beoordelingsvragen gesteld, dit worden *trials* genoemd. Hierbij waren *kritieke trials*, waarin de medewerkers het verkeerde antwoord gaven, en trials waarbij de medewerkers het juiste antwoord gaven.

Bij het experiment van Asch werden ruim honderd deelnemers getest. Driekwart van de deelnemers heeft zich in minstens één of meerdere keren laten overhalen tot het geven van een onjuist antwoord. Er waren deelnemers die bij vrijwel elke ronde meegingen met het verkeerde antwoord van de ingehuurde deelnemers maar sommigen deden dit bijna niet. Gemiddeld werd in één op de drie rondes meegelift met het antwoord van de medewerkers, dus bewust het verkeerde antwoord gegeven. Asch heeft dit experiment in wel 17 verschillende landen herhaald en kwam steeds tot dezelfde conclusie: mensen zijn geneigd een onjuist antwoord te geven wanneer ieder ander proefpersoon dit ook doet. Hier kan ook een link met cognitieve dissonantie (Festinger) worden gelegd. Mensen blijken zich meestal te conformeren maar dat levert wel wat spanning op. Private en publieke conformisme spelen ook hierbij een rol, dus ben je echt overtuigd of pas je je aan aan de groepsnorm.

Tijdens een aantal vervolgexperimenten ontdekte Asch dat de vraag of iemand aan groepsdruk zal toegeven (mede) afhankelijk is van:
- de grootte van de meerderheid;
- de aanwezigheid van een partner met een afwijkende mening;
- de mate van tegenstrijdigheid tussen het juiste antwoord en de mening van de meerderheid.

Minderheidsinvloed
Dat een meerderheid haar invloed kan laten gelden in een groep lijkt nogal voor de hand te liggen. Maar ook een persoon alleen of een kleine groep kan zijn invloed laten gelden. In dat geval spreken we van een minderheidsinvloed. Wanneer een individu of een minderheid iets voor elkaar wil krijgen, moeten er andere beïnvloedingsstrategieën gebruikt worden (zie kader 5.3). Minderheden ontlenen hun invloed aan hun stijl, die krachtig, volhardend en standvastig is,

maar ook flexibel, open en evenwichtig. Hierdoor wordt hun standpunt op een bepaald moment toch opgemerkt, zeker als deze personen zelfvertrouwen en toewijding uitstralen. Het lijkt of hier sprake is van een vorm van bekering. Moscovici (1974, 1985) noemt dit in Vonk (2004) conversie.

Voorbeeld — Het eigenzinnigheidskrediet

Als je je het grootste gedeelte van de tijd conformeert aan normatieve invloed, geeft dat je het 'recht' om af en toe eens af te wijken zonder dat dat grote consequenties heeft. Hollander (1955) stelde in Vonk (2004) dat het langdurig conformeren aan een groep iemand eigenzinnigheidskrediet geeft. Als je je in een vriendenkring altijd aan de regels houdt en een keer niet, wordt dit je vergeven. Als je krediet hebt opgebouwd, kun je eens afwijken van de norm.

Kader 3.6

Hoe zorg je ervoor dat groepsleden normen internaliseren en vasthouden?

Johnson en Johnson (2008) geven hiervoor de volgende tips:
- Zorg dat men de normen accepteert door ze acceptabel, maar ook flexibel te maken.
- Laat zien dat de normen bijdragen aan het vervullen van de groepsdoelen.
- Betrek de deelnemers bij het formuleren van de normen.
- Handhaaf de normen en grijp in bij overtreding.
- Wanneer het voor deelnemers moeilijk is om zich aam de normen en regels te houden, help hen dan bij het oefenen en beloon deelnemers die het wel lukt.
- Sluit aan bij de groepscultuur.
- Vervang de normen als ze niet blijken te werken.

Wederzijdse beïnvloeding

Aan het eind van deze paragraaf kan je misschien een gevoel bekruipen dat je als mens doorlopend beïnvloed wordt. Dat is natuurlijk ook zo. Maar je beïnvloedt zelf evenzeer anderen. Met beide informatiestromen kunnen mensen hun voordeel doen.

3.6 Beïnvloeding door de eerste indruk van de groep

Een specifiek onderdeel van de inclusiefase is de eerste indruk die mensen hebben over elkaar en de groepsbegeleider. Als groepsbegeleider, maar ook als groepslid ontkom je niet aan eerste indrukken. Je doet ze meestal al vrij snel op, en ze zijn hardnekkig. Hoe kom je eraan, wat zeggen ze over jou en over de groep en hoe kun je ze voorkomen.

Hoe belangrijk zijn eerste indrukken en wat zeggen zij over groepsleden?

Casus   Een veelzeggend begin

Op een afdeling van een hbo in een middelgrote plaats in Noord-Holland begint vandaag een nieuwe collega. In de koffiekamer wordt Nathalie van der Ven voorgesteld. Ze gaat het onderdeel computervaardigheden geven aan de eerstejaarsstudenten. Het is een jong uitziende vrouw met donker haar in een paardenstaart en donkere ogen. Ze heeft een strakke spijkerbroek aan en korte laarzen met een hoge hak. Verder draagt zij een witte blouse met over haar schouders een bloemensjaal. Als zij zich voorstelt klinkt er een zachte 'g' in haar uitspraak. Als zij tijdens het koffie drinken haar mouwen een stukje omhoog schuift, is er op haar linkerarm een tatoeage van een roos zichtbaar.

De casus hiervoor geeft zomaar een beschrijving van een vrouw. Degenen die aanwezig zijn bij het voorstellen, krijgen echter ogenblikkelijk een indruk van Nathalie van der Ven, ook zonder dat zij haar inhoudelijke verhaal hebben gehoord. Ook bij jou, als lezer van de casus, ontstaat er een beeld. Wie is deze Nathalie van der Ven? Omdat hier niets wordt geschreven over het inhoudelijke verhaal van Nathalie van der Ven, moet je het hebben van je eigen verbeelding. Opmerkelijk genoeg zullen de meeste lezers een zelfde soort beeld van Nathalie hebben. Zij zal doorgaans worden beschreven als een aantrekkelijk iemand, goed verzorgd, misschien niet helemaal de juiste kleding voor een docent computertechniek (afhankelijk van hoe je vindt dat zo'n docent zich zou moeten kleden) en ook de tatoeage zal vragen oproepen. Ook dit hangt weer af van hoe jij als lezer tegenover tatoeages staat. Vind je ze lelijk en niet passen bij jonge, vrouwelijke docenten? Of heb je er zelf ook één en ben je benieuwd naar de tattoozetter en de betekenis van de roos?

Zonder dat de inhoud van Nathalies kennismaking wordt weergegeven, heeft zij dus al diverse zaken gecommuniceerd. Dit zet een proces in gang bij degene die haar communicatiesignalen opvangt. Wanneer observatoren wordt gevraagd om Nathalie te beschrijven aan anderen zullen de volgende beschrijvingen langs kunnen komen:

- Nathalie is een aantrekkelijke vrouw.
- Nathalie is een jonge en dus vermoedelijk onervaren vrouw, die het wellicht heel moeilijk gaat krijgen bij deze studenten.
- Nathalie is een Limburgse, die wat aan haar uitspraak moet gaan doen om in Noord-Holland te aarden.
- Nathalie is iemand die aan het eind van de lesdag hele vermoeide voeten zal hebben vanwege haar schoenen.
- Nathalie is een vrouw die kleding aan heeft die meer past bij een gastvrouw van een beurs, de verkeerde kleding dus.
- Nathalie is een stoere vrouw omdat zij een tatoeage heeft laten zetten.
- Enzovoorts, enzovoorts.

Elke observatie en interpretatie zorgt ervoor dat Nathalie een indruk achterlaat: positief of negatief. Deze indruk heeft hoe dan ook gevolgen voor degene(n) die met haar te maken gaan krijgen. In een nieuwe groep krijgen groepsleden verschillende indrukken die beeldvormend zijn en die gevolgen voor de interactie binnen de groep kunnen hebben. Deze indrukken krijgen de medegroepsleden, maar krijgt ook de begeleider van de groep. In deze paragraaf gaan we per indruk in op de invloed op deze beeldvorming.

Namen

Hoewel het misschien onwaarschijnlijk lijkt, kan het hebben van een bepaalde naam al ruis in de boodschap veroorzaken. Stel dat je een dubbele naam hebt en je je voorstelt bij een kennismaking. Het hebben van een dubbele naam kan al vragen oproepen: ben je misschien getrouwd en wil je dat de ander laten weten, of ben je misschien van adel? Deze boodschap beïnvloedt de kennismaking in een groep en daarmee het groepsproces. Deelnemers maken een keuze: ga ik wel een verbinding aan met dit groepslid, of niet?

Drost (1996) bespreekt een aantal onderzoeken naar eerste indrukken. Zo blijkt dat vrouwen met de naam Natasja en Bianca erotischer overkomen dan vrouwen met de naam Joke. Ongebruikelijke namen, of namen die weinig voorkomen roepen een negatiever beeld op dan bekende namen. Namen als Arthur en Alexandra leveren meer status op dan Jan en Truus. Een korte naam wordt als warmer beoordeeld. Een vreemd gespelde gewone naam (bijvoorbeeld Tejo) wordt bij mannen als minder mannelijk gezien en bij vrouwen (bijvoorbeeld Moniek) juist als stoerder. Mooie deelnemers aan een schoonheidswedstrijd werden nog positiever beoordeeld als zij een prettig klinkende naam hadden. Ook binnen sollicitatieprocedures blijken mensen met warm klinkende namen eerder aangenomen te worden.

Elke observatie en interpretatie zorgt ervoor dat Nathalie, de docent uit de casus, een indruk achterlaat: positief of negatief. Deze indruk heeft hoe dan ook gevolgen voor degene(n) die met haar te maken gaan krijgen.

Tip: als je merkt dat je wordt beïnvloed door iemands naam, neem deze 'ruis' dan weg door het kort te bespreken. Merk op dat je de naam bijzonder vindt, vraag bijvoorbeeld naar de betekenis ervan of hoe je hem uitspreekt. Naast dat de ruis weggenomen is, is er gelijk een meer gelijkwaardige basis in de kennismakingsfase, het ijs is gebroken. Een leuke kennismakingsoefening is te zien in kader 3.7.

Voorbeeld   Namenspel

Laat iedereen zijn voornaam noemen en erbij vertellen hoe hij of zij aan de naam komt en/of wat de naam betekent. Zo worden namen beter onthouden en kom je ook wat meer te weten over de groepseden. Begin met een voorbeeld over je eigen naam.
Een alternatief is : 'ik ben …. en ik kom uit …'.
Iedere deelnemer herhaalt vervolgens de namen die hij heeft gehoord en voegt zijn eigen naam toe. Aan het eind van de kennismaking zijn de namen veelvuldig genoemd.

Kader 3.7

Kledingkeuze

Naast namen zijn er talloze andere kenmerken die een rol spelen bij de vorming van eerste indrukken. Bekend is bijvoorbeeld de indruk die gevormd wordt op basis van kledingkeuze, haardracht en sieraden. Indrukken worden ook gebaseerd op afwijkende kenmerken die mensen vertonen ten opzichte van de rest van de groep; bijvoorbeeld wanneer één man deel uitmaakt van een vrouwengroep. Mensen met een (verstandelijke) beperking hebben er helaas het meest last van om als afwijkend te worden gezien. In het tv-programma 'Je zal het maar hebben' van BNN wordt pijnlijk duidelijk hoe deze mensen doorlopend bekeken en besproken worden.

Afbeelding 3.1 Wat moet je aan op het kennismakingsgesprek op je stage?

Als we kijken naar de casus van Nathalie van der Ven, valt er nog meer op. We zien hoge hakken en een bloemensjaal. De meeste docenten op een technische school zullen geen bloemensjaals dragen, en misschien ook geen hoge hakken. Toch kunnen we niets anders waarnemen dan dat. De betekenis van bloemensjaals en hoge hakken is ontleend aan de ervaring die we er zelf mee hebben. Een collega die de grootte van het gebouw kent en de afstanden tussen de lokalen, zal wellicht de hakken niet gepast vinden. Probeer daarom bij nieuwe contacten zo min mogelijk op uiterlijke kenmerken af te gaan. Pas als we de reden van de kledingkeuze kennen, weten we meer over de persoon. Tot die tijd blijft de mening onder invloed staan van onze eigen ideeën.

Geslacht

Sekse levert een bijzonder krachtige eerste indruk op. Je zult bij een toevallige ontmoeting nooit vergeten of degene die je ontmoette een man of een vrouw was. Ook aan geuren worden indrukken gekoppeld. Er zijn mensen die op basis van een parfumgeur een positief of negatief oordeel over een persoon krijgen. Om dit te voorkomen kan het overdadig opspuiten van geuren bij een eerste ontmoeting beter voorkomen worden.

Lichaamsbouw en gelaatsvorm zijn ook kenmerken die betekenis geven aan eerste indrukken. Dit geldt bijvoorbeeld voor mensen met een babyface. Zij beschikken over grote ogen, een gladde huid, een relatief hoog voorhoofd en de afstand tussen mond en ogen is kleiner dan in een gemiddeld volwassen gezicht. Deze mensen worden bestempeld als warm, fysiek zwak, naïef, eerlijk en afhankelijk. Het tegenovergestelde is een gezicht met diepliggende ogen en doorlopende wenkbrauwen. Aan dit type mensen worden eerder misdadige kwaliteiten toegekend.

De allerbekendste link tussen uiterlijk en gedrag is die van 'mooi is goed'! Aantrekkelijke mensen worden als intelligenter, gemotiveerder en interessanter beoordeeld

Interpersoonlijke attractie

Ook de aantrekkingskracht tussen mensen heeft een grote invloed op de wijze waarop deelnemers kennismaken beleven. Het volgende onderzoek spreekt voor zich:

Voorbeeld — Aantrekkelijkheid op basis van korte indrukken

In een onderzoek krijgen deelnemers uit groep A een foto van een aantrekkelijk persoon te zien, en deelnemers uit groep B een foto van een minder aantrekkelijk persoon. Vervolgens moeten zij een telefoongesprek met de persoon van de foto voeren. Omdat de mensen uit groep A verwachten dat zij met een aantrekkelijk persoon telefoneren, zijn zij vriendelijk en positief in het gesprek. De personen die achter de aantrekkelijke foto zitten worden door de proefpersonen die de telefoongesprekken voeren, beschreven als warm en zelfverzekerd. Over de personen achter de minder aantrekkelijke foto werd dit niet gezegd. De personen die gebeld werden, wisten niets over de foto's die de opbellers hadden. De bellers hebben dit gedrag bij hen opgewekt door hun eigen vriendelijke benadering. De verwachting 'een aantrekkelijk persoon zal ook wel aardig zijn' werd hier werkelijkheid.

Kader 3.8

Hier is het verschijnsel 'zelfbevestigende voorspelling' van toepassing. Dit is een voorspelling die uitkomt, omdat men het verwacht. Verderop in het hoofdstuk wordt het begrip nader besproken. Het verschijnsel 'mooi is goed' doet zich ook hier voor. In het algemeen blijkt dat fysiek aantrekkelijke mensen ook betere sociale vaardigheden hebben. Waarschijnlijk zijn zij al van jongs af aan

positiever benaderd dan minder aantrekkelijke mensen. Hierdoor kregen zij meer zelfvertrouwen, waardoor zij ook weer makkelijker contact gingen maken met anderen. Zij kregen dus veel meer de kans om hun sociale vaardigheden te oefenen, waardoor ze uiteindelijk makkelijker omgaan met anderen.
Diverse onderzoeken ondersteunen deze resultaten. Zo blijken aantrekkelijke sollicitanten eerder te worden aangenomen en eenmaal in het bedrijf blijken zij meer te verdienen en sneller promotie te maken. Een nadeel voor deze mensen is echter dat zij nooit zeker weten of zij hun vooruitgang aan hun uiterlijk of aan andere kwaliteiten te danken hebben.

Hoewel de meeste mensen er niet voor uit willen komen dat zij anderen vooral op uiterlijk beoordelen, tonen diverse onderzoeken aan dat dit toch veel gebeurt. Gelukkig – voor de meesten – blijkt dat met aantrekkelijkheid hier een gemiddelde vorm en omvang van aantrekkelijkheid wordt bedoeld. Aan extreem mooie mensen worden namelijk ook eigenschappen als ijdelheid en materialisme toegeschreven.

Bij interpersoonlijke attractie gaat het erom wat positieve gevoelens voor een ander doet ontstaan of doen afnemen. Binnen de dynamiek in de groep speelt het hebben van positieve of negatieve gevoelens een belangrijke rol voor de groepsleden. Uit onderzoek blijkt dat dit vaak een automatisch en onbewust verlopend proces is (Vonk, 2004). Dit proces verloopt langs twee fundamentele dimensies; de affectieve dimensie (hoe warm en sympathiek vind ik de ander?) en de statusdimensie (hoe evalueer ik de ander in termen van intelligentie en maatschappelijk succes?).
Op school, stage of werk ontstaan veel blijvende contacten. Eerste indrukken en vooroordelen kunnen worden weggenomen door informatie op waarheid te schatten en worden vervangen door een realistisch beeld. Maar ook het elkaar regelmatig tegenkomen leidt tot intensere contacten, ook wel 'louter blootstelling' genoemd. De sympathie voor een ander steeg naarmate een persoon de ander vaker tegenkwam. Louter blootstelling leidt echter niet tot een toename in attractie. Er kan ook een verzadiging aan contacten optreden wanneer men iemand te vaak ziet. Dit proces wordt versneld als iemand een ergerlijk trekje heeft.
Het verschijnsel dat juist tegenpolen elkaar aantrekken is bij mensen niet waar gebleken. Uit diverse onderzoeken blijkt juist dat gelijkgestemden zich veel meer tot elkaar aangetrokken voelen. Dit kan gaan om tal van aspecten zoals leeftijd, achtergrond, opleiding, beroep, maar ook persoonlijkheidskenmerken en opvattingen en waarden die men belangrijk vindt.

Kunnen eerste indrukken veranderen als we meer van onszelf laten zien?
Of mensen iets voor elkaar gaan voelen, wordt voor een belangrijk deel bepaald door de manier waarop ze in een eerste contact met elkaar omgaan. Wanneer in de inclusiefase persoonlijke zaken worden onthuld, worden groepsleden als meer aantrekkelijk gezien. Belangrijk is dus dat mensen in de inclusiefase

steeds meer van zichzelf blootgeven. Dit wordt zelfonthulling genoemd. In een kennismakingsgesprek waar slechts één van beide gesprekspartners iets van zichzelf laat zien, leidt dit niet tot toename van attractie.

> **Tip**
>
> Tip: wil je een kennismakingsoefening doen, bijvoorbeeld in duo's, zorg dan voor dusdanig veel instructie en structuur dat beide deelnemers evenveel aandacht krijgen. Bewaak de tijd goed!

Vaardigheden als luisteren en interesse tonen vergroten de kans dat de ander zich op zijn gemak voelt. Daarnaast blijkt één van de belangrijkste reden te zijn van iemand aardig vinden, dat hij of zij jou aardig vindt. Veel sociale contacten zijn gebaseerd op wederkerigheid. De *billijkheidstheorie* (Vonk, 2004) zegt dat mensen zich het prettigst voelen als beide personen evenveel inbrengen in een relatie. Wanneer relaties uit evenwicht raken doordat één van de twee meer neemt dan geeft, kunnen er gevoelens van boosheid of schuld ontstaan. In beide gevallen zal de relatie verslechteren. Niet in alle contacten doet zich het wederkerigheidseffect voor. In een aantal situaties speelt de hiërarchische verhouding nu eenmaal een rol. Wanneer de opzet binnen de interactie echter open is en gericht op wederzijdse vooruitgang, zullen mensen hier toch positief in staan. Meer van jezelf laten zien vergroot de aantrekkingskracht tussen mensen. Personen die vertrouwelijkheden uitwisselen en elkaar persoonlijke details vertellen, voelen zich meer met elkaar verbonden en schenken elkaar vertrouwen. Eerste indrukken zijn ook hier vaak niet kloppend. Zoals in dit onderdeel wordt gezien, speelt uiterlijk echter wel een belangrijke rol, maar zelfonthulling, goede contactuele vaardigheden en een evenwichtige relatie tussen groepsleden zijn ook van groot belang.

> **Voorbeeld** Flirten
>
> Bij flirten spelen lichaamstaal (dat wat je met je lichaam uitstraalt of wilt zeggen) en uiterlijk een belangrijke rol. Maar ook als je vindt dat je niet aan het schoonheidsideaal voldoet, kun je er je voordeel mee doen.
> - Kleed je uiterst verzorgd, zelfs als dit buiten het werk ouderwets zou lijken. Beide seksen houden van een verzorgd uiterlijk en op het werk valt dit sowieso in de smaak.
> - Als je op het werk een belangrijke positie bekleedt, kun je hier je voordeel mee doen, maar doe je niet belangrijker voor dan je in werkelijkheid bent: dit zou weleens het omgekeerde effect kunnen hebben. Te vermijden hierbij zijn volgende lichaamssignalen: over de rand van je bril kijken, achteroverleunen met de voeten op het bureau en de handen in de nek, en je handen in je zij zetten.
> - Wees beleefd en charmant. Neem een correcte, formele houding aan en wissel deze af en toe af met een informeel gebaar zoals een veelbetekenende glimlach.

Flirten levert alleen positieve resultaten op als het geen overdreven seksueel getinte avances zijn, maar in plaats daarvan authentiek en betrokken flirten is. Flirten kan je een goed gevoel geven, wat je vervolgens zekerder maakt. En zelfverzekerdheid is weer nodig om goed beslagen ten eis te komen.

Flirten levert vrouwen vermoedelijk meer op dan mannen. Onderzoekers vroegen mannen en vrouwen in welke mate ze tijdens onderhandelingen flirtten en lieten hen ook beoordelen hoe effectief anderen tijdens onderhandelingen waren. Mannen die aangaven veel te flirten tijdens onderhandelingen werden vaak beoordeeld als niet zo effectief, terwijl vrouwen die aangaven veel te flirten wel als effectieve onderhandelaars werden gezien.

Kader 3.9

De invloed van eerste indrukken

Wat zeggen eerste indrukken eigenlijk echt over een ander, en waarom bestaat het verschijnsel? Hoewel we weten dat eerste indrukken ons kunnen misleiden, zijn ze toch onmisbaar voor ons functioneren. Zij helpen namelijk om alles wat we op een dag waarnemen in hokjes te stoppen en brengen deze gebeurtenissen zo in kaart. Deze hokjes worden ook wel schema's genoemd (Zimbardo, 2012). Doordat we schema's maken van personen en situaties in ons hoofd, putten we daaruit bij nieuwe indrukken en ervaringen. Zo kunnen we persoonlijkheidskenmerken van iemand koppelen aan andere specifieke kenmerken om het één en ander overzichtelijk te maken. Dit is een automatisme.

Het gevaar zit het hem in het volgende: mensen organiseren hun indruk van de ander als eerste op grond van algemene indrukken en pas veel later op basis van gedrag. Deze eerste indrukken kunnen ruis veroorzaken binnen de communicatie. Naast de vertroebeling door eerste indrukken bij het waarnemen spelen nog een aantal andere processen een rol bij indrukken. Deze *cognitieve processen* bepalen hoe iemand de werkelijkheid benoemt en waardeert. Zo onthouden we de informatie beter en voelen we ons prettiger.

Dat schoonheid ons helpt in ons leven, hebben we al eerder kunnen lezen, maar hebben mooie mensen een warme persoonlijkheid (mooi is goed), en zijn dikke mensen echt gezelliger dan magere mensen, volgens sommige 'one-liners'? Natuurlijk zijn dat geen wetten die altijd opgaan, maar dergelijke aannames helpen om controle en overzicht te houden tijdens het opdoen van de vele indrukken. Het nadeel van deze aannames is dat het vasthouden aan starre persoonlijkheidsopvattingen de interactie met de groepsleden beïnvloedt.

Stel je voor dat je vindt dat succes en kwaliteit samenhangen met een professionele uitstraling, en dat dat samenvalt met een vlotte manier van praten. Marc van Druten ondervond waartoe dat kan leiden.

3 Het ontstaan van een groep: de inclusiefase

| Casus | Foute eerste indruk |

Marc van Druten kon zichzelf wel voor z'n kop slaan! In een magazine stond een artikel van de concurrent, met een foto van de vrouw die hij twee jaar geleden had afgewezen als projectleider. Hij wist het nog goed, hij had toen de indruk dat zij niet 'zwaar' genoeg zou zijn om het project te kunnen trekken. Nu was ze uitgeroepen tot meest succesvolle jonge manager van het jaar! Ze bleek een aantal projecten zeer voortvarend te hebben aangepakt, een goed gevoel voor strategisch management te hebben en bovendien zeer geliefd te zijn bij haar projectmedewerkers. En dan te bedenken dat degene die Marc uiteindelijk had gekozen, niet bepaald een hoogvlieger bleek te zijn.
In gedachten ging hij terug naar de sollicitatiegesprekken.
Hij herinnerde zich dat het hem had gestoord dat ze nogal lang over haar woorden nadacht. Als hij heel eerlijk was, had hij haar dat wel heel zwaar aangerekend; zij kon hem vanaf dat moment al niet meer overtuigen van haar leiderschapskwaliteiten. Met Jan (de aangenomen projectleider) had het daarentegen meteen geklikt, hij had een vlotte babbel en het gesprek verliep ook veel minder moeizaam. Uiteindelijk was het dus een verkeerde beslissing, dat is zeker.

In casus hiervoor is de manier van spreken de oorzaak van ruis, maar dit zegt uiteindelijk niets over de kandidaat. Toch komen 'missers' zoals die gemaakt door Marc veel voor, een gevolg van onze behoefte aan schema's en overzicht. Door meer in te zoomen op de 'echte bewijzen', bijvoorbeeld te vragen naar het aanpakken van problemen en naar resultaten, worden er betere beslissingen genomen.

Het halo-effect

Een ander – veel voorkomend – cognitief proces dat zich bijvoorbeeld tijdens kennismakingsgesprekken afspeelt, is het *halo-effect*. Dit effect is genoemd naar de halo (stralenkrans) die op oude schilderijen achter heiligen te zien is. Wanneer iemand een goede eerste indruk maakt, worden hem/haar allerlei goede eigenschappen toegedicht. Dit is belangrijk om te weten wanneer je een goede, eerste indruk wilt maken, zoals bij een sollicitatiegesprek. Omgekeerd is het voor iemand die een slechte eerste indruk maakt heel lastig om dit ten goede te keren. Dit negatieve effect wordt soms ook wel het *horn-effect* genoemd, omdat het verwijst naar duiveltjeshoorns. Opvallend is dat deze effecten, zelfs bij mensen die er goed van op de hoogte zijn, toch kunnen plaatsvinden. Het effect kan ook in een later stadium optreden. Als een groepsbegeleider iets doet wat een positieve of negatieve indruk achterlaat, kan zijn totale beoordeling uitvallen in de richting van de verrichte activiteit. Stel, een teamleider neemt een beslissing die voor een medewerker nadelig uitvalt. De medewerker kan dan op basis van dit incident zijn totale mening over de teamleider aanpassen, namelijk dat je helemaal niets aan deze teamleider hebt.

Contrasteffect
Een ander verschijnsel dat onze waarneming verstoort en dus ook ruis is, treedt op in combinatie met anderen. Het gevaar schuilt er hier in dat de ruis optreedt als iemand samen met anderen is. We baseren ons gedrag dan op die ander, dus niet zuiver op onze concrete waarneming, maar zijn gevoelig voor indrukken die wij gedurende een langere periode opdoen. Een groepslid dat afsteekt tegen de anderen, of (mede) bijdraagt aan een lastige situatie in de groep, kan door 'zijn plek in de groep' onbewust negatiever aangesproken worden. Dit effect wordt nog versterkt wanneer de persoon zich duidelijk onderscheidt van de andere medewerkers bijvoorbeeld door geslacht of huidskleur.

De Nederlandse onderzoekster Ott (1985) deed in de jaren tachtig onderzoek naar het verschijnsel mannen in vrouwenberoepen en vrouwen in mannenberoepen. Ze onderzocht hiervoor de bejegening van vrouwen bij de politie en mannen in de verpleging. Zij ontdekte dat mannen in de verpleging behoorlijk in de minderheid waren en een speciale positie hadden. Aangezien mannen in de verpleging statusverhogend voor het beroep was, en zij bovendien opvielen tussen de vele vrouwelijke medewerkers, werden zij door hun vrouwelijke collega's behandeld als kroonprinsen. De beeldvorming rondom vrouwen bij de politie was juist negatief. Aan vrouwen werd door de mannen vaker gevraagd of zij bijvoorbeeld koffie wilden halen. Ook wanneer je meerdere mensen achter elkaar ontmoet, kan dit verschijnsel optreden.

Voorbeeld	Verschuiving van criteria

Een teamleidster die vijf medewerkersgesprekken op één dag moet voeren, kan in de loop van de dag haar norm over niet duidelijk vastgelegde criteria opschuiven, afhankelijk van wat zij waargenomen heeft gedurende de dag.
Teamleidster Carolien wil tijdens de medewerkersgesprekken het punt 'pauze' bespreken. Het is haar opgevallen dat medewerkers steeds langer pauze nemen. In het eerste gesprek bespreekt zij het onderwerp met veel tact. Wanneer echter in het vijfde gesprek van die dag een medewerker met haar in discussie gaat, verliest zij haar geduld en verloopt het gesprek onprofessioneel.

Kader 3.10

3.7 Vergelijken binnen de inclusiefase

Naast het opdoen van een eerste indruk, wat mensen structuur, zekerheid en dus een veilig gevoel geeft in groepen, zijn er andere zaken die een grote rol spelen in de inclusiefase. Om te ontdekken of eerste indrukken en nieuwe ervaringen op waarheid berusten, is er in deze fase behoefte aan duidelijkheid. Ben je ongeveer hetzelfde als de groepsleden van de groep waar je deel van uitmaakt, of wijk je juist af in positieve of negatieve zin? Hoe kom je daarachter?

Sociale vergelijking
Ook door sociale vergelijking kunnen mensen beïnvloed worden. Het betreft hier dan vooral beïnvloeding van het zelfbeeld. Dit hangt samen met de sociale omgeving. Hoe worden mensen beïnvloed door hun omgeving en hoe beïnvloeden zij de omgeving vervolgens weer? In de volgende paragraaf wordt nader op sociale vergelijking ingegaan.

Sociale vergelijking is een veel bestudeerd verschijnsel binnen de sociale psychologie. De sociaal psycholoog Festinger deed hier als eerste onderzoek naar in zijn sociale vergelijkingstheorie (Festinger in Vonk, 2004). De basis van deze sociale vergelijkingstheorie is dat mensen graag de juistheid van hun meningen en bekwaamheden op waarde willen schatten. In de oorspronkelijke formulering van de sociale vergelijkingstheorie bespreekt Festinger de vergelijking van opinies en bekwaamheden. In latere uitwerkingen is de theorie toegepast op andere vergelijkingsaspecten, met name emoties en status. Mensen zijn voor kennis over de wereld en over zichzelf mede afhankelijk van de vergelijking met anderen. Van belang is dan de vraag wie men kiest om zichzelf aan af te meten en welk effect die keuze heeft op het resultaat van de vergelijking. Mensen kunnen zich vergelijken met andere mensen die slechter (neerwaartse vergelijking) of beter (opwaartse vergelijking) af zijn. Bandura (1986) wees er al op dat het vergelijken met competenties en prestaties van relevante anderen een belangrijke rol speelt in de ontwikkeling en handhaving van de eigen competentie. Hij besteedde hierbij nog weinig aandacht aan de richting van deze vergelijkingen (opwaarts of neerwaarts). Gezondheidspsycholoog Taylor paste dit verschijnsel toe binnen de gezondheidszorg en ontdekte dat bijvoorbeeld patiënten met borstkanker het fenomeen gebruiken om beter om te gaan met hun eigen gezondheidssituatie.

Opwaartse en neerwaartse vergelijking
Als je je bezighoudt met neerwaarts vergelijken, dus met mensen die het slechter hebben dan jij, leidt dat ertoe dat je zelfvertrouwen in ieder geval hetzelfde blijft of zelfs verbetert. Echter wanneer degene met wie je je vergelijkt je een bedreigend gevoel geeft, bijvoorbeeld omdat je niet op hem wilt lijken, zou neerwaartse vergelijking juist negatief werken. Over het algemeen kun je stellen dat mensen zich beter voelen na neerwaartse vergelijking dan na opwaartse vergelijking. Er is een positieve relatie gevonden tussen zelfvertrouwen en het regelmatig neerwaarts vergelijken.
Er is ook onderzoek gedaan naar opwaartse vergelijking; mensen doen ook dit om hun zelfvertrouwen te vergroten. Opwaartse vergelijking draagt hieraan bij, soms indirect door zelfverbetering en soms direct door versterking van het zelfbeeld. Dit heeft ermee te maken dat je je optrekt aan mensen die het beter hebben, ernaar streeft om het net zo goed als zij te hebben en het uiteindelijk ook goed te hebben.

Beperkt vergelijken

We zagen eerder dat wanneer mensen zichzelf vergelijken met anderen, zij dit doen om hun zelfvertrouwen en/of zelfwaardering te handhaven of te vergroten. Een andere manier om dit te doen is het gebruikmaken van de beperkte vergelijking. Het maken van beperkte vergelijkingen houdt in dat iemand, bijvoorbeeld een student, zichzelf slechts vergelijkt met anderen waarvan hij weet dat zij ongeveer dezelfde resultaten behalen. Over het algemeen gaat het dan om zwakkere resultaten (Crocker & Major, 1989). Wanneer studenten namelijk zwakke resultaten behalen, vergelijken zij zich liever niet met studenten die veel beter scoren omdat dit bedreigend is voor hun zelfwaardering. Zo'n beperkte vergelijking noemt men een *zelfbeschermende strategie*, omdat mensen hun zelfbeeld willen beschermen. Andere zelfbeschermende strategieën zijn devaluatie/disidentificatie en/of het maken van externe attributies.

Devaluatie

Je kunt binnen vergelijken ook gebruikmaken van devaluatie. Devaluatie houdt in dat de prestatiedimensie waarbinnen een individu of zijn groep slecht presteert, wordt gedevalueerd. Met andere woorden, men vindt die dimensie minder belangrijk. Stel dat je in een leergroep wordt beoordeeld op inhoud en op samenwerken. Het blijkt dat je op samenwerken slecht hebt gescoord. Een gevolg kan zijn dat je denkt: dat samenwerken vind ik minder belangrijk, ik heb het inhoudelijk in ieder geval goed gedaan. In dat geval devalueer je het samenwerken. Daarnaast worden dimensies waarop je goed presteert, in dit geval de inhoud, juist positiever gewaardeerd (Crocker & Major, 1989). Mensen kunnen zo minder waarde gaan hechten aan datgene waarin zij zich willen bekwamen.

Modelling

Bandura (1963, in Zimbardo, 2011) toonde aan dat mensen leren door te observeren en te imiteren, het zogenoemde sociaal leren. Zo leren we iets door een model te gebruiken in plaats van dat we iets zelf moeten ervaren. Dankzij observatie leren we ook om onszelf even opzij te zetten als dat nodig is en iemand te troosten die het moeilijk heeft. Binnen het onderwijs is dit concept verder uitgewerkt in het samenwerkend leren (zie paragraaf 5.5). Naast cognitieve vaardigheden worden er sociale vaardigheden geleerd, zoals verantwoording nemen en elkaar feedback geven.

Observerend leren is ook een belangrijk begrip in de operante conditionering. Mensen leren niet alleen door ervaringen die ze meemaken en de consequenties daarvan in bepaalde situaties, maar ook door het gedrag van anderen te observeren. Deze leervorm heet observerend leren, soms ook wel sociaal leren genoemd. Synoniemen zijn imitatie, identificatie, waarnemingsleren, modelleren en observatieleren. Vijf factoren bepalen of wij gedrag van anderen gaan imiteren:
1. De gevolgen die het model ondervindt van zijn gedrag. Over het algemeen zal gedrag dat bekrachtigd wordt geïmiteerd worden. De persoon die

waarneemt moet het gedrag niet alleen als bekrachtigend ervaren, hij moet ook gemotiveerd zijn het model te volgen.

2. De status van het model. Hoe hoger de status van het model, des te groter de kans dat zijn gedrag nagebootst zal worden. Kinderen kennen hun ouders veel prestige en macht toe, waardoor kinderen het gedrag van hun ouders door observatie overnemen. Niet alleen concreet aanwezige personen, maar ook bijvoorbeeld beroemdheden (symbolische modellen) genieten status in de ogen van jongeren, waardoor hun gedrag sneller gekopieerd zal worden. Er wordt in de literatuur onderscheid gemaakt tussen het persoonlijk model en het positionele model. Bij het persoonlijke model wordt gedrag geïmiteerd wegens persoonlijke gedragskwaliteiten, bij het positionele model gebeurt dit op grond van diens sociale positie, succes, leeftijd of geslacht. Uit onderzoek blijkt dat liefde en warmte geen doorslaggevende elementen zijn. Daadwerkelijke interactie met het model is niet echt nodig. Wel moet er een zekere mate van overeenkomst zijn tussen het model en het kind.
3. Aandacht: een model kan alleen nagedaan worden als het aandachtig wordt geobserveerd.
4. Retentie of opslaan. Het waargenomen gedrag moet onthouden worden, opgeslagen worden, om op een later tijdstip te kunnen worden vertoond.
5. Motorische reproductie. Om gedrag te kunnen reproduceren moet de persoon over de noodzakelijke motorische vaardigheden beschikken.

Als groepslid richt je je in het begin meer op je medestudenten, om te ontdekken wat de normen en regels zijn in de groep. Ook de docent of groepsbegeleider zal je hierbinnen aanwijzingen geven. In je stagetijd zal je je weer meer richten op je begeleiders en collega's. Op een bepaald moment ga je zelf als groepsleider of bijvoorbeeld als trainer optreden. Wees je ervan bewust dat groepsleden ook op jou letten als het gaat om normen en waarden. Als jij te laat komt of een bepaald taalgebruik hanteert, zul je ervaren dat de groepsleden dit ook als norm gaan nemen.

Voorbeeld Kinderen imiteren gedrag van filmpjes

In 1965 deed de psycholoog Albert Bandura – bekend geworden van zijn sociaal-cognitieve leertheorie – een klassiek geworden onderzoek, waarin hij aantoonde dat mensen agressieve gedragingen imiteren: het Bobopoppenonderzoek. Bobopoppen zijn opblaasbare plastic poppen met een verzwaarde bodem die terugveren indien ze geslagen of geschopt worden.
In het experiment kregen kinderen van vier jaar een filmpje te zien waarin een volwassene een pop agressief bejegende. De eerste groep kinderen zag dat de volwassene achteraf werd beloond door een andere volwassene. De tweede groep zag dat de volwassene de les werd gelezen en de derde groep zag dat het gedrag van de volwassene zonder gevolgen bleef. Na vertoning van de film werden de kinderen in de gelegenheid gesteld om te spelen met de pop te midden van ander speelgoed. De kinderen uit de groep die hadden gezien dat de volwassene werd beloond voor zijn agressieve gedrag, vertoonden

meer agressie dan de kinderen die hadden gezien dat de volwassene was terechtgewezen. Kortom, een model bekrachtigd of gestraft zien worden heeft net zoveel effect als wanneer men zelf beloond of gestraft wordt. Dit proces verklaart ook dat kinderen die thuis geslagen werden, later meer kans maken hun eigen kinderen te mishandelen.

Kader 3.11

Stereotypen

Tot slot bestaan er stereotypen. Stereotypen zijn net als schema's structuren in onze hersenen die kennis over categorieën van mensen helpen organiseren. Door het maken van stereotypen houden mensen structuur in hun leven. Ook dit kunnen we weer gebruiken om mensen met elkaar te vergelijken. We plaatsen de mensen die we tegenkomen daartoe in categorieën. Ook hier bestaat weer het gevaar dat de werkelijkheid niet zo is als wij hem zien.

Voorbeeld — Voorbeeld van een stereotype

In een ziekenhuis worden gedragskenmerken toegedicht aan bijvoorbeeld operatieassistenten. Operatieassistenten zouden snel en pittig zijn, maar ook arrogant. Hierdoor hebben afdelingshoofden soms bepaalde verwachtingen over hun prestaties. In de praktijk blijken deze verwachtingen bij nader inzien meestal niet op te gaan. Ondanks deze bewijzen lijken de verwachtingen moeilijk te bestrijden te zijn. Hoewel het voor operatieassistenten natuurlijk heel belangrijk is dat zij snel kunnen handelen, is het veel belangrijker om hen te screenen op het kunnen samenwerken. Arrogantie is hierbij zeker geen pré. Gelukkig zijn de meeste operatieassistenten niet arrogant.

Kader 3.12

Zijn stereotypen gevaarlijk?

Het hanteren van stereotypen is onvermijdelijk omdat mensen er de werkelijkheid mee in kaart kunnen brengen. Ze kloppen echter niet als ze als voorspeller van gedrag worden gebruikt. De vanzelfsprekendheid waarmee ze binnen communicatie ingezet worden, is gevaarlijk. Daarom is het belangrijk om je hier bewust van te zijn en hun invloed zo mogelijk te negeren. Dit doe je door je observaties en interpretaties zuiver te houden. Wat is de werkelijkheid en wat heb je er zelf aan gekoppeld? Door bij meerdere mensen je interpretaties te checken, kom je waarschijnlijk tot meer kloppende uitspraken over een ander. Als je als groepsbegeleider een oordeel moet geven over groepsleden, wees je dan bewust van dit principe en vraag zoveel mogelijk bij anderen na of je bevindingen juist zijn. Door groepsleden in groepen te plaatsen waarbij de groepsleden van elkaar verschillen, doorbreek je meestal de stereotypen; zeker als je een gezamenlijk, gemeenschappelijk doel voor ogen houdt.

Met behulp van de hiervoor besproken voorbeelden brengen wij onze (eerste) indrukken in kaart. Deze indrukken worden ook wel *schema's* genoemd.

Wanneer we een schema gebruiken om persoonlijkheidskenmerken op basis van een aantal specifieke kenmerken toe te passen, spreken we van een *impliciete persoonlijkheidstheorie*. De toevoeging impliciet geeft aan dat deze persoonlijkheidstheorie bij mensen niet bewust aanwezig is, het is bijna een automatisme. Het is goed om je als begeleider hiervan bewust van te zijn.

Zelfbevestigende voorspellingen
Soms zijn we als groepslid of groepsbegeleider (mede)verantwoordelijk voor wat we (willen) zien. Ongeveer veertig jaar geleden trok de Amerikaanse onderzoeker Robert Rosenthal (Rosenthal & Jacobson, 1968) grote (media)aandacht met baanbrekend onderzoek binnen het onderwijs. Zijn onderzoeken waren gebaseerd op het bestaan van *zichzelf bevestigende voorspellingen*.
Een zichzelf bevestigende voorspelling is een verwachting (gegrond of niet gegrond) die maakt dat iemand zich op een bepaalde manier gaat gedragen. Dit gedrag leidt ertoe dat de verwachting ook daadwerkelijk uitkomt. Rosenthal en Jacobson ontdekten dat wanneer aan docenten voorspellingen werden gedaan over de (intellectuele) prestaties van een student, deze ook daadwerkelijk uitkwamen. Deze voorspellingen waren echter nergens op gebaseerd.
Er is door de jaren heen veel onderzoek gedaan naar zichzelf bevestigende voorspellingen. Het blijkt dat het verschijnsel bijvoorbeeld ook optreedt bij het voeren van functioneringsgesprekken (Judice & Neuberg, 1998). Hoewel het bewijs voor het bestaan niet binnen alle onderzoeken werd gevonden, kunnen de gevolgen beschadigend zijn wanneer het effect optreedt.

In situaties waarbij 'afwijzingsgevoeligheid' een rol speelt, zoals in de hulpverlening of het onderwijs, maar ook bij sollicitatiegesprekken, kunnen zelfbevestigende voorspellingen grote invloed hebben. Dat gebeurt vooral bij mensen die bij voorbaat al verwachten te worden afgewezen. Zij reageren met sterk negatieve emoties, zodra zij vermoeden afgewezen te worden. Deze mensen hebben een hoge afwijzingsgevoeligheid. Onderzoek toont aan dat mensen zichzelf hierin bevestigen. Als zij vermoeden dat ze afgewezen gaan worden, vertonen zij (negatief) gedrag dat juist tot afwijzen leidt.
Mensen kunnen er dus zelf ongemerkt voor zorgen dat hun (eerste) indruk waarheid wordt.
Als een teamleider vermoedt dat een medewerker niet geschikt is voor een bepaalde functie in het bedrijf, zal hij deze medewerker zo benaderen in het gesprek dat de medewerker negatief beïnvloed wordt. Misschien stelt de teamleider dusdanig lastige vragen dat de medewerker daar niet uitkomt. De teamleider heeft nu een echte reden om de medewerker af te wijzen, want die medewerker is vermoedelijk niet intelligent genoeg.
De gevolgen voor de medewerker nemen nog toe als de teamleider zijn verwachtingen baseert op onbetrouwbare gegevens zoals ervaringen met personen met eenzelfde sociale of etnische afkomst, geslacht of de (on)aantrekkelijkheid van de medewerker. Opvallend hierbij is dat als de medewerker niet voldoet aan de (negatieve) verwachtingen van de teamleider, bijvoorbeeld doordat hij zijn

werk wel goed doet, deze verwachtingen extern worden verklaard en niet aan medewerker zelf worden toegeschreven. Bijvoorbeeld als een groepsbeleider verwacht dat een groepslid zijn persoonlijk doel als 'op tijd komen voor afspraken' niet haalt en dit groepslid onverwachts steeds zijn afspraken nakomt, kan de groepsleider dit aan een toevallige omstandigheid wijten.

Interactie
In latere onderzoeken werden verklaringen gevonden voor zelfbevestigende voorspellingen. Er werd onderzoek werd gedaan onder docenten en studenten. De mate van betrokkenheid van de docent bij de student kan diens gedrag en prestaties bepalen. Uit meta-analyses blijkt dat naarmate een docent meer positieve verwachtingen van een student heeft (ook al zijn deze nergens op gebaseerd), hij meer betrokkenheid en warmte toont, waardoor de student beter gaat presteren.
In een ander onderzoek kregen gekleurde studenten, die bij voorbaat door docenten als niet-intelligent werden gezien, een weinig warme benadering (Vrugt & Schabracq, 1991), met als gevolg dat zij zich niet meer inspannen en als minder competent werden gezien. Wanneer studenten zich in een ondergeschikte, afhankelijke positie bevinden, of tot een weinig gewaardeerde sociale groep behoren, zoals een etnische minderheid, zullen zij zich sterker oriënteren op degene die het voor het zeggen heeft.

Gevolgen
Zolang de verwachtingen van de begeleider over het prestatieniveau van een groepslid redelijk adequaat zijn, zijn er weinig schadelijke gevolgen voor het groepslid en zal het de juiste begeleiding krijgen. De docentverwachtingen zullen dan gebaseerd zijn op betrouwbare uitkomsten van bijvoorbeeld rapporten van voormalig begeleiders, psychologische testen en/of eerdere prestaties. De problemen ontstaan als de begeleider zijn verwachtingen baseert op onbetrouwbare gegevens, zoals ervaringen met familieleden, sociale achtergrond en etnische afkomst van een persoon, geslacht, aantrekkelijkheid van iemand en het gedrag dat hij laat zien. Opvallend hierbij is dat als iemand niet voldoet aan de verwachtingen van de begeleider, deze verwachtingen extern worden geattribueerd en niet aan de persoon worden toegeschreven. Als bijvoorbeeld een docent verwacht dat een student laag scoort op een wiskundetoets (omdat deze student door de docent als slecht presterend wordt gezien) en deze student onverwacht wel hoog scoort, kan de docent dit aan toeval wijten.

Uit later onderzoek is gebleken dat de mate van betrokkenheid van een begeleider bij de cliënt diens gedrag en prestaties kan bepalen. Hoe hoger de verwachtingen van de begeleider, des te meer betrokkenheid en warmte hij toont, waardoor de cliënt beter gaat presteren. Wanneer een begeleider zich bewust is van de effecten van zijn gedrag op de cliënten, kan hij daar zijn voordeel mee doen.

Wanneer leiders open staan voor de versterkende effecten van hun gedrag, zal dit de groepsleden eerlijkere kansen bieden. Door goede open vragen te stellen, waarbij alle kanten van de groepsleden worden belicht, krijgen zij deze kansen. Mede daarom is het belangrijk dat zij zich bewust worden van de invloed van zelfbevestigende voorspellingen.

Wanneer zij al beïnvloed zijn door vooroordelen, kunnen zij beter niet deelnemen aan situaties waarin deze invloed een rol speelt. Dit kan ook in positieve zin een rol spelen, bijvoorbeeld als je als begeleider een te hoge verwachting van een groepslid hebt.

Wanneer leiders hun verwachtingen over een groepslid te hoog stellen, kunnen zij achteraf teleurgesteld raken over de prestaties van het groepslid, terwijl zij bij negatieve verwachtingen, het groepslid, de groep en uiteindelijk ook de instelling tekortdoen. Opgemerkt moet worden dat groepsleden natuurlijk ook verwachtingen over hun begeleiders hebben. Ook deze moeten door de groepsleden onder de loep genomen worden en moet gekeken te worden of deze kloppen.

Voorbeeld   Hoge of bescheiden verwachtingen?

'Verwachtingen zijn gevaarlijk. Hoge verwachtingen, hoge echtscheidingskans. Hoe realistischer je bent, des te meer kans van slagen heeft je relatie. Een vrouw die denkt: hij heeft die onhebbelijkheid maar met al mijn aandacht en liefde zal hij daar wel van afkomen – die geef ik weinig kans.'

'Verwachtingen gaan vaak over wat de ánder allemaal voor jou moet doen en betekenen; beter is het om verwachtingen te hebben van jezélf in een relatie. Belangrijk is bijvoorbeeld om van jezelf te verlangen dat je onbaatzuchtig bent. Doe belangeloos dingen voor de ander; probeer elkaar zaken uit handen te nemen en je te verplaatsen in je partner.'

Bron: Eveline Brandt in *Trouw*, 15/11/07

Kader 3.13

Zelfbevestigende voorspellingen doorbreken
Vrugt en Schabracq (1991) doen een aantal aanbevelingen om zelfbevestigende voorspellingen te doorbreken. Allereerst moet men zich *bewust zijn* van de invloed van stereotypen en vooroordelen. Stereotypen en vooroordelen kunnen minder worden als categoriegrenzen vervagen. Dit kan door bijvoorbeeld individuele, positieve kenmerken van andere groepen te benadrukken en overeenkomsten in kenmerken bij leden van andere groepen te zoeken. Ten tweede is het belangrijk dat men zich bewust wordt van het optreden van zelfbevestigende voorspellingen, bijvoorbeeld door *sociale vaardigheidstrainingen* waarbij gebruikgemaakt wordt van onder andere luisteroefeningen.

Ook Woolfolk (2001) heeft een aantal aanbevelingen geformuleerd die kunnen bijdragen aan het bestrijden van zelfbevestigende voorspellingen, zoals:
- Gebruik voorinformatie over anderen zeer zorgvuldig.

- Gebruik wanneer je informatie geeft, bijvoorbeeld in een presentatie, geen stereotypen of vooroordelen (wees ook voorzichtig met humor of provocatieve opmerkingen; er zijn mensen die inhoud (wat wordt er gezegd?) en relationele (wat wordt er eigenlijk bedoeld?) boodschap in een voorbeeld niet kunnen onderscheiden).
- Leer non-verbaal gedrag te beheersen en te sturen.

Afsluitend kunnen we de conclusie trekken dat mensen, als het gaat om eerste of nieuwe indrukken, wel stap 1 zetten in hun waarneming: namelijk wat neem ik waar en hoe interpreteer ik, maar vergeten om een tweede stap te maken in hun waarnemingen, namelijk controleren of die waarnemingen wel kloppen. We doen dat niet bij eerste indrukken, maar in heel veel situaties die voor meerdere interpretaties vatbaar zijn. Zo menen we gedrag te kunnen verklaren.

3.8 Bedreigingen voor de groep in de inclusiefase

Veel mensen vinden hun plaats in de groep belangrijk. Ook bij opdrachten in kleine groepjes kan het voor deelnemers erg belangrijk zijn met wie zij samen in een groepje zitten. Houd hier als begeleider rekening mee. Naarmate de groepsidentiteit duidelijker wordt, kunnen er subgroepjes ontstaan. Deze worden samengesteld door mensen die zich niet in die groepsidentiteit herkennen. Hierdoor kunnen die groepsdoelen uit het oog worden verloren en vermindert de betrokkenheid bij de groep. Is het ontstaan van subgroepjes erg? Op zich niet, mits zij een tijdelijk karakter hebben en het groepsdoel niet uit het ook wordt verloren. Het is belangrijk om het groepsdoel in de gaten te blijven houden.
Een groep wordt minder aantrekkelijk als
- er onenigheid is tussen groepsleden;
- de groep of groepsleden onredelijke eisen hebben;
- groepsleden onaangepast gedrag vertonen;
- groepsleden beperkingen aan andere groepsleden opleggen;
- buitenstaanders de groep als negatief beoordelen;
- er veel competentie tussen groepen is;
- er voor groepsleden aantrekkelijkere groepen bestaan.

Hoe kun je als begeleider de groep closer maken, oftewel de cohesie bevorderen? Zorg dat je als begeleider in de inclusiefase de groep goed begeleidt, ondersteunt en veiligheid biedt. Let op interactie tussen de groepsleden en zorg dat iedereen elkaar goed leert kennen. Treed op tegen disfunctioneel gedrag: wanneer je er niets van zegt, kan het zijn dat groepsleden geloven dat hun gedrag getolereerd wordt. Hoewel individuele verschillen mensen uniek maken, is het binnen groepen goed om naar overeenkomsten tussen de groepsleden te zoeken. Dit versterkt de cohesie. Meningsverschillen kunnen centraal worden ingebracht zodat ze direct uitgepraat en opgelost kunnen worden.

3.8.1 Zwarte schapen

Ergens niet bij horen kan leiden tot een geïsoleerd bestaan. In het kader van dit boek worden twee gevallen van 'er niet bij horen' besproken: 'het zwarte schaap' en 'de zondebok'. Het zwarte schaap in de groep is iemand die opvalt door afwijkingen. Dit kan zijn door uiterlijk; verkeerde kleding of een fout kapsel, maar ook een afwijkende mening kan iemand doen opvallen. Als groepsbegeleider voel jij ook al aan dat deze persoon anders is dan het gemiddelde groepslid, en dit kan gevolgen hebben voor hoe jij deze persoon benadert. Het zwarte schaap brengt je daarom innerlijk in de problemen, want ook jij voelt/vindt dat hij of zij afwijkend is, maar je hebt jezelf voorgehouden dat voor jou alle groepsleden gelijk zijn en wilt vooroordelen vermijden. Toch is het belangrijk om je gevoel serieus te nemen! Het zwarte schaap heeft een namelijk een boodschap. Hij verwoordt een probleem binnen de groepsontwikkelingsfasen; de *inclusiefase* is niet goed verlopen. Iemand hoort er niet bij. Hier ligt een probleem voor de hele groep. Een zwart schaap in de groep betekent namelijk: 'is er hier wel ruimte voor verschillen?'

Als begeleider kun je het zwarte schaap hierbij helpen maar tevens de groep. De groep moet leren om mensen met een 'afwijking' te accepteren. Te veel eenheidsworsten is namelijk niet goed. Een interessante vraag is hierbij: 'Wat zouden we missen in de groep als het zwarte schaap er niet meer zou zijn?' Opvallend is ook dat, als je 'het probleem van er niet bij horen' bagatelliseert, het zwarte schaap uiteindelijk verdwijnt door de groep te verlaten, maar vervolgens zal een nieuw iemand dit thema zal uitdragen. Uiteindelijk zal de groep uiteenvallen. Geef het zwarte schaap dus het gevoel dat ook hij waardevol is. Daarnaast is het wel belangrijk dat hij zich bewust wordt van zijn opvallendheid en wat het effect hiervan op anderen is. Een hulpmiddel hierbij is om te beseffen dat er 'meer schade aangericht wordt door zaken *niet* dan door zaken wel te bespreken'. Door het zwarte schaap te respecteren en aan te geven hoe hij beter kan aansluiten bij de groep, kan hij zich waarschijnlijk beter handhaven in de groep en in toekomstige groepen. Soms kan dit gedaan worden in een kort gesprekje met de persoon maar soms is er meer nodig en kan iemand baat hebben bij een coachingstraject.

Het zwarte schaap is een verschijnsel dat zich binnen alle (leef)tijden voor kan doen. Daar waar de volwassene echter zal besluiten om – wanneer hij geen oplossing ziet – de groep uiteindelijk te verlaten of zich terug te trekken, zullen kinderen in de basisschool of middelbare school ervaren dat zij gepest worden. Pesten is een extreem gevolg van 'het zwarte schaap' zijn. Het schaap transformeert tot *zondebok*.

3.8.2 Pesten

De groepsdynamica biedt bij uitstek invalshoeken om 'pesten' te nader te bekijken. Nu je weet waar kritische momenten liggen binnen de groepsdynamica (inclusiefase: hoor ik er wel bij?) en controlefase (heb ik wel voldoende invloed?), kun je daar als begeleider aandacht aan besteden. Pesten is allang niet meer voorbehouden aan schoolkinderen. Tegenwoordig vinden we ook voorbeelden van pesten op de werkvloer, zelfs in instellingen voor de oudere medemens. Bij pesten gaat het erom dat:
- de dader de bedoeling heeft iemand leed aan te doen;
- het pesten regelmatig voorkomt en ook over langere tijd;
- er macht in het spel is.

Pesten komt voor in groepen waar groepsleden zich niet verbonden voelen en er zelfs een negatieve sfeer is, en is altijd onacceptabel en grensoverschrijdend. Het komt overal ter wereld voor en kan (mede) verklaard worden door de sociale dominantietheorie. Volgens deze theorie kent elke maatschappij een sociale hiërarchie, waarbij één groep een andere economisch of politiek domineert.
Daarnaast zijn groepen altijd op zoek naar samenhang of cohesie. Als een groep niet op een normale manier de gewenste samenhang verkrijgt, zal hij op een alternatieve manier op zoek gaan naar samenhang. Dit kan bijvoorbeeld door zich als groep af te zonderen van één iemand in de groep, dit versterkt namelijk het groepsgevoel bij de anderen. In tegenstelling tot wat veel gedacht wordt, is pesten dus een probleem van de hele groep. Pestkoppen pesten meestal alleen *binnen* een groep. In de groep zitten daders en meelopers. Meestal zijn de meelopers ook bang voor de pesters en doen ze mee om geen gezichtsverlies te lijden. Daarnaast kan er gepest worden uit verveling, machtswellust en gevoelens van onzekerheid bij groepsleden.
In een positief optredende groep is er gezamenlijke verantwoordelijkheid en onderling respect. Bovendien wordt er samengewerkt en worden gezamenlijk oplossingen voor problemen gezocht. In negatieve of neutrale groepen worden deze zaken niet goed opgepakt. Er wordt niet samengewerkt en er is geen respect voor elkaar. Deze opvattingen kunnen al snel de (groeps)norm worden, want normen, ook negatieve, geven houvast. Iedereen weet waar hij aan toe is. In onveilige groepen waar niet bij uitstek iemand gepest wordt, zullen kleine groepjes ontstaan. Hierbinnen kunnen groepsleden wel positieve waarden vinden in tegenstelling tot in de grote groep.

De gevolgen van pesten zijn aanzienlijk. Naast lichamelijke en psychische problemen zijn er ook sociale gevolgen:
- weinig vrienden hebben (gevolg van het opgelopen tekort aan sociale vaardigheden en de vaak blijvende angst om nieuwe contacten aan te gaan);
- moeite hebben met het aangaan en het behouden van een relatie;
- moeite hebben met intimiteit en seksualiteit. Dit heeft alles te maken met het aangeven van grenzen van wie je werkelijk bent;

- moeite hebben met opleiding/werk: juist in een nieuwe groep kunnen mensen bang zijn om te falen, om weer het slachtoffer te worden. Het omgaan met feedback kan moeilijk zijn;
- de eigen kinderen kunnen later ook problemen krijgen; doordat gepesten er als ouders alles aan doen om te voorkomen dat hun kinderen gepest worden, wordt vaak het tegenovergestelde bereikt;
- angst voor groepen blijft vaak bestaan.

Afbeelding 3.2 De gevolgen van pesten zijn aanzienlijk: naast lichamelijke en psychische problemen zijn er ook sociale gevolgen

Je moet als groepsleider pesten zien voorkomen door van het begin af aan aandacht te hebben voor het groepsproces. Later in het jaar lukt dat meestal niet goed meer. In groepen waar de begeleider als voorbeeld wordt gezien, komt pesten bijna niet voor. Als begeleider is het dus belangrijk om zelf het goede voorbeeld te geven. Niet ingrijpen of negeren kan bij de pesters het gevoel geven dat hun gedrag goedgekeurd wordt. De pesters en de gepeste in de groep eruit lichten heeft meestal een averechtse werking. Beter is het om de sfeer en de openheid in de groep te verbeteren en de gepeste een cursus weerbaarheid te (laten) geven. Interventies die pesten kunnen doen afnemen zijn:
- Neem als begeleider de inclusiefase serieus. Zorg dat iedereen erbij hoort en er geen zwarte schapen ontstaan. Je weet inmiddels hoe je dat kunt doen.
- Bespreek als begeleider met je collega's wat er speelt in de groep en wat nodig is om het probleem aan te pakken. Toezicht houden op plekken waar

de groepsleden bij elkaar zijn helpt zeker. Begeleiders dienen elkaar te steunen bij het optreden tegen pest- of agressief gedrag.
- Tolereer pesten absoluut niet, lach ook niet om 'grapjes'. Ook door het te negeren lijkt het of het pesten jouw goedkeuring krijgt. Wijs de pester op zijn gedrag maar verklaar hem niet schuldig.
- Geef de 'gepeste' inzicht in zijn gedrag, vooral op het specifieke gedrag dat mogelijk het pesten oproept.

Gevolgen voor de groep
Naast dat het pesten gevolgen heeft voor degene die gepest wordt (en er zijn theorieën die ook gevolgen voor de pesters beschrijven), heeft het pesten ook gevolgen voor de zwijgende middengroep. De sfeer in de groep is negatief, dit betekent dat de resultaten die behaald worden door de groep niet optimaal zullen zijn. Het zal moeilijk zijn om met elkaar groepsopdrachten te maken omdat dit samenwerking vereist. Begeleiders ervaren zo'n groep nogal eens als een moeilijke groep waar weinig mee te beginnen valt. Ook blijft er voor de groep weinig tijd en inspiratie over om leuke dingen te doen. Groepsleden die niet willen pesten, kunnen zich gedongen voelen om mee te doen met de pesters. Op de lange termijn kunnen groepsleden uit de zwijgende middengroep schuldgevoelens krijgen als ze terugdenken aan hun gedrag in de groep ten opzichte van de pester en de gepeste.

3.9 Opdrachten

1. Ga op zoek naar informatie over pesten op je opleiding, instelling of werkplek. Onderzoek of er in eventuele aanbevelingen aspecten van de groepsdynamica zijn meegenomen. Welke zijn dit, en welke missen er? Wellicht kun je aanbevelingen doen ter ondersteuning.

2. Rondom het aanpassen aan groepsnormen zijn een aantal factoren van belang: Volgzaamheid, Identificatie en Internalisatie.
   Bedenk bij ieder van de bovenstaande begrippen een voorbeeld uit je eigen leven.

3. a. Zelfbevestigende voorspellingen doorbreken is best lastig. Heb je zelf wel eens te maken gehad met het verschijnsel? Beschrijf wat er precies is gebeurd.
   b. Hoe zou het verschijnsel bij a voorkomen hebben kunnen worden?

4. Bedenk een situatie waarin je feedback hebt ontvangen. Beschrijf de situatie heel concreet. Analyseer of jij de punten die behoren bij 'het ontvangen van feedback' hebt toegepast. Beschrijf de overeenkomsten en de verschillen. Waar wil je de volgende keer, wanneer je feedback krijgt, specifiek op letten?

3.10 Samenvatting

In hoofdstuk 3 wordt de inclusiefase, de fase waarin de groep bij elkaar komt, nader verkend. Er is beschreven welke thematiek speelt in de inclusiefase en hoe belangrijk het kennismaken is. Hiertoe zijn enkele suggesties voor kennismaken gedaan. Ook is er uitgebreid ingegaan op normen en waarden. Het met elkaar hierover in gesprek gaan is erg belangrijk voor de veiligheid en het opbouwen van vertrouwen in de groep. De wijze waarop je je presenteert bij een eerste kennismaking geeft veel informatie aan de groepsleden. Dit kan hun eerste beeld over jou bepalen. Ook zien we hoe we als groepslid onze mede groepsleden bekijken. We doen ook aan vergelijkingsprocessen, die in dit hoofdstuk nader verkend worden. Door dit alles worden we beïnvloed in ons denken en doen, wat weer gevolgen heeft voor ons waarnemen. Als de inclusiefase niet goed staat, kan er bij sommige groepsleden een gevoel van 'er niet bij horen' ontstaan. Hier ligt soms een basis voor later pestgedrag. Hiermee wordt het belang van een goede inclusiefase nogmaals benadrukt.

De controlefase: de groep in beweging/op zoek naar stabiliteit

4.1 Inleiding

Vraag je je als groeplid wel eens af 'heb ik eigenlijk wel voldoende invloed en controle in de groep?' dan is er een grote kans dat de groep, qua ontwikkeling, in de controlefase is beland.

Maar ook als groepsbegeleider kan je de eerste tekenen van de volgende fase waarnemen. Als de groep de eerste fase van groepsontwikkeling achter zich heeft gelaten, en je er als groepsbegeleider van uit kunt gaan dat je er alles aan hebt gedaan om de groep door de inclusiefase heen te helpen, zul je geconfronteerd worden met een nieuwe mate van onrust in de groep. De groep bereikt de controlefase. Omdat het voor het begeleiden van groepen belangrijk is dat je je leidersvaardigheden onder de loep neemt, staan we eerst weer stil bij een aantal reflectiemomenten. Een van de hulpmiddelen die we daarbij gebruiken is het model 'de Roos van Leary'. Verderop in het hoofdstuk ontdekken we hoe 'type' leiderschap in de controlefase een belangrijke rol speelt. Omgaan met conflicten en weerstand en de invloed van macht zijn eveneens belangrijke thema's in de controlefase

4.2 Basisbehoeften in de controlefase

Zoals beschreven in de inleiding is de controlefase de fase waarin groepsleden willen checken of zij invloed hebben, gezien worden en de groep kunnen controleren. Als dat voor meerdere mensen in de groep geldt, ontstaan er spanningen in de groep. Er zijn theorieën die zeggen dat, wanneer de groepsleider voldoende de normen uitzet in de inclusiefase, dus sterke richtlijnen geeft voor hoe het er in de groep aan toe gaat, de controlefase niet optreedt. Dit is lastig te stellen omdat een aantal groepsleden graag de eigen behoeften wil vervullen. Ook al zijn de regels duidelijk, er zullen altijd groepsleden zijn die invloed uit willen oefenen door het doel, de procedures of de inhoud van de groepsthema's of bijeenkomsten te wijzigen. Dit is normaal groepsgedrag, maar voor een begeleider is het niet altijd makkelijk om mee om te gaan. Door gebruik te maken van bijvoorbeeld de Roos van Leary, kun je schakelen tussen leiden en volgen binnen de groep, afhankelijk wat op dat moment het best past bij de situatie in de groep.

4.3 Leiden en volgen en de Roos van Leary

Een groep is gebaat bij goed leiderschap. Dit kan iemand zijn uit de groep. Deze persoon kan ongewild een leider worden (de informele leider), of vanuit zijn positie (docent, trainer of teamleider) tot leidinggeven worden gedwongen, omdat zijn positie dat met zich meebrengt. In dit onderdeel gaan we in op het fenomeen leiderschap. Leidinggevende vaardigheden komen altijd van pas, bijvoorbeeld als je als medewerker een groepsgesprek moet leiden, of een voorlichting moet geven binnen een bewonersbespreking. Een groepswerker zal een groep jongeren of gehandicapten aansturen bij het gezamenlijk naar de werkplaats gaan. We spreken vaak van begeleider, maar we geven daarnaast ook leiding. Een leider is echter alleen een leider wanneer de groep zich wil laten leiden, ook bij het behalen van doelen die in eerste instantie weinig voordeel voor de groep opleveren. Een leider is juist iemand die niet bij voorbaat zijn macht inzet om doelen voor elkaar te krijgen. Hij heeft visie en overtuigingskracht, waardoor hij in staat is op allerlei niveaus zijn boodschap over te brengen. Hij is sociaal vaardig en weet mensen enthousiast te maken voor zijn ideeën.

Leiderschapseigenschappen
Een goede leider beschikt over de volgende, algemene leiderschapseigenschappen:
- analytisch vermogen;
- overtuigingskracht;
- sociale vaardigheid;
- motiverend vermogen.

Wel of niet inhoudsdeskundig?
Er is echter nog een eigenschap die bepaalt of iemand een leider is. Een leider moet zich namelijk kunnen aanpassen aan de situatie die hij of zij aantreft in de groep waaraan hij leiding geeft. Die eigenschap is gebaseerd op kennis en ervaring van een branche. Als een leider niets weet van de groepsleden en hun werk of leefwereld, dan zullen zijn ideeën niet uitgevoerd worden. Groepsleden wantrouwen leiders die weinig van hun situatie weten. En terecht. Als groepsleden zo iemand al volgen, is het nooit uit overtuiging. Misschien volgen ze die persoon wel omdat ze ontzag hebben voor macht en gezag en omdat ze bang zijn voor hun eigen positie.

De leidinggevende die zonder voorkennis te werk gaat binnen een groep die hij net heeft leren kennen, wordt vaak gewantrouwd. Hij moet wel een uitzonderlijke capaciteit en/of charisma hebben, wil hij in zeer korte tijd de groep zodanig kunnen verkennen dat hij zijn redenen om aan de slag te gaan kan motiveren. Een leider is dus een leider omdat de groepsleden zijn legitimiteit erkennen. Wie geen 'geboren' leider is, kan zichzelf verder ontwikkelen door kennis te nemen van interactiemodellen bijvoorbeeld 'de Roos van Leary'.

De Roos van Leary

Sommige gedragingen, automatisch of niet, ontstaan als reactie op het gedrag van een ander. De specifieke interacties die ontstaan, kunnen een vast patroon hebben, waarbij gedrag van persoon A een reactie bij persoon B uitlokt. Nu je meer weet over methoden waarmee je jezelf beter kunt begrijpen, is het zaak om de ander binnen de interactie beter te begrijpen. Hiervoor zijn diverse modellen ontwikkeld die meer inzicht geven in hoe interactiepatronen zich ontwikkelen tussen mensen. Eerder heb je al geleerd hoe je een dubbelkwadrant met iemand anders kunt maken. Er zijn ook modellen waarmee je – naast interactie met een ander – de interactie met een groep kunt analyseren.

Een veel gebruikte methodiek daarvoor is de *Roos van Leary*. De Amerikaanse psycholoog Timothy Leary ontwikkelde deze (wind)roos om sociaal gedrag in kaart te brengen (Leary, 1959). Hij gebruikte hiervoor een cirkel die hij oorspronkelijk verdeelde in zestien interpersoonlijke gedragsbeschrijvingen. Deze indeling is gebaseerd op twee onderliggende gedragsdimensies. De ene dimensie noemde hij dominant-submissief (boven-onder) en de andere haat-liefde (tegen-samen). Het model bleek goed bruikbaar om interactieverschijnselen te verklaren en te voorspellen (zie figuur 4.1). Leary verdeelde de cirkel later in acht gelijke punten, die hij vervolgens weer in tweeën verdeelde (zie figuur 4.2). Leary gebruikte de cirkel niet alleen beschrijvend. Zijn persoonlijkheidstheorie veronderstelde dat normaal functionerende mensen alle gedragingen in het assenkruis beheersen en desgewenst ook kunnen uitvoeren, afhankelijk van de situatie waarin ze zich bevinden. De dimensies binnen het assenkruis zijn dominantie (boven-onder) en affiniteit (tegen-samen) blijven bestaan.

Leary heeft zich veel met de relatiewens in de communicatie beziggehouden. Bij de relatiewens gaat het in feite om twee vragen:
- Wie is (ogenschijnlijk) de sterkste? Oftewel wie zit boven en wie zit onder? Je kunt dat uitzetten op een verticale lijn, de dominantie-as.
- Zijn we met elkaar of tegen elkaar? Zijn we samen of tegen? Dat kun je uitzetten op een horizontale lijn, de sympathie-as.

Als je nu beide lijnen samenvoegt, ontstaat het eerder genoemde assenkruis:

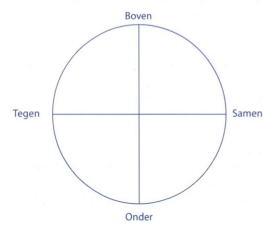

Figuur 4.1   Assenkruis van Leary

Elke relatiewens kun je nu ergens binnen dit assenkruis plaatsen. Leary heeft dit assenkruis verder verfijnd tot de volgende cirkel, die hij in acht partjes verdeeld heeft. Elk partje staat voor een bepaalde relatiewens.

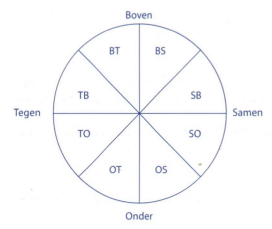

Figuur 4.2   Assenkruis van Leary, verfijnd

In elk partje van de roos staan twee letters en een woord. Samen geven die de relatiewens aan. Hierna staan de verschillende relatiewensen verder beschreven.

1 BOVEN EN SAMEN (BS) (leidend)
   Verbaal: raad geven, beïnvloeden, overtuigen, regelen, voordoen e.d.
   Non-verbaal: energieke houding, naar voren zitten, luide stem.

2 SAMEN EN BOVEN (SB) (helpend)
   Verbaal: moed inspreken, troosten, diensten bewijzen, samenwerken, compromissen zoeken, begrip tonen.
   Non-verbaal: vriendelijk kijken, veel oogcontact zoeken, aanraken, veel lachen.

3 SAMEN EN ONDER (SO) (meegaand)
   Verbaal: gelijk geven, vleien, bewonderen, goedpraten, respectvol gedrag naar leiders vertonen.
   Non-verbaal: beleefd kijken, veel glimlachen, jaknikken, gedienstig zijn.

4 ONDER EN SAMEN (OS) (afhankelijk)
   Verbaal: raad vragen, moeilijkheden voorleggen, goedkeuring vragen.
   Non-verbaal: zacht spreken, ineengedoken zitten, zuchten, wegkijken.

5 ONDER EN TEGEN (OT) (teruggetrokken)
   Verbaal: zelfverwijten maken, zichzelf afbreken, klagen, zeuren, bijna niets zeggen.
   Non-verbaal: wegkijken, in elkaar gedoken zitten, triest kijken, snikken, in een hoekje zitten, star gedrag vertonen.

6 TEGEN EN ONDER (TO) (wantrouwend)
   Verbaal: kritische vragen stellen, ongeloof voorwenden, cynisch doen, wrokkig zijn, conflict uitlokken, de ander afwijzen of boos maken.
   Non-verbaal: vinnig of boos kijken, bokkig gedrag vertonen, nee schudden als de ander praat.

7 TEGEN EN BOVEN (TB) (agressief)
   Verbaal: afstraffen, bedreigen, bang maken, uitlachen, kleineren, schelden.
   Non-verbaal: luid praten, schreeuwen, slaan, dreigend kijken, vuisten ballen.

8 BOVEN EN TEGEN (BT) (autoritair)
   Verbaal: bevelen, anderen negeren, kritiek geven, andere leiders afkraken, scherpe opmerkingen maken.
   Non-verbaal: uit de hoogte doen, neus ophalen, kin in de lucht steken, strenge gezichtsuitdrukking.

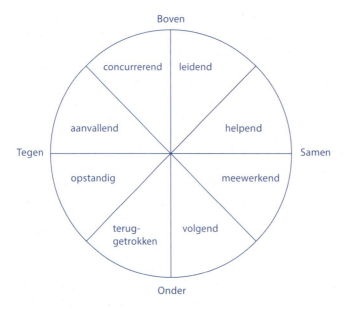

Figuur 4.3   De Roos van Leary

De as Boven-Onder is complementair (aanvullend) van aard, zodat leidend gedrag volgend gedrag zal oproepen. Dit complementaire gedrag zal bijdragen aan het zoeken naar evenwicht binnen de relatie. Op de dimensie haat-liefde werkt het aanvullingsprincipe niet complementair maar juist vanuit symmetrie (gelijk). Haatgedrag zoals agressie roept ook agressie op, terwijl vriendelijk gedrag over het algemeen vriendelijkheid oproept. Als agressie en vriendelijkheid elkaar ontmoeten, is er pas evenwicht als één van de twee hetzelfde gedrag als de ander gaat vertonen.

Een groepsleider kan ervoor kiezen meer of minder sturend naar de groep te zijn. Meer sturend zijn doet zich bijvoorbeeld voor als er een besluit genomen moet worden onder tijdsdruk. De leider kiest er dan voor om zich op te stellen in een 'boven'-positie. Daarnaast kan hij er ook voor kiezen om meer samenwerking met de groep te zoeken, bijvoorbeeld als hij het vertrouwen van de groep wil winnen, de groepsleider stelt zich dan meer 'samen' op. Hoe de groepsleider zich opstelt in het gesprek heeft automatisch gevolgen voor ander. Het gedrag roept namelijk een specifiek passend gedrag bij ander op. Wanneer de groepsleider sturend gedrag inzet, dat wel gericht is op samenwerken (boven-samen-gedrag), sluiten de groepsleden daarop aan door volgzaam, afhankelijk gedrag te tonen, maar tevens coöperatief te zijn (onder-samen-gedrag). De begeleider die vanuit boosheid een groep of groepslid benadert (boven-tegen-gedrag), zal kunnen rekenen op een vorm van agressief gedrag als antwoord. De groepsleden zien geen reden om de begeleider vriendelijk te woord te staan maar worden opstandig (tegen-onder-gedrag). Mochten de groepsleden besluiten om de begeleider wel vriendelijk aan te spreken (onder-samen-gedrag), dan is de kans groot dat deze zijn boze houding bijstelt.

Elke interactie tussen twee of meer deelnemers kan in het assenkruis geplaatst worden. Bij sommige interacties staan de posities in de roos vast, bijvoorbeeld wanneer een trainer iets uitlegt aan een groepslid die om advies heeft gevraagd. Degene die een ander informeert (de trainer) zal de leiding nemen en vertoont leidend en/of helpend gedrag naar de ander toe. Degene die luistert, het groepslid, zal volgzaam gedrag vertonen en tevens openstaan voor de hulp. Voor trainers, docenten maar ook voor begeleiders lijkt het 'ideale' gedrag te bestaan uit leiden en samenwerken, ook wel boven-samen-gedrag genoemd. Deze kunnen rechtsboven in de interactiecirkel geplaatst worden. Medewerkers zullen hierdoor vanzelf volgen maar tevens samenwerken, ook wel samen-onder-gedrag genoemd. Toch zullen er ook momenten zijn waarop ander gedrag de voorkeur heeft. Bijvoorbeeld wanneer er gevaar dreigt, kan er beter een sterk sturende houding worden aangenomen, en wanneer de groepsleider meer zelfsturing van een groep verwacht, zal hij zich minder sturend moeten opstellen.

De Roos van Leary kan inzicht geven hoe bepaalde gedragingen elkaar beïnvloeden. Veel mensen hebben bijvoorbeeld de neiging in te binden als ze overdonderd worden. In termen van de cirkel zegt men: je gaat 'onder' zitten als de ander zich 'boven' gedraagt. Het omgekeerde gaat ook op. Als jij je teruggetrokken of afhankelijk gedraagt ('onder'-gedrag vertoont), gaat de ander bijna vanzelf autoritair of leidend gedrag vertonen.

Voorbeeld Voorbeeld boven- en ondergedrag

Maarten: 'Wil jij niet even voor mij bellen? Ik ben nu echt zo ziek (zwak, misselijk, verlegen, angstig of iets dergelijks)!' (ONDER)
Rachid: 'Natuurlijk Maarten, geef maar even het nummer.' (BOVEN)

Kader 4.1

Het vorige punt maakt het misschien al duidelijk. Met de Roos van Leary kun je de ander enigszins manipuleren. Gedraagt iemand op de dominant-submissief-as zich 'onder', dan gaat de ander bijna vanzelfsprekend 'boven' zitten. Gaat de ander echter 'boven' zitten, dan *moet* de één (weer) naar 'beneden'.

Zoals eerder gezegd werkt het op de haat-liefde-as anders. Als je je op een 'samen'-wijze gedraagt, gaat de ander zich ook 'samen' gedragen. Maar als je je 'tegen' gedraagt, doet de ander dat ook.

SAMENGEVAT ziet het er dus als volgt uit:

Persoon A		Persoon B (of groep B)
Boven	....	Onder
Onder	....	Boven
Samen	....	Samen
Tegen	....	Tegen

In contact met een groep is het erg handig om de Roos van Leary in je achterhoofd te hebben. Je kunt het gedrag van de groep dan beter plaatsen.

In situaties waarbij je de leiding dient te nemen en je daarbij voor een prettige sfeer wilt zorgen, is het verstandig om vaak 'samen-boven' of 'samen-onder' te reageren op de relatiewens van een ander. Het contact verloopt dan in een vriendelijke sfeer en wordt werkbaar.

Verder is het van belang om flexibel te kunnen overstappen van het ene segment naar het andere. Het is niet goed om altijd 'onder' te zitten; mensen lopen dan gauw 'over je heen'. Evenmin is het aan te bevelen om altijd vanuit 'boven' te reageren; zulke mensen wekken irritatie op, omdat ze nooit toegeven en het altijd 'beter lijken te weten'.

Aan de 'samen'-kant zitten is goed voor een vriendelijke sfeer maar er zijn situaties waarin dat niet meer werkt. Als je bijvoorbeeld iemand een aantal keren vriendelijk hebt gevraagd iets voor je te doen en de ander maar niet reageert, kan een 'boven-tegen'-reactie effect hebben. Het is wel goed om daarna weer 'samen' te reageren, om de sfeer te herstellen.

Afbeelding 4.1   Voorbeeld van een 'boven-tegen'-reactie

Manipuleren

Tegen-onder en onder-tegen zijn gedragingen die – in tegenstelling tot wat ze lijken – juist heel sturend kunnen zijn. Het betreft hier reacties die lijken of ze vanuit een onder-positie komen, maar eigenlijk juist een appel op iemand doen en dus leidend zijn.

> **Voorbeeld** Voorbeelden boven- en ondergedrag
>
> Maarten: 'Wil jij niet even voor mij bellen? Ik voel me niet in staat om te bellen en jij kunt dat altijd zo goed.' (Maarten heeft geen zin in de klus) (ONDER)
> Rachid: 'Natuurlijk Maarten, geef maar even het nummer.' (Lijkt BOVEN, maar is eigenlijk onder)
>
> Ingrid: 'Moet ik nu alweer overwerken? Nou goed (zucht) ik doe het dan wel weer.' (Ingrid weet dat haar leidinggevende hier niet goed tegen kan) (ONDER)
> Carla: 'O, is dat zo, nou dan ga jij maar naar huis, ik doe het wel.' (Lijkt BOVEN, maar is eigenlijk onder)

Kader 4.2

Hier worden de posities in feite omgedraaid. Zowel Maarten en Ingrid hebben door hun wijze van communiceren de macht over een ander. De echte positie is dus boven en degenen die het werk overnemen, lijken zo naar een onderpositie te worden gestuurd.

Sommigen noemen dit het 'boven via onder'-gedrag. Zoals je hebt kunnen lezen, is de Roos van Leary een middel om communicatieproblemen inzichtelijk te maken. Het model kan ook gebruikt worden om conflicten te herkennen. Over conflicten gaat paragraaf 4.14.

4.4 Leiderschap

In de voorgaande paragraaf hebben we al gezien dat de bovenste posities in de Roos van Leary samenvallen met leiden en leiding geven. Dit kun je doen vanuit je positie boven de groep, bijvoorbeeld als je een leider bent van een groep, of vanuit je rol in de groep, bijvoorbeeld als je een groepslid bent, dat graag zijn invloed wil laten gelden. Eerst gaan we eens nader kijken naar het begrip leiderschap.

Leiderschap en management worden vaak door elkaar gehaald, maar het zijn echt verschillende zaken. Een manager is verantwoordelijk voor het beheersen en controleren van processen in een organisatie, bijvoorbeeld het zorgen voor voldoende personeel in de juiste functies. Zijn focus ligt vooral op het bereiken van concrete resultaten en uitvoeren van taken binnen afgesproken kaders (budget, tijd, etc.). Vanuit deze verantwoordelijkheden stuurt hij ook mensen aan. Een leider stimuleert anderen om resultaten te bereiken en streeft ernaar de organisatie in de juiste richting verder te brengen. Leiders houden zich meer bezig met onderzoeken hoe zij een groep kunnen begeleiden en motiveren, en betrekken daar hun groepsleden bij. In de praktijk zien we beide rollen in allerlei mengvormen bij leidinggevenden en bestuurders.

Goede leiders zijn in staat om anderen te stimuleren en inspireren. Daarmee verhogen zij de motivatie, betrokkenheid, prestaties en productiviteit binnen groepen. Het is niet vanzelfsprekend dat alle leidinggevenden goede leiders zijn. Sommige mensen zijn geboren leiders, maar de meesten moeten er hard voor werken om zichzelf te ontwikkelen tot effectief leider.

4.5 Theorieën over leiderschap

Over leiderschap zijn veel boeken en theorieën te vinden. Hieronder komen enkele onderdelen aan de orde die wat nader worden toegelicht.
De wijze waarop en de houding waarmee leiding wordt gegeven komt tot uiting in een leiderschapsstijl. Een leiderschapsstijl bevat een aantal kenmerken. Bovendien is het belangrijk dat een leiderschapsstijl aansluit bij de fase waarin de groep zich bevindt. In dit boek is het niet mogelijk om de vele visies op leidinggeven te beschrijven en de daarbij behorende leiderschapsstijlen. We beperken ons tot enkele bekende theorieën.
Er is een verschil tussen taak- en mensgericht leiderschap. Taakgerichte leiders zijn vooral gericht op het volbrengen van de (concrete en meetbare) taken waarvoor zij zich gesteld zien. Mensgerichte leiders leggen de nadruk op de behoeften van hun medewerkers. Zij houden zich vooral bezig met zaken als inspireren, motiveren en coachen.

4.5.1 Theorieën gericht op karaktereigenschappen

Al jarenlang wordt er onderzoek gedaan naar de karaktereigenschappen waarover goede leiders beschikken. Pas in de jaren negentig van de vorige eeuw is men tot de volgende rij gekomen. Goede leider beschikken over:
- ambitie en energie;
- de wil om leiding te geven;
- oprechtheid en integriteit;
- zelfvertrouwen;
- intelligentie;
- zelfcorrectie;
- relevante kennis hebben voor het werk.

Maar ook al beschikte iemand over deze eigenschappen, dan nog was het lastig om te voorspellen of iemand een goede leider zou worden. Later werd er gevonden dat extraversie, naar buiten gericht zijn, ook een duidelijk verband vertoonde met leiderschap, maar ook het hebben van deze eigenschap betekende vooral dat je leidersgedrag vertoonde, niet dat je ook een goede leider was.

4.5.2 Theorieën gericht op gedrag

Toen het lastig bleek om karaktereigenschappen aan leiderschap te koppelen, ging men meer kijken naar het gedrag van goede leiders. Want, zo dacht men, gedrag is aan te leren, dus ook leidersgedrag. Door duizenden leiders te ondervragen, kwamen Amerikaanse wetenschappers tot twee dimensies binnen goed leiderschap: structuur aanbieden en consideratie hebben. Bij het structuur aanbieden gaat het om organiseren en ordenen van taken en het behalen van groepsdoelen als het gaat om deadlines. Bij consideratie hebben gaat het om het oog hebben voor het welzijn, de status en tevredenheid van de groepsleden. In later onderzoek bleken deze twee dimensies wederom terug te komen. Werknemers die een 'mensgerichte' leidinggevende hadden, waren meer tevreden over hun baan, en ook meer gemotiveerd. Structuurgerichte leiders kwamen tot betere resultaten. In een vervolgonderzoek kwam men tot de termen 'werknemersgerichte' leiders en 'productiegerichte' leiders.

Specifieke typen leiderschap
Een vrij bekende traditionele indeling in type leiderschap zijn:
- Autocratisch leiderschap: waarin de leiders orders geven en zonder overleg bepalen wat er dient te gebeuren.
- Laisser-faire-leiderschap: waarbij datgene wat in een groep dient te gebeuren aan de groepsleden zelf wordt overgelaten.
- Democratisch leiderschap: waarbij de leider de groepsleden betrekt bij de besluitvorming en rekening houdt met hun behoeften.

Uit onderzoek van onder andere Lewin (1939) bleek dat destijds democratisch leiderschap de meest effectieve leiderschapsstijl was, mits de leider zijn rol duidelijk maakt en aangeeft wat er van de groepsleden wordt verwacht. Ook tegenwoordig wordt deze leiderschapsstijl nog steeds gewaardeerd en toegepast.

Voorbeeld Is autoritair leiderschap zinvol?

Autoritair leiderschap is in sommige situaties nog steeds nuttig. Dat komt omdat teams die bestaan uit mensen met totaal verschillende achtergronden en gedrag er anders veel te lang over doen om consensus te bereiken. Dat is niet handig wanneer er snelle acties vereist zijn. Wanneer je trainer bent en werkt met personeel van commerciële bedrijven, kan het nuttig zijn om leidinggevenden te leren snel beslissingen te nemen, bijvoorbeeld als een klant iets wil. Maar ook in zorgsettings dienen er soms knopen te worden doorgehakt, bijvoorbeeld als er in een team te weinig personeel is. Eerder toegekende privileges moeten dan soms ingetrokken worden, om voldoende personeel te garanderen. Hier is dan een teamleider nodig die knopen durft door te hakken. Een autoritaire leider kan in die situaties snel vaststellen wat er gedaan moet worden en door wie. Het is daarom van belang om na te gaan om wat voor soort onderneming het gaat voordat er een leidinggevende wordt aangewezen.

Kader 4.3

4.5.3 Situationele theorieën

Er zijn leiders die hun wijze van leidinggeven laten afhangen van de situatie waarin zij zich bevinden. Er is dan sprake van situationeel leiderschap. Een bekende theorie hierover is de interactieprocesanalyse van Bales (zie ook hoofdstuk 6), die is ontwikkeld in de jaren vijftig van de vorige eeuw. Bales onderscheidde als een van de eersten de tweedeling taakgericht en sociaal-emotioneel gericht leiderschap. In de jaren zestig werd dit idee uitgebouwd door Fiedler. Hij verrichtte een aantal leiderschapsonderzoeken naar drie belangrijke situationele condities: de relaties tussen leider en groepsleden (ondergeschikten), de taakstructuur en de (positie)macht van de leider. Fiedler vond geen consistente relatie tussen de effectiviteit van de groep en het gedrag van de leider. Wel vond hij aanwijzingen dat afhankelijk van de situatie een taakgerichte of een procesgerichte leider het meest effectief was. Goed leiderschap zou dus af hangen van de situatie. Zie ook de contingentie theorieën in paragraaf 4.5.4. Volgens Fiedler verschillen de situaties die het de leider mogelijk maken om invloed uit te oefenen op een groep. De verschillen worden door drie factoren bepaald:

- Leider-groepslidrelaties: de relaties tussen de groepsleden en de leider kunnen loyaal en coöperatief zijn. Er is dan sprake van een voor de leider gunstige situatie. Maar de relaties kunnen ook gekenmerkt worden door competitie en conflicten, hetgeen ongunstig is voor de leider.
- De *structuur van de taak* die door de groep moet worden uitgevoerd: een duidelijke taakstructuur kenmerkt zich door een vaststaand doel, weinig wegen waarlangs dat doel bereikt kan worden en eenvoudig kunnen bepalen of vastgestelde oplossingen voor eventuele problemen correct zijn (zoals eenvoudige montagetaken). In een dergelijke structuur heeft een leider een eenvoudige taak. Maar in een uiteenlopende of onduidelijke taakstructuur zijn die kenmerken juist afwezig (zoals het vaststellen van nieuw beleid). Leiderschap is bij een dergelijke taakstructuur minder eenvoudig.
- *Positionele macht*: de mate waarin de leider beschikt over machtsbronnen (zaken die een leider macht geven zoals iemand aannemen, salarisverhoging geven of uitstraling, persoonlijkheid en competent zijn).

Categorie	I	II	III	IV	V	VI	VII	VIII
Relaties leider/ondergeschikte	Goed	Goed	Goed	Goed	Slecht	Slecht	Slecht	Slecht
Taakstructuur	Hoog	Hoog	Laag	Laag	Hoog	Hoog	Laag	Laag
Positiemacht	Sterk	Zwak	Sterk	Zwak	Sterk	Zwak	Sterk	Zwak

Figuur 4.4 Het model van Fielder

In 1977 presenteerden Hersey en Blanchard onderzoeksresultaten waarin wederom situationele aspecten waren meegenomen. Zij brachten leidersgedrag terug tot twee dimensies: taakgericht gedrag, de mate waarin een leider eenzijdig communiceert en dus opdrachten geeft, en relatiegericht gedrag, de mate waarin de leider tweezijdig communiceert en groepsleden steunt en stimuleert. Afhankelijk van het ontwikkelingsniveau van de groepsleden is de gehanteerde manier van leidinggeven effectief en/of ineffectief. Dit leidde tot het in kaart brengen van vier verschillende leiderschapsstijlen: delegeren (R–, T–), ondersteunen (R+, T–), overtuigen(R–, T+) en instrueren (R+, T+) (R= relatiegericht; T = taakgericht waarbij – staat voor laag en + staat voor hoog) (zie figuur 4.5).

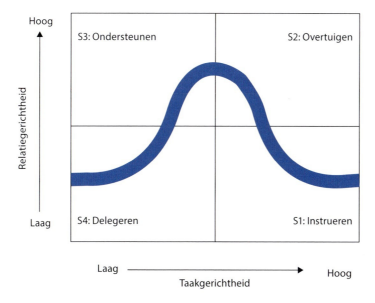

Figuur 4.5 Model Hersey en Blanchard

Hersey en Blanchard pleitten er dus voor dat de benadering door de leidinggevende aansluit bij het niveau van volwassenheid van de groepsleden. Bovendien moet de leider de taakvolwassenheid proberen te vergroten. De groepsleden ontwikkelen zichzelf daardoor. Wanneer de stijl van leidinggeven niet aansluit bij de mate van ontwikkeling, stagneert de groei van de groepsleden/werknemers.

Blake en Mouton ten slotte vonden in de jaren tachtig van de vorige eeuw dat de stijl van leidinggeven afhankelijk is van twee vragen:
- Hoeveel aandacht krijgt de mate van productiviteit/prestaties?
- Hoeveel aandacht krijgen de medewerkers?

De uitkomsten van deze vragen zijn te duiden in een schaal, de *Managerial Grid* (zie figuur 4.6). Bij een hoge uitkomst (de 9,9-stijl) zal er het meest succesvol worden leidinggegeven.

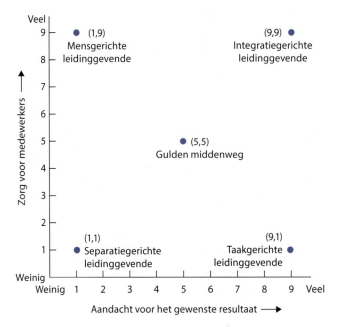

Figuur 4.6 De Managerial Grid

4.5.4 Contingentietheorieën

Binnen contingentietheorieën houdt men zich bezig met de vraag in welke situaties een bepaalde leiderschapsstijl wel of niet effectief is. Stijl A is misschien geschikter in situatie X en stijl B past beter in situatie Y. Het eerste uitgebreid beschreven contingentiemodel rondom leiderschap was van de eerder genoemde Fiedler.

Fiedlers contingentiemodel

Fiedlers contingentiemodel is een theorie over leiderschap. Fred Fiedler is een van de meest toonaangevende wetenschappers binnen het onderzoek naar eigenschappen en persoonlijke kenmerken van leiders. Volgens zijn contingentiemodel is de effectiviteit van een leider gebaseerd op het resultaat van de interactie van twee factoren: hoe geeft iemand leiding (*stijl van leidinggeven*) aan de groepsleden en hoeveel invloed heeft de situatie van de groep op hem (*situationele controle*)? De stijl van leidinggeven door de leider wordt gemeten door wat Fiedler noemt: het meten van de 'minst geliefde medewerker (groepslid), oftewel de LPC-schaal (LPC komt van Least Preferred Coworker). De LPC-schaal vraagt een leider te denken aan alle mensen met wie hij ooit heeft samengewerkt en vervolgens de persoon met wie hij het minst goed heeft samengewerkt te scoren. Dit gebeurt met behulp van een reeks bipolaire schalen van 1 tot 8. Figuur 4.7 is hiervan een voorbeeld.

onvriendelijk	1 2 3 4 5 6 7 8	vriendelijk
niet-coöperatief	1 2 3 4 5 6 7 8	coöperatief
vijandig	1 2 3 4 5 6 7 8	ondersteunend
bewaakt	1 2 3 4 5 6 7 8	open

Figuur 4.7   Voorbeeld bipolaire schalen

De antwoorden op deze schalen (meestal 18 tot 25) worden opgeteld en gemiddeld. Een hoge LPC-score wijst erop dat de leider relatiegeoriënteerd (mensgericht) is, terwijl een lage LPC-score duidt op taakgerichtheid. Fiedler gaat ervan uit dat de minst geliefde collega of groepslid door iedereen gemiddeld ongeveer even onaangenaam wordt gevonden.

Least Preferred Coworker (LPC) Scale		
Pleasant	8 7 6 5 4 3 2 1	Unpleasant
Friendly	8 7 6 5 4 3 2 1	Unfriendly
Rejecting	8 7 6 5 4 3 2 1	Accepting
Tense	8 7 6 5 4 3 2 1	Relaxed
Cold	8 7 6 5 4 3 2 1	Warm
Supportive	8 7 6 5 4 3 2 1	Hostile
Boring	8 7 6 5 4 3 2 1	Interesting
Quarrelsome	8 7 6 5 4 3 2 1	Harmonious
Gloomy	8 7 6 5 4 3 2 1	Cheerful
Open	8 7 6 5 4 3 2 1	Closed
Backbiting	8 7 6 5 4 3 2 1	Loyal
Untrustworthy	8 7 6 5 4 3 2 1	Trustworthy
Considerate	8 7 6 5 4 3 2 1	Inconsiderate
Nasty	8 7 6 5 4 3 2 1	Nice
Agreeable	8 7 6 5 4 3 2 1	Disagreeable
Insincere	8 7 6 5 4 3 2 1	Sincere
Kind	8 7 6 5 4 3 2 1	Unkind

Figuur 4.8   Een voorbeeld van een meetschaal naar LPC

Zowel leiders met een lage LPC-score (taakgeoriënteerd) als leiders met een hoge LPC-score (relatiegeoriënteerd) kunnen effectief zijn als hun leiderschapsoriëntatie past bij de situatie. Op basis van de contingentietheorie kun je voorspellen welke leiderschapskenmerken in een bepaalde situatie het meest effectief zijn. Prestaties en daadkracht van een groep hangen niet alleen af van de persoonlijke kenmerken van de leidinggevende, maar ook van de geschiktheid van de situatie voor de leidinggevende. Fiedler spreekt daarom van situationeel leiderschap. Bij iedere situatie hoort een succesvol leiderschapstype. Dat betekent dus dat sommige leiderschapstypen niet effectief zijn in een bepaalde situatie. Dit dwingt de leider ertoe om in bepaalde situaties zijn leiderschapsstijl aan te passen aan de meest geschikte stijl.

Hoewel de theorie van Fiedler in verschillende andere onderzoeken is bevestigd, bestaat er ook kritiek op de contingentietheorie. De belangrijkste kritiek is dat de theorie weinig flexibel is. Tests wezen bovendien uit dat de geteste persoonlijkheidskenmerken van leidinggevenden niet steeds overeenkwamen met hun leiderschapsgedrag, wat suggereert dat taakgerichtheid versus persoonsgerichtheid wél te beïnvloeden is of dat de persoonlijkheidskenmerken niet altijd het gedrag beïnvloeden.

Voorbeeld — De juiste leider op de juiste plek?

Achteraf is altijd makkelijk praten, dat weten wij ook. Maar in het licht van de prestaties van het Nederlands elftal én bondscoach Louis van Gaal tijdens het WK in Brazilië is het toch bijzonder om een compilatie van VI terug te kijken wanneer zij het hadden over onze bondscoach. Zeker als je ook een video bekijkt over het meesterschap van Van Gaal.

'Megalomane gek', 'gespleten persoonlijkheid', 'professionele hulp', 'rijp voor het gesticht', het zijn termen die langskomen in de veelbekeken voetbalshow. Met name oud-hoofdredacteur van Voetbal International Johan Derksen is bijzonder kritisch over de oefenmeester, tot het schrijnende aan toe.
Bondscoach Van Gaal heeft tijdens het WK echter andermaal bewezen een absolute vakman te zijn. De trainer die met Ajax de Champions League en de Wereldbeker wist te winnen, met AZ kampioen werd en Bayern München er weer bovenop hield, kreeg ook zijn vinger achter Oranje. In een volledig onorthodox 1-5-3-2-systeem overrompelde Van Gaal met Oranje wereldkampioen Spanje; 1-5.
Na die overwinning volgden zeges tegen Australië, Chili, Mexico en Costa Rica na penalty's, waarna Argentinië Nederland uit het toernooi knikkerde na penalty's, waardoor de absolute kroon op Van Gaals werk uitblijft. Wie echter stelt dat Van Gaal een megalomane gek is, gaat op voor de 'wat-je-zegt-ben-je-zelf-trofee'.

Bron: Bijschrift bij video 'Hoe VI zich voor gek zette inzake Van Gaal' 11 juni 2014 (www.onze11.nl)

Kader 4.4

4.5.5 Uitwisselingstheorieën

Denk eens aan de groepen waar je je zoal in bevindt. Waarschijnlijk is het je opgevallen dat iedere leider weer anders leiding geeft. Het kan ook zijn dat je hebt ontdekt dat de leider zich verschillend gedraagt tegen verschillende mensen in de groep. Sommige leiders kiezen een klein aantal groepsleden om een speciale relatie mee op te bouwen. Deze groepsleden vormen een intieme groep om de leider heen, steunen hem en krijgen daarvoor speciale privileges.

Er worden dus zaken uitgewisseld. Deze vorm van leidinggeven valt onder de 'leader-member-exchange'-theorie (LMX). De LMX-theorie valt ook onder de contingentietheorieën, met als verschil dat niet de situatie binnen de groep varieert, maar de wijze waarop de leider omgaat met enkele groepsleden. Om de uitwisselingsrelatie te handhaven, moeten leider en kleine groep in elkaar blijven investeren. Het gevaar van deze vorm van leiderschap is dat de leider en zijn kleine groep te maken krijgen met groepsdenken (zie paragraaf 5.7.4) en zelfbevestigende voorspellingen (zie paragraaf 2.7), waarbij het hebben van een open houding vermindert.

4.6 Charismatisch leiderschap

Iemand die charisma (ouderwets vertaald met: genadegave) heeft, zou zich door bovenmenselijke krachten tot een bepaalde functie geroepen achten. In de volksmond worden deze mensen gezien als redders of verlossers. Meestal gaat het om krachtige personen die een bepaalde missie hebben en ervan overtuigd zijn dat ze deze missie kunnen volbrengen. Binnen het groepsdynamisch onderzoek is er weinig inzicht in het verschijnsel charisma gekomen, ook niet in de vraag of mensen met charisma betere leiders zijn. Wel kun je stellen dat een charismatische leider over het vermogen beschikt om macht of visie op anderen over te dragen. Bovendien beschikt hij over praktische leiderschapskwaliteiten, waardoor mensen het fijn vinden om in zijn team te zijn. Charismatische docenten worden beter beoordeeld door hun studenten. Mensen zijn ontvankelijker voor charismatisch leiderschap als er sprake is van een crisis, wanneer ze onder spanning staan of angstig zijn. Charismatisch leiderschap heeft ook negatieve kanten, denk bijvoorbeeld aan directieleden die een bedrijf ten gronde richten op basis van uitstraling en mooie woorden, of nog erger, aan mensen zoals Adolf Hitler in de Tweede Wereldoorlog.

Afbeelding 4.2   Nelson Mandela, een charismatische leider

4.7 Transformationeel leiderschap

Transformationele leiders inspireren de groepsleden om meer te doen dan zij kunnen, wat weer een positief effect heeft op de hele groep. Hierin gaan ze verder dan transactionele leiders die groepsleden wel de goede richting in helpen, maar zijn nog wel sturend.

Transformationele leiders gaan verder en hebben de volgende eigenschappen:
- Ze besteden aandacht aan de zorgen en ontwikkelingen van de groepsleden.
- Ze helpen groepsleden om anders naar problemen te kijken.
- Ze inspireren en enthousiasmeren de groepsleden.

4.8 Authentiek leiderschap

Authentieke leiders weten wie ze zijn, waar ze in geloven en waar ze waarde aan hechten. Groepsleden beschouwen hen als oprecht en betrouwbaar. Ze zijn helder in hun handelen, zodat iedereen weet waar hij aan toe is. Op die manier krijgt de groep vertrouwen in de leider.

Onderscheid tussen *transformationeel, authentiek en charismatisch leiderschap*
Transformationele leiders transformeren hun groepsleden door het belang van de organisatie en de waarde van hun werk te benadrukken. Authentieke leiders weten wie ze zelf zijn, staan ergens voor en dragen hun visie uit. Zij handelen open en oprecht naar hun idealen. Charismatisch leiderschap komt grotendeels overeen met authentiek leiderschap, met die toevoeging dat de leider in de ogen van zijn mensen uitzonderlijke kwaliteiten en gedrag laat zien waardoor hij (bijna) de status van held krijgt.

4.9 Kenmerken en vaardigheden van effectieve leiders

Leiders vervullen een voorbeeldfunctie. Van hen mag verwacht worden dat zij integer zijn en morele waarden uitdragen in wat zij zeggen en doen:
- Bij voorkeur geeft een leider zijn groepsleden vertrouwen door aan hen eigen verantwoordelijkheden en autonomie toe te kennen.
- Leiders willen weten wat er speelt in de groep, en bij degenen die met een groep te maken krijgen.
- Authenticiteit is belangrijk. Als leider is het goed om zoveel mogelijk jezelf te zijn en je eigen visie uit te dragen.
- Leiders zijn er om resultaten te realiseren en prestaties te verbeteren. Dit vraagt om resultaat- en actiegerichtheid. Het is van belang dat leiders de regie nemen.
- Leiders moeten kunnen motiveren en inspireren.

- Sociale vaardigheden als heldere communicatie, luisteren en het vermogen tot zelfkritiek zijn belangrijk om goed leiding te kunnen geven aan een groep.
- Van leiders worden vaak ook coachende vaardigheden gevraagd.

4.10 Leiderschap: de belangrijkste trends

Goed leiderschap is tegenwoordig én sturend én faciliterend. De sturing schept de kaders voor zelforganisatie en eigen verantwoordelijkheid. De volgende drie ontwikkelingen zijn de drijfkrachten achter deze trend:
- Het verandertempo neemt toe. Strategie en planning volgen elkaar in hoog tempo op en zijn al weer achterhaald voordat ze bekendgemaakt worden.
- De onvoorspelbaarheid neemt toe. Leiders moeten ook vooral flexibel kunnen zijn, en snel besluiten kunnen nemen, als de situatie dit vereist.
- De complexiteit neemt toe. ICT en kennisnetwerken zorgen ervoor dat de invloed op mensen niet meer vooral bij goede leiders ligt.

Deze ontwikkelingen hebben grote gevolgen voor leiderschap. Naarmate groepen mensen, of organisaties complexer worden, wordt het lastiger om in te grijpen als er iets misgaat.
De moderne leidinggevende zal dus ook om moeten kunnen gaan met minder strakke doelen voor een groep of team. Meer regelgeving blijkt namelijk remmend te werken. Groepsleden moeten steeds meer gefocust zijn op de eigen verantwoordelijkheid en de leiding dient minder te sturen. Een mooi voorbeeld hiervan is de toename van zelfsturende teams in de zorg.

Voorbeeld Hoe pak je problemen in zelfsturende teams aan?

4 dec 2014, laatste update: 5 dec 2014
Een zelfsturend team loopt niet altijd meteen als een geoliede machine. Het werken in zo'n team vraagt om bepaalde vaardigheden. Teamcoach Astrid Vermeer weet waar zelfsturende teams tegenaan lopen en geeft tips.

Door het komen en gaan van collega's en het veranderen van de situaties bij cliënten is er altijd beweging in het team. Hierdoor kom je ook steeds andere obstakels tegen, weet Vermeer. 'Een teamcoach is in die situaties een vraagbaak, een onderzoeker of een mediator. Een persoon waarbij medewerkers zich kwetsbaar op kunnen stellen en terecht kunnen wanneer ze problemen ervaren in het team. Heel belangrijk daarbij: een teamcoach oordeelt en beslist niet.'
Vermeer geeft een aantal tips over hoe om te gaan met veelvoorkomende problemen in zelfsturende teams:

Plan niet alleen zorgtaken maar alle teamtaken in
Uit onderzoek blijkt dat zorgmedewerkers in zelfsturende teams het lastig vinden om een goede balans tussen werk en privé te vinden. Ze moeten veel zelf regelen en de kans is groot dat ze dat meer in eigen tijd doen. Volgens Vermeer zou dit eigenlijk niks met

zelfsturend werken te maken moeten hebben. 'Als het verkeerd gaat met de balans tussen werk en privé, heeft dat meestal te maken met het inplannen', meent ze. 'Dan wordt alleen de tijd waarin men echt met de handen aan het bed staat ingepland, terwijl er ook andere teamtaken zijn als roosteren, stagiairs begeleiden en contact houden met de huisarts en mantelzorger. Als je daar geen rekening mee houdt, ga je schipperen en werk je snel meer uren dan in je contract staan. Plan dus ál je taken in en spreek van tevoren goed af hoeveel uren beschikbaar zijn voor andere werkzaamheden dan de zorgtaken.'

Leer hoe je elkaar op de juiste manier kunt aanspreken
Wat Vermeer vaak ziet, is dat zorgmedewerkers in zelfsturende teams het moeilijk vinden om elkaar aan te spreken op zaken die niet goed gaan. 'In een hiërarchische organisatie was er natuurlijk de leidinggevende waar je met je klacht terecht kon, of die je collega op zijn of haar gedrag aansprak. Nu moeten collega's dat samen doen en dat moet je leren. Hoe doe je dat op een manier waardoor de aangesproken persoon niet gedemotiveerd raakt of meteen de hakken in het zand zet?'

Zorgmedewerkers in zelfsturende teams moeten meer zelf regelen, waardoor het lastig kan zijn om een goede balans tussen werk en privé te vinden. Zorgorganisaties moeten de vinger aan de pols houden bij medewerkers, waarschuwt Anke Valent.

Laat de taken rouleren in het team
Sommige mensen vinden het zo leuk om te roosteren of om een teamvergadering voor te zitten, dat zij bewust of onbewust die taak naar zich toetrekken en dat voor langere tijd gaan doen. Soms is dat tot ergernis van andere collega's. 'Het is prima om te doen waar je goed in bent, maar op deze manier loop je het risico dat er weer een hiërarchie ontstaat in het team. Iemand die de roosters indeelt, heeft best veel zeggenschap en invloed. Probeer dit soort taken te laten rouleren. Ook al kan de een het misschien beter dan de ander, het is ook goed om mensen de kans te geven zoiets te leren.'

Let op de blinde vlekken in het werk
Soms zien buitenstaanders meer dan de teamleden zelf. Een bepaalde manier van werken kan zorgen voor blinde vlekken. Volgens Vermeer kan een teamcoach bijvoorbeeld ontdekken dat de productiviteit van een team vrij laag ligt, terwijl alle zorgmedewerkers 'zich uit de naad werken'. Het team ziet het niet, maar merkt het wel. 'Dan gaat er iets verkeerd. Een coach kan het team motiveren om te onderzoeken waar dat aan ligt. Een oorzaak kan bijvoorbeeld zijn dat de teamleden te veel uren spenderen aan bepaalde organisatorische taken, terwijl voor die taak minder uren zijn begroot. Het probleem kan ook een logistieke oorzaak hebben; de routes die de zorgmedewerkers nemen om de zorg aan de cliënten thuis te geven, kosten te veel tijd en kunnen beter ingedeeld worden.'

Heb respect voor elkaar in het team
Vermeer merkt wel eens dat de hoger opgeleide collega's in het team vooroordelen hebben over de lager opgeleiden. 'Zij denken dat hun collega's bepaalde taken niet kunnen en spreken hen er ook zo op aan. Deze houding wordt vaak niet geaccepteerd door de lager opgeleiden. Dat belemmert de samenwerking natuurlijk. In de praktijk blijkt echter dat lager opgeleide zorgmedewerkers hun verantwoordelijkheid verrassend goed weten te nemen in het zelfsturende team. Zij hebben heel goed zicht op hun werk. Daarom is het belangrijk om respectvol met elkaar en met verschillen in het team om te gaan.'

Bron: *Zorgwelzijn*, 4 december 2014 (Bohn Stafleu van Loghum)

4.11 Zakelijk leiderschap

Hoewel niet iedere beginnende professional het leiderschap op zich neemt, zul je als werknemer wel te maken krijgen met managers en leidinggevenden. Het is goed om te weten dat leidinggevenden diverse vormen van leidinggeven kunnen inzetten, afhankelijk van wat de doelen zijn:
- Leiden (*directing*): deze stijl wordt ook aangeduid als *management by prescription*. Veel sturend en weinig ondersteunend leiderschapsgedrag; de leidinggevende schrijft voor wat medewerkers moeten doen, geeft nauwkeurige instructies en controleert de taakuitvoering. Een valkuil is dat de leidinggevende autoritair overkomt: als een baas of een leraar. Deze wijze van leidinggeven werkt alleen als de opdrachten goed zijn te structureren. Deze vorm kan ingezet worden als er op korte termijn knopen doorgehakt moeten worden.
- Begeleiden (*coaching*): de leidinggevende ondersteunt de medewerker door verantwoordelijkheden te delen en door veel vragen te stellen, actief te luisteren, de ander te raadplegen en te betrekken, te complimenteren en te stimuleren. Wel worden de taken nauwkeurig vastgesteld en zo nodig gecontroleerd. Deze stijl wordt ook wel aangeduid als *resultaatgericht management*. Deze stijl wordt ineffectief bij manipuleren: wel vragen naar de inbreng van de ander, maar er niets mee doen. Een valkuil is dat de leidinggevende overkomt als therapeut. Deze stijl zal vooral ingezet worden als de leidinggevende de motieven van de medewerker wil doorgronden.
- Steunen (*supporting*): leidinggevende en medewerkers beslissen samen hoe het werk wordt uitgevoerd. De leidinggevende treedt stimulerend op, is klankbord en helpt de medewerker op verzoek bij de uitvoering. Hij geeft daarbij primair leiding door aandacht te besteden aan de relatie en door het geven van erkenning. Deze stijl wordt ook wel *organisch management* genoemd. Een valkuil is dat de leidinggevende de medewerker gaat betuttelen. Deze stijl wordt ingezet wanneer de medewerker extra steun nodig heeft, of wanneer een werknemer beginnend is in zijn functie.
- Delegeren (*delegating*): delegeren is effectief toe te passen wanneer de leidinggevende voor de medewerker de voorwaarden kan scheppen die nodig zijn bij het uitvoeren van de opdracht. De leidinggevende laat beslissingen en de wijze waarop de taak moet worden uitgevoerd over aan de medewerkers, deze zijn zelf verantwoordelijk en krijgen dan ook de nodige bevoegdheden. Deze stijl staat ook bekend als *management by exception*. De leidinggevende loopt hierbij wel de kans te vervallen in een niet-effectieve laisser-faire-stijl. Voorbeelden hiervan zijn de zelfsturende teams, of de werknemer die zelf verantwoordelijk is voor zijn taken zoals de eerstverantwoordelijke verpleegkundige.

Voorbeeld — De nieuwe leider is een 'perpetual learner'

Managers weten dat hun bedrijf 'agile' moet worden. Maar daarmee moet de organisatie op de schop en is een herverdeling van het leiderschap nodig. Hoe ziet dat nieuwe leiderschap eruit?

Edgar Schein, de bekende Amerikaanse cultuuronderzoeker, verwoordt het helder. We weten niet hoe de wereld van morgen eruitziet, zoals hij schrijft in zijn standaardwerk *Organizational Culture and Leadership*, maar wel dat hij anders, steeds complexer en sneller wordt en dat er meer diversiteit komt. Wat dat inhoudt, aldus Schein, is dat leiders en organisaties 'perpetual learners' moeten worden. Ze kunnen nooit stoppen met leren.

Daarbij doet zich een lastige paradox voor. Een belangrijke eigenschap van de organisatiecultuur is dat ze een stabiliserende kracht is, en daarmee, schrijft Schein, een conservatieve kracht. De focus van de managementpraktijk heeft tot nu toe gelegen op organisaties met zo'n stabiele cultuur. Leiders moeten nu een cultuur bevorderen die tegelijk samenbindt en flexibel is. Maar hoe?

Nieuw leiderschapsmodel
Schein maakt met collega's als Peter Senge en Otto Scharmer deel uit van een onderzoeksgroep van het MIT in Boston. Het was een van de eerste groepen die een nieuw leiderschapsmodel ontwikkelde voor 'agile' organisaties. Al in de jaren negentig van de vorige eeuw zagen ze een nieuw soort organisatie ontstaan, in staat om in te spelen op snel veranderende marktomstandigheden en de opkomst van internet. Het waren de jaren waarin in veel landen, waaronder Nederland, ook werd geëxperimenteerd met zelfsturende teams.
We zijn alweer een paar decennia verder en de zoektocht naar het definitieve leiderschapsmodel voor de 21e eeuw is nog lang niet voltooid. Meer dan ooit experimenteren bedrijven en instellingen met nieuwe vormen, want de behoefte aan flexibiliteit is alleen maar gegroeid. Om elke volgende hoek van de straat kan een disruptieve concurrent staan.

Positieve instelling
Het uitgangspunt voor de 'lerende leider' die Schein met zijn collega's formuleerde, is dat deze actief werkt aan een andere cultuur met een sterke nadruk op training en opleiding. Schein stelde een soort verlanglijst op met tien eigenschappen waar de nieuwe leiders aan moeten voldoen, zoals open staan voor diversiteit en tegengeluid. De meest essentiële voorwaarde is een positieve instelling: leiders moeten geloof hebben in het vermogen van hun mensen om zich aan te passen en problemen zelf op te lossen. Dat is diametraal tegengesteld aan het aloude: 'Doe je werk zoals ik het opdraag.' Die positieve houding moeten leiders ook uitdragen.

Het misverstand dat (nog steeds) aan zelfsturing kleeft, is dat zelfsturende teams geen enkele bemoeienis van het management nodig hebben. Zowel binnen als rond een team is wel degelijk leiderschap nodig, zoals Rob Leliveld en Maurits Jan Vink al in 2000 schreven in hun bekroonde boek *Succesvol invoeren van zelfsturende teams*: 'In de praktijk wordt wel geëxperimenteerd met teams zonder leiding, maar dit duurt vaak maar kort.' De juiste 'inbedding' van autonome teams en afdelingen in het grotere geheel van de organisatie is een van de grootste struikelblokken geweest waardoor veel experimenten met gedeeld leiderschap vroegtijdig zijn gestopt.

Auteur en lector Jelle Dijkstra heeft verschillende experimenten en projecten bestudeerd. Dijkstra schreef samen met Paul-Peter Feld het boek *Gedeeld leiderschap*, dat in 2012 Managementboek van het Jaar werd. Nog steeds wordt nieuw leiderschap vaak vooral gezien als loslaten, maar volgens Dijkstra is de werkelijkheid precies omgekeerd. 'Een goed bestuurder laat niet los', zegt hij, 'maar zit er juist extra bovenop.'

Coachende cultuur
De meest essentiële stap in de richting van innovatie en 'agility', aldus Meijers, is dat aan een coachende managementcultuur wordt gewerkt. Leiders moeten worden benoemd die hun mensen de ruimte geven en ondersteunen. Een maatregel daarbij kan zijn dat leiders niet méér worden beloond dan bijvoorbeeld succesvolle professionals en commerciëlen. 'We hebben leiders nodig die gemotiveerd zijn door de drang iets goeds neer te zetten met hun afdeling', zegt Meijers. 'Niet door de drang naar geld en status.'
Bij Facebook wordt al zo gewerkt, vertelt Meijers. Als je bij dat bedrijf als manager wordt benoemd, krijg je geen salarisverhoging. En Facebook is niet voor niets een van de meest succesvolle nieuwe organisaties van de 21e eeuw.

Bron: Peter van Lonkhuyzen (www.managementteam.nl, 22 juli 2015)

Kader 4.6

4.12 Ben je een leider of een volger?

Binnen groepen zie je over het algemeen twee soorten groepsleden: leiders en volgers. Een groep heeft behoefte aan leiding, maar ook aan volgers, de een kan niet zonder de ander. Dit is een lastig proces dat niet altijd in balans is. Ieder groepslid is namelijk anders: de een zal meer willen sturen/leiden en de ander zal meer willen volgen. Leiders kunnen het gevaar lopen dat ze een groep te sterk willen sturen en volgers lopen het gevaar dat er over hen heen wordt gelopen. Contact maken is een wezenlijk onderdeel van groepen. Zonder contact met de ander kan een groep niet echt een groep worden.
Het lastige van 'leiden' en 'volgen' is dat ze elkaar in de weg kunnen zitten en zijn gekoppeld aan iemands persoonlijke kwaliteiten. Wanneer je het prettig vindt om de leiding te nemen in een groep, zul je minder aandacht hebben voor wat er leeft in de groep. Omgekeerd zal de gepassioneerde volger kunnen vergeten dat zijn ideeën ook waardevol zijn. Blijf dus altijd opletten voor de tegenpool en vraag zo nodig feedback aan de groepsleden. Met behulp van de Roos van Leary kun je in de gaten houden of je meer leidend of volgend bent. Je kunt ook de hierna weergegeven lijsten invullen.

Tabel 4.1 Scorelijst leiden/aansluiten, versie 1

Beantwoord onderstaande stellingen met ja of nee	Ja	Nee
In de groep ben je vooral zelf aan het woord		
Je maakt een planning en wijkt hier bij voorkeur niet van af		
Je bent vooral zelf aan het woord		
Je bewaakt de tijd optimaal*		
Je hebt meestal het laatste woord		
Je groepsdoelen worden meestal behaald*		
Je controleert of groepsleden je adviezen opvolgen		
Je groepsleden vragen je nogal eens om bevestiging van hun groepsopdrachten		
Jij weet vooral wat goed voor je groepsleden is		
Iedereen weet bij jou waar hij/zij aan toe is*		
Je zit meestal op dezelfde plek in de groep		
De groepsleden nemen weinig verantwoordelijkheid binnen de bijeenkomsten		
Je biedt structuur en vat veel samen*		
Er is weinig ruimte voor emoties binnen de groep		
Totaal ja/nee		

Meer ja dan nee? Je hebt een voorkeur voor leiden.

Tabel 4.2 Scorelijst leiden/aansluiten, versie 2

Beantwoord onderstaande stellingen met ja of nee	Ja	Nee
Binnen de groep zijn vooral deelnemers aan het woord*		
Je programma's wijken wel eens af van je planning omdat groepszaken voor gaan		
Je maakt gebruik van leren van en met elkaar*		
Je bijeenkomsten lopen weleens uit omdat er nog iets besproken moet worden		
Groepsleden mogen het laatste woord hebben*		
Productdoelen veranderen in jouw bijeenkomsten nog weleens in procesdoelen		
Controleren van opdrachten schiet er bij jou wel eens in, of je bespreekt ze na ten koste van andere onderdelen		
Groepsopdrachten worden niet altijd nabesproken*		
Je vertrouwt erop dat groepsleden weten wat goed voor hen is*		
Er zijn groepsleden die een 'lijn' missen in jouw plan van aanpak		
Je beweegt je vrijuit door de ruimte en wisselt van plek*		

Je groepsleden komen met leerwensen*		
Je inventariseert veel maar vergeet nog wel eens een afsluitende boodschap mee te geven		
Groepsleden uiten hun emoties binnen jouw bijeenkomsten		
Totaal ja/nee		

Meer ja dan nee? Je hebt een voorkeur voor aansluiten.

Tip

Neem de nee's met een sterretje nog eens door en maak er leerwensen van. Dit vergroot jouw balans tussen leiden en aansluiten!

4.13 De groep helpen bij het nemen van beslissingen

Groepen dienen regelmatig beslissingen te nemen. Een (autoritaire) leider zal hierin het voortouw nemen, maar de meeste groepsleiders zullen beslissingen bij voorkeur door de groep zelf laten nemen. Zoals eerder duidelijk is geworden, is in de controlefase de behoefte aan invloed erg belangrijk, zeker als het gaat om beslissingen nemen. Iedereen heeft zijn eigen manier van beslissen. Ook hier kunnen we kijken naar verschillen in dimensies. Aan het hieronder gekozen beslismodel ligt ten grondslag dat mensen op twee dimensies verschillen. Ten eerste verschillen ze in hun manier van denken. Sommige mensen zijn logisch en rationeel denkers. Ze beslissen op basis van een reden. Anderen zijn intuïtief. Ze beslissen op basis van ingeving, ze beslissen direct zonder dat ze dit beredeneerd hebben.

De andere dimensie is gebaseerd op de hoeveelheid alternatieven die iemand verwerkt. Sommige mensen willen informatie het liefst zo ordenen dat er geen dubbele alternatieven worden verwerkt. Anderen kunnen meerdere alternatieven tegelijk verwerken.

Als de twee dimensies in kaart wordt gebracht, levert dat vier beslisstijlen op: directief, analytisch, conceptueel en gedragsmatig.

Groepsdynamica

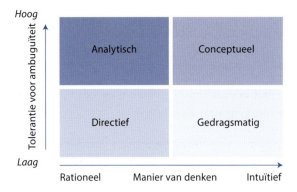

Figuur 4.9 Model van beslisstijlen

Directieve stijl
Mensen met een directieve stijl bekijken weinig alternatieven en denken rationeel. Zij werken efficiënt en logisch. Het betekent wel dat ze besluiten nemen op basis van minimale informatie. Ze hebben slechts een paar alternatieven overwogen. Directieve types nemen snel een besluit en kijken vooral naar de korte termijn.

Analytische stijl
Analytische beslissers denken rationeel en overwegen meer alternatieven dan directief ingestelde mensen. Ze willen veel informatie. Analytische managers gaan zorgvuldig te werk bij beslissingen.

Conceptuele stijl
Mensen met een conceptuele stijl houden van een veelomvattend totaalbeeld en overwegen veel alternatieven. Ze concentreren zich op de lange termijn en zijn er goed in creatieve oplossingen voor problemen te vinden.

Gedragsmatige stijl
Hier zien we personen die via samenwerking hun beslissingen nemen. Ze gunnen collega's en ondergeschikten hun successen. Ze staan open voor suggesties van anderen en bespreken veel ter wille van de communicatie. Dit type vermijdt conflicten en wil graag geaccepteerd worden.

Als begeleider is het handig als je elk van deze stijlen beheerst en kenmerken hebt van meer dan één van deze stijlen. Het is waarschijnlijk beter te spreken van één dominante stijl en een of meer mindere belangrijk aanvullende stijlen. Sommige begeleiders hanteren bijna altijd een dominante stijl; flexibele begeleiders veranderen van stijl al naar gelang de situatie.

Wil je je eigen leiderschapsstijl eens onderzoeken? Kijk dan eens op een van de testen op internet, bijvoorbeeld: www.123test.nl/leiderschap.

Hoe neem je een beslissing?
In groepen worden soms lastige beslissingen genomen omdat niet iedereen, of jij als begeleider zich er in kan vinden. Handige methodes om groepsbeslissingen te helpen nemen zijn:
- chaotische besluitvorming: het toeval beslist;
- magische besluitvorming: het besluit wordt gebaseerd op de wil van een hogere macht;
- deskundige besluitvorming: een deskundige neemt het besluit;
- autocratische besluitvorming: één persoon of een kleine elite beslist;
- democratische besluitvorming: besluitvorming bij meerderheid van stemmen;
- consensusbesluitvorming: besluitvorming op basis van overeenstemming;
- gemiddelde besluitvorming: de gemiddelde uitkomst beslist;
- sociocratische besluitvorming: besluitvorming op basis van consent (geen overwegend beargumenteerd bezwaar).

Aan elke methode kleven voor- en nadelen. Afgewogen moet worden bij welke besluiten welke methode het beste past. In ieder geval dient rekening gehouden te worden met de volgende criteria: een goed gebruik van tijd, kennis en inzichten; uitvoerbaarheid; verhouding tussen kosten en baten; een voldoende acceptatie van de beslissing.

Voorbeeld   Innovatie kan niet geïnstitutionaliseerd worden

'De gedachte dat innovatie geïnstitutionaliseerd kan worden of dat het gedaan kan worden in een formele sessie is gewoon fout', schrijft consulente Debra Kaye. Kaye is de auteur van het boek *Red Thread Thinking*, waarin ze probeert uit te leggen hoe je zelf verbanden tussen ideeën kunt scheppen en zo kunt innoveren. 'De kennis die wij hebben over het brein zegt ons ook waarom de beste nieuwe ideeën niet voortkomen uit brainstorming. Ten eerste maakt ons brein niet de benodigde verbindingen in een gedwongen omgeving. Er is te veel druk en te veel beïnvloeding door groepsgenoten. De "vrije associatie" die vaak wordt gedaan tijdens de sessies wordt dikwijls beperkt door groepsdruk en leidt daardoor tot voorspelbare antwoorden. Psychologen hebben de voorspelbaarheid van vrije associatie al uitgebreid in kaart gebracht.'
Managers spelen daarin volgens Kaye een negatieve rol. 'De leider doet wat leiders vaak doen: ze gaan domineren door zelf bepaalde woorden in de groep te gooien waar voorspelbare resultaten uit komen. Op deze manier sturen ze de "vrije" associatie van de groep.'

Kader 4.7

4.14 Conflicten

De behoefte aan invloed in de controlefase kan dusdanig sterk worden dat er conflicten ontstaan, bijvoorbeeld wanneer groepsleden het niet eens zijn met bepaalde beslissingen of de uitkomsten van een besluit. In contacten tussen mensen in groepen zijn conflicten onvermijdelijk. Regelmatig zullen er situaties zijn die niet direct tot een oplossing leiden. Inzicht in modellen als de eerder beschreven Roos van Leary of het kernkwaliteitenmodel kan ertoe leiden dat je ander, nieuw gedrag gaat uitproberen en daarmee minder last zult hebben van een conflict. Niet iedereen is echter bij machte om een conflict adequaat op te lossen. Ook lijkt het er soms op dat de wijze waarop met conflicten wordt omgegaan belangrijker is dan de uitkomst van het conflict.

Bij het hanteren van een conflict overweegt een individu als eerste twee strategieën, namelijk: zorg ik vooral voor mijzelf of houd ik vooral rekening met de ander (zie figuur 4.10)?

Figuur 4.10 Basisstijl binnen een conflict (Prein, 2002)

Het is tevens van belang dat groepsleden die conflicten willen oplossen over twee basisvaardigheden beschikken:
- Openstaan voor wat er leeft in de ander (en) dus de 'voelsprieten' vooral naar buiten richten.
- Kunnen 'metacommuniceren', dus afstand nemen van wat er zich afspeelt in de groep en het vermogen benutten om het conflict als het ware van bovenaf te bekijken. Hierdoor kun je je eigen handelen proberen los te koppelen van de emoties die je bij het conflict ervaart. Metacommunicatie wordt ook wel de boodschap over de boodschap genoemd. Het geeft informatie over de relatie tussen de groepsleden en de sfeer waarin het (dreigende) conflict plaatsvindt.

Open staan voor anderen en metacommuniceren zijn essentiële maar moeilijke vaardigheden. Met name het openstaan voor anderen kun je jezelf aanleren door je letterlijk te richten op de ander. Door zelf even te stil te zijn en de ander te observeren, naar de ander te luisteren en je in te leven in het gevoel van de ander, zul je dit sterker kunnen ontwikkelen

Metacommuniceren is tevens een complexe vaardigheid. Je moet het vermogen hebben om even uit het proces te stappen en te benoemen wat er volgens jou speelt. In paragraaf 4.16.2 wordt een mooi voorbeeld van metacommunicatie gegeven.

Het Thomas-Kilmannmodel

Er zijn diverse gedragswetenschappers die zich hebben beziggehouden met het ontwikkelen van modellen om conflicten op te lossen. Het wereldwijd populairste model op dit terrein is het *conflict mode instrument* van Kenneth W. Thomas and Ralph H. Kilmann, beter bekend als het Thomas-Kilmann model.

Figuur 4.11   Gedragsstijlen binnen conflicthantering van Thomas en Killmann

Zij gaan ervan uit dat het omgaan met conflicten (of beter: tegenstrijdige belangen), altijd een spanningsveld oplevert tussen twee menselijke neigingen. Aan de ene zijde is dat *assertiviteit*: de wens om je (eigen) doelen door te drukken, de opdracht te realiseren. Aan de andere kant is dat *coöperativiteit*: de wens om de relatie goed te houden, om het proces soepel te laten verlopen. Dit spanningsveld hebben Thomas en Kilmann in een assenmodel geplaatst waarmee zij vijf verschillende manieren karakteriseren om met tegenstrijdige belangen om te gaan: doordrukken, vermijden, samenwerken, toegeven of een compromis sluiten. Met behulp van figuur 4.11 zijn er vijf gedragsstijlen te onderscheiden. Iedere stijl heeft zijn voor- en nadelen. Het hangt af van de situatie welke stijl de voorkeur verdient. Daarom zouden mensen die regelmatig professionele gesprekken voeren, en dus te maken kunnen krijgen met conflicten, alle vijf de stijlen in hun gedragsrepertoire moeten hebben. Ieder mens heeft echter een voorkeursstijl.

Forceren

Forceren is een stijl waarbij je vooral rekening houdt met je eigen belangen; aan de belangen van de ander wordt weinig waarde gehecht. Personen die deze stijl (vooral) gebruiken, zullen niet op veel positieve reacties van anderen kunnen rekenen voor hun conflictstijl. Toch zullen zeker groepsleiders deze stijl wel eens moeten hanteren om groepsleden of cliënten te dwingen hun gedrag aan te passen. Te denken valt aan het handhaven van bepaalde elementaire regels binnen het bedrijf. Impopulaire maatregelen, waar niet over te onderhandelen valt, vallen hieronder, maar ook zaken als het innemen van belangrijke medicatie of het nemen van maatregelen ter voorkoming van eigen of andermans gevaar.

Samenwerken/confronteren

Door *de confrontatie aan te gaan* kom je op voor je belangen, maar houd je ook rekening met de andere partij. Het conflict wordt erkend en in die zin wordt er aandacht aan besteed. Door de ander te confronteren met het conflict zal de ander er iets mee moeten. In het gunstigste geval is er bereidheid tot samenwerking, wat kan leiden tot een win-winsituatie. Voel je als groepslid of groepsbegeleider dat er iets speelt tussen jou en het team of tussen jou en een medegroepslid, confronteer de ander dan door de situatie bespreekbaar te maken. Gebruik hiervoor zinnen met een 'ik-boodschap' (ik wil, ik voel, ik zie, ik denk...). Dit geeft meer ruimte tot nadenken dan de (beschuldigende) 'jij-boodschap'. Bedenk hierbij wel dat het begrijpen van ik-boodschappen een bepaald inlevingsniveau vereist. Dit is niet aanwezig bij ieder mens.

Onderhandelen/compromis

Er kan ook een situatie ontstaan dat beide partijen 'water bij de wijn' doen. In dat geval is er sprake van een *compromis*. Een strategie die daarbij aansluit, is onderhandelen. Onderhandelen met de groep zal tot een gunstiger eindresultaat leiden. Het zoeken naar doelen die voor iedereen acceptabel zijn en de ingewikkelde situaties niet als lastig zien maar meer als een *uitdaging*, zijn prima hulpbronnen om conflicten op te lossen.

Aanpassen

Soms zul je als groepsleider wel eens moeten toegeven en een conflict *toedekken*. De ander(en) krijgen in dit geval 'hun zin'. Dit kan op een moment gebeuren dat je bij een bepaalde handeling de plank hebt misgeslagen. Je hebt misschien te snel een conclusie getrokken over het functioneren van een medewerker, terwijl er externe omstandigheden waren, waar je geen rekening mee had gehouden. In deze situaties zul je als begeleider enigszins gezichtsverlies kunnen ervaren, echter het kan ook meer respect afdienen bij diezelfde groepsleden. Ook een tussenvorm waarin de leider wat bedenktijd vraagt om over de visie van de ander(en) na te denken past goed binnen deze stijl. Voorbeeld: 'Ik wil daar best met jou over discussiëren maar niet nu, ik heb na de lunchpauze wel tijd voor je.'

Ontlopen

Bij de laatste stijl, *ontlopen*, wordt zowel het groepslid als de leidinggevende niet gezien, maar ook dit is niet altijd een slechte keus. Gedrag negeren kan tot uitdoving van gedrag leiden. Belangrijk is wel om op het volgende te letten. Door gedrag te negeren kun je ongemerkt ook een signaal afgeven dat je het goedkeurt. Een begeleider die niet reageert op ongewenst gedrag tussen twee groepsleden, kan bij de groep, die aan aandacht (positief of negatief) gewend is, de indruk wekken dat hij het gedrag goedkeurt. Negeren van ongewenst gedrag wil niet zeggen dat dit gedrag toegestaan is. Beter is het om mensen die goed samenwerken te belonen met positieve aandacht, bijvoorbeeld door die groepsleden in het zonnetje te zetten, of geld vrij te maken voor scholing.

Conflicten kunnen ook voortkomen uit situaties waar je als begeleider niet altijd invloed op hebt. Aanleidingen voor conflicten in groepen treden sneller op bij organisatieproblemen of als een groepslid persoonlijke, sociale of psychische problemen heeft. Wanneer zowel de groepsbegeleider als de groepsleden zich (kunnen) verdiepen in de juiste aanpak van een conflict, zal escalatie van een conflict meestal voorkomen worden.

Tot slot kunnen conflicten ook ontstaan als er te veel competitiegericht wordt gewerkt. Als er binnen een groep te veel nadruk wordt gelegd op prestaties, kan frictie ontstaan. In een groep kan bijvoorbeeld een teveel aan competitie-elementen leiden tot een verhoogde kans op conflicten. Daarnaast kunnen er conflicten ontstaan als er een tekort aan belangrijke middelen ontstaat. Soms ontstaan er conflicten door reacties op een negatieve houding van een of meerdere groepsleden, zoals dreigen of dwarsliggen. Persoonskenmerken van groepsleden kunnen ook bijdragen aan conflicten. Mensen met een competitieve manier van handelen, of mensen die weinig vertrouwen in anderen hebben, zullen sneller conflicten veroorzaken. Ga dus altijd op zoek naar de oorzaak van een conflict. Bedenk ook dat conflicten al langer kunnen bestaan maar niet altijd zichtbaar zijn. Bij bepaalde onderwerpen kunnen ze opeens weer 'oplaaien'. Het oplossen van een conflict is essentieel om als groep een stabiele, positieve groepsrelatie te verkrijgen.

4.15 Macht en machtsmisbruik in de groep

Ook macht, of machtsmisbruik, heeft een grote invloed op groepsgedrag. Zoals we eerder hebben geconstateerd, heeft een deel van de groepsleden een voorkeur voor het 'zich laten gelden'. Door het tonen van invloedrijk gedrag in woord of in daad doen groepsleden een 'aanval' op de autoriteit van de groepsleider. Groepsleden kunnen beïnvloed worden omdat zij gehoorzamen aan deze autoriteit, die een capabele groepsleider uitstraalt. Wanneer die autoriteit mensen positief wil beïnvloeden, bijvoorbeeld een arts die een leefwijze voor een patiënt voorschrijft, wordt dit meestal niet als een probleem ervaren. Maar wanneer men autoriteit aanwendt om groepen negatief te beïnvloeden, zullen de meeste mensen hierop tegen zijn. Toch kunnen dezelfde mensen onder invloed van een autoriteit gedrag vertonen dat sterk afwijkt van hun eigen morele en ethische standaard.

Groepsdynamica

In een bekend experiment van Stanley Milgram waarbij proefpersonen (fictieve) schokken aan (geïnstrueerde) deelnemers toedienen, kun je zien hoe ver mensen gaan om te gehoorzamen aan een autoriteit. Ook het Stanford Prison-experiment, dat verderop in dit hoofdstuk wordt besproken, laat zien dat macht(smisbruik) kan ontstaan door de situatie waarin mensen verkeren. Door machtssymbolen kunnen onder bepaalde omstandigheden mensen veranderen in volgzame dienaren. Bij Milgram ging het om individuele autoriteit, bij Stanford om de macht van een instituut, een systeem van overheersing. Eenzelfde fenomeen deed zich in 2004 voor, toen beelden over mishandelingen van Iraakse gevangenen in een Amerikaanse gevangenis op televisie werden vertoond.

Voorbeeld — Kabinet weigert gevangenen Guantánamo Bay

Nederland is voorlopig niet bereid om gevangenen van Guantánamo Bay over te nemen, zolang de Amerikaanse regering geen 'betekenisvolle stappen' heeft gezet om de gevangenis te sluiten en andere gevangenen te berechten.

Vorige week gaf minister Bert Koenders (PvdA) van Buitenlandse Zaken antwoord op Kamervragen hierover. Dit besluit zet de relatie tussen Nederland en de Verenigde Staten onder druk, meldt de Volkskrant dinsdag op basis van bronnen.

Teleurstelling
Er zou in Washington onbegrip en teleurstelling heersen over de Nederlandse beslissing. Andere Europese landen hebben zich wel bereid getoond om gevangenen over te nemen.
'We hebben maanden op hoog niveau hierover gesproken, we zijn aan het lijntje gehouden,' zegt een diplomaat in Washington tegen de krant. Een andere hoge Amerikaanse bron spreekt van een 'vlek in de verhoudingen'.

Bron: *Elsevier*, 30 januari 2016

Afbeelding 4.3   Gevangenen van Guantánamo Bay

Kader 4.8

Macht en beïnvloeding
Waarom gehoorzamen mensen een ander, en hoe kan het dat mensen macht hebben over elkaar? Gehoorzaamheid is een gedragsverandering als gevolg van een bevel van een autoriteit. Je kunt je afvragen of iemand ook bereid is bevelen van een onbekende uit te voeren als deze bevelen voor medemensen ernstige negatieve gevolgen hebben. De geschiedenis illustreert dat dit helaas vaak het geval is. De persoonlijkheid van het individu speelt daarbij een rol. Sommige personen zijn in bepaalde situaties veel gehoorzamer dan anderen. Maar nog belangrijker is het feit of iemand al dan niet vatbaar is voor destructieve gehoorzaamheid. Tot slot lijkt de situatie waarin iemand zich bevindt de belangrijkste factor te zijn.

Een wel bijzonder opvallend kenmerk van Milgrams procedure is dat de proefleider *geen* uitzonderlijk machtige figuur of autoriteit is, hoewel hij wel onderzoeksleider is. Het zou kunnen zijn dat dat een zeker ontzag bij de proefpersonen afdwingt. In tegenstelling tot een militaire bevelhebber, een werkgever of een docent, kon de proefleider de opvolging van zijn bevelen niet afdwingen als iemand bleef weigeren. Niettemin speelden zijn fysieke aanwezigheid en zijn ogenschijnlijke legitimiteit een belangrijke rol bij het aanzetten tot gehoorzaamheid. Toen Milgram de status van de proefleider verlaagde door het experiment te verplaatsen van de gerenommeerde universiteit van Yale naar een vervallen kantoorgebouw in de stad, daalde de gehoorzaamheidsscore. Toen de proefleider door een gewone burger vervangen werd, zogenaamd een andere deelnemer, daalde het gehoorzaamheidspercentage nog meer. De fysieke aanwezigheid van een gerenommeerde gezaghebbende is dus een noodzakelijke voorwaarde voor destructieve gehoorzaamheid, althans in een setting vergelijkbaar met die van Milgram. Ook situationele factoren zoals de afstand tot de situatie waarin het slachtoffer zich bevindt, spelen een belangrijke rol bij destructieve gehoorzaamheid.

In het dilemma waarmee de proefpersonen in Milgrams experiment werden geconfronteerd, vallen twee heel belangrijke aspecten van de experimentele procedure op. Ten eerste hadden de proefpersonen het gevoel helemaal geen verantwoordelijkheid te dragen voor het welzijn van het slachtoffer. Aan het begin van het experiment nam de proefleider immers alle verantwoordelijkheid op zich. Als onderzoeksdeelnemers zelf verantwoordelijk gesteld worden, daalt de mate van gehoorzaamheid aanzienlijk. Het tweede element dat de proefpersonen in het Milgram-experiment aanzet tot gehoorzaamheid, is de graduele toename van de intensiteit van de schok. Deze onafwendbare escalatie resulteerde uiteindelijk in het toedienen van de maximale schokken. Toenames van 15 volt zijn erg klein in vergelijking met het niveau van de voorafgaande schok.

Ook nu, in een tijdperk van dreiging met wereldwijde conflicten, fanatisme en terrorisme, blijkt het fenomeen van gehoorzaamheid aan een autoriteit met zijn implicaties en vertakkingen zo belangrijk dat het sociaalpsychologen wereldwijd blijft inspireren.

Macht en verschijningsvormen
Mensen die veel autoriteit bezitten, kunnen worden bestempeld als mensen met macht. Macht kan een constructieve of een destructieve invloed hebben. Er zijn groepsleden die een grotere behoefte hebben aan invloed dan anderen. Deze mensen willen dat de groep openstaat voor hun wensen. Soms is dit een natuurlijke behoefte van een mens, de behoefte aan controle, soms heeft het te maken met persoonskenmerken. Macht kan worden omschreven als het vermogen om de resultaten voor jezelf, voor anderen en voor de omgeving te beïnvloeden. Macht kan direct worden aangewend via interacties met anderen, of indirect via groepsnormen en waarden. Een voorbeeld hiervan is een begeleider die niet toestaat dat er wordt gerookt tijdens groepsbijeenkomsten.

Verder wordt er onderscheid gemaakt in coöperatieve en competitieve macht. In coöperatieve machtssituaties wordt de macht meer ondersteunend en meer op overredingskracht ingezet. Het doel is dan meestal om gezamenlijk verder te komen. Als er bijvoorbeeld via gezamenlijk overleg een groepsuitje moet worden georganiseerd, maar men niet tot een goed idee komt, kun je als begeleider het aantal keuzemomenten beperken.

In een competitieve context wordt macht meer gebruikt om eigen voordelen te behalen zonder rekening met de ander te houden. Een andere – meer acceptabele – vorm van macht is sociale dominantie. Mensen die sociaal dominant zijn, hebben een dominante positie binnen een groep verworven zonder hierover veel conflicten te hebben. Het aangaan van bondgenootschappen met anderen maakt deel uit van hun machtspositie. Daarnaast bezitten deze mensen kenmerken als een goede gezondheid, kracht, productiviteit en succes. Zij worden bewonderd, gehoorzaamd en sympathiek gevonden.

In de theorie worden de volgende zes machtsbronnen gedefinieerd:
- Beloningsmacht: iemand beïnvloeden door middel van een beloning of onthouden van straf.
- Afgedwongen macht/bestraffingsmacht: iemand beïnvloeden door te dreigen met straf of het onthouden van beloningen.
- Legitieme macht: gezag; de groepsleden geloven dat er invloed over hen uitgeoefend moet worden.
- Expertisemacht: groepsleden schrijven de machthebbende vaardigheden en competenties toe op basis van kennis/deskundigheid.
- Referentiemacht: groepsleden laten zich beïnvloeden op basis van prestige van of bewondering voor de machthebbende.
- Informatiemacht: groepsleden willen graag beschikken over informatie die niet via een andere weg te verkrijgen is.

Stanford Prison Study
Een klassiek experiment van Zimbardo (1975) naar het optreden van macht is de zogenoemde Stanford Prison Study. Dit spraakmakende sociaalpsychologische

experiment werd in 1971 uitgevoerd in de kelders van de Universiteit van Stanford. Tijdens dit experiment werden studenten willekeurig in twee groepen opgesplitst: een gevangenengroep en een bewakersgroep. Na korte tijd begonnen de studenten zich naar hun rol te gedragen; gevangenen werden onderdanig en bewakers kwamen in de verleiding om hun macht te misbruiken.

Het experiment werd stopgezet toen Christina Maslach, een studente die interviews afnam in de 'gevangenis', kritiek op de mensonterende omstandigheden uitoefende. Slechts zes dagen van de geplande twee weken waren volbracht. Zimbardo merkte nog op dat van de vijftig buitenstaanders die de gevangenis van binnen hadden gezien, Maslach de enige was die vraagtekens bij de moraal ervan had gezet.

Het experiment toont de dramatische gevolgen voor normale, gezonde studenten die in een namaakgevangenis werden gestopt. Het is een duidelijk voorbeeld van hoe mensen kunnen reageren wanneer zij macht krijgen.

Waar bestond het experiment precies uit? Een groep van 24 doorsnee Amerikaanse jongens uit de middenklasse, die aan het begin van het experiment niet van elkaar verschilden, zouden twee weken lang bewaker of gevangene zijn in een namaakgevangenis. Het toeval bepaalde de rolverdeling. Twaalf jongens mochten een uniform aandoen en kregen als opdracht 'zorg voor orde maar gebruik geen geweld'. De twaalf anderen kregen gevangeniskleding aan. Zimbardo en zijn collega's wilden weten wat er in zo'n sociale situatie kon gebeuren.

Al snel gebruikten de bewakers 'opdrukken met een voet op de rug' als straf. Protesten werden met de brandblusser neergeslagen. Een andere gebruikte straf was het zich publiekelijk laten uitkleden. Eenzame opsluiting werd ook toegepast. De agressie van de bewakers werd sterker naarmate het onderzoek vorderde. Sommige bewakers hadden er lol in om de gevangenen zeer wreed te behandelen, als beesten. Niemand van de deelnemers gaf aan te willen stoppen met het experiment.

Op een bepaald moment gebeurden de mishandelingen 's nachts omdat men dacht dat de onderzoekers dan niet keken. De meerderheid van de deelnemers was niet langer in staat een onderscheid te maken tussen hun rol en hun eigen ik. In bijna elk onderdeel van hun gedrag, gedachten en gevoelens was er verandering te zien.

Niet enkel de proefpersonen gingen tot het uiterste, ook de onderzoekers trapten in hun eigen val. Ze hadden buitenstaanders nodig om in te zien wat ze aan het doen waren. Toen een collega Zimbardo een technische vraag stelde, reageerde hij niet als wetenschapper, maar als gevangenisdirecteur. Pas toen Christina Maslach, een nieuwe collega, boos werd over het feit dat de gevangenen met een zak over het hoofd en aan de enkels geketend naar de wc werden geleid, besefte Zimbardo dat er iets fout ging. Na zes van de veertien voorziene dagen werd het experiment stilgelegd.

De resultaten van de experimenten worden ook gebruikt om het optreden van discriminatie aan te tonen. In een recent gedaan experiment bij televisieomroep

BNN werden onwetende mensen met bruine ogen onder druk gezet om mensen met blauwe ogen te vernederen. Ze werden hiertoe aangezet door de groepsleidster, die zeer dominant en overredend was.

Het programma is gebaseerd op een experiment uit 1968 van Jane Elliot, onderwijzeres op een basisschool in het blanke Riceville, Iowa, die haar leerlingen wilde laten ervaren hoe het voelde om vernederd te worden of buitengesloten zoals zwarte mensen in die tijd.

Voorbeeld   Het grote racisme-experiment

'In deze tijd van het jaar veranderen de esdoorns in de prachtigste kleuren: rood, goud, oranje en geel,' vertelt een grijze dame achter het stuur terwijl ze traag door de straten van Riceville, Iowa rijdt. 'De mensen komen van heinde en verre om de bomen te bewonderen. De stad is er trots op. Maar, mensen met een kleur mogen hier niet wonen. *We love colours in our trees, but we do not want it in our skin.*'
Het is een scène uit de documentaire *Blue Eyed* (1996) die Bertram Verhaag jaren geleden maakte over Jane Elliott (Riceville, 1933), de bestuurster in bovenstaand fragment en bedenkster van het veelbesproken blauwe ogen/bruine ogen-experiment, dat mensen op onorthodoxe wijze ertoe aanzet om na te denken over racisme.
Het begon allemaal in 1968, het jaar waarin Martin Luther King werd vermoord. Jane Elliott is dan onderwijzeres op een basisschool in het 'blanke' stadje Riceville. Ze wil een dag na de moord haar tienjarige pupillen uitleggen waarom King is doodgeschoten. Geconfronteerd met racistische vooroordelen besluit de lerares om haar klas in tweeën te splitsen: één groep bestaat uit kinderen met bruine ogen en één groep wordt gevormd door blauwogige leerlingen. De bruinogen krijgen meer privileges en complimenten. De blauwogen, die een gekleurd sjaaltje moeten dragen, worden gekleineerd en mogen minder dan de bruinogen. Onder invloed van Elliott gedragen de bruinogen zich al snel als superieure monstertjes tegenover de blauwogen. Later draait ze de privileges om. Het is een oefening waarmee Elliott de groep wil laten voelen hoe het is om vernederd te worden, om altijd maar te moeten vechten voor je rechten.
Het experiment deed veel stof opwaaien in een land dat nog maar net zijn rassensegregatiewetgeving had afgeschaft. Inmiddels is Elliott al lang geen onderwijzeres meer, maar reist ze sinds de jaren tachtig de hele wereld over om volwassenen (vrijwillig) te onderwerpen aan haar *blue eye/brown eye*-workshops.

Belang van het experiment
Aangezien de deelnemers aan het experiment geselecteerd waren op hun psychologische stabiliteit, toont het aan dat ieder mens in staat is om vrij snel in een sadist te veranderen op het moment dat deze enerzijds denkt dat hij/zij overal straffeloos mee wegkomt en anderzijds onder druk staat van een groep. Daarnaast is waarschijnlijk ieder mens geneigd in apathie te vervallen wanneer hij of zij in een onderdanige rol wordt gedwongen.

Kader 4.9

Groepsleden met weinig macht

Ook naar groepsleden met weinig macht zijn onderzoeken verricht. We spreken hier ook wel over minderheidsinvloed. Mensen die over weinig macht beschikken, kunnen ten prooi vallen aan onderdrukking. Onderdrukking bestaat uit het ervaren van herhaalde, wijdverbreide en systematische vormen van onrecht die deel uitmaken van een heersend rechtsstelsel. Bij onderdrukking is er vaak sprake van vastgelegde normen en regels die met geweld in stand gehouden worden. Dit heeft uiteindelijk een funeste uitwerking op de zelfwaardering van de onderdrukte, waardoor hij gaat geloven in het systeem.

Welke lessen kunnen mensen met weinig macht trekken uit groepsdynamisch onderzoek? In ieder geval moeten ze:
- de groepsdoelen die men als groep heeft verhelderen en aldus de onderlinge samenhang vergroten/versterken;
- op zoek gaan naar middelen die zelfstandig, dus zonder inbreng van de machthebbers, te verkrijgen zijn waardoor men de machthebbende minder nodig heeft;
- zich profileren als 'belanghebbende' zodat de machthebbende niet zonder de bijdrage van de minder machtige kan;
- blijven onderhandelen over de positie, met als inzet de positie te verbeteren. Hiervoor kan het nodig zijn om over onderhandelingsvaardigheden en overredingskracht te beschikken. Ook kan het gebruik van juridische procedures hierbij een rol spelen.

Trotseren: soms verzetten mensen zich tegen autoriteit

De constatering dat talrijke factoren blinde gehoorzaamheid bevorderen, is voor velen een reden voor pessimisme over de menselijke natuur. Toch gaat de blinde gehoorzaamheid niet altijd op. Sociale beïnvloedingsprocessen veroorzaken niet alleen onderdanigheid tegenover een gezagsdrager, maar kunnen evengoed tot opstand en verzet leiden.

Is het eenvoudiger een groep onder controle te houden dan het gedrag van een individu?

Voorbeeld Een onderzoek naar verzet

William Gamson en zijn collega's deden zich voor als vertegenwoordigers van een marketingbedrijf en rekruteerden deelnemers voor een zogenaamde discussie over 'maatschappelijke normen'. Groepen van negen deelnemers vernamen dat de discussie ten behoeve van een grote oliemaatschappij op video zou worden opgenomen. De proefleider, die de discussie modereerde, zei echter dat de oliemaatschappij hem gevraagd had om opinies te verzamelen die konden helpen om de zaak te winnen.
Er was slechts één van de drieëndertig groepen die enigszins aan dit verzoek wilde geven. Alle andere groepen waren verbolgen over het gedrag van de experimentator en weigerden nog verder mee te werken.

Kader 4.10

Waarom lokte het onderzoek van Gamson en zijn collega's een dergelijke mate van actief en vaak passioneel geladen protest uit, terwijl het experiment van Milgram zo'n passieve gehoorzaamheid uitlokte? Een van de fundamentele verschillen is dat de proefpersonen in de studies van Milgram individueel aan het experiment deelnamen, terwijl de deelnemers aan het Gamson-experiment in een groep opereerden.

In de beschrijving over minderheidsinvloed zagen we dat individuen uit de loutere aanwezigheid van één medestander overtuigingskracht putten om een afwijkende mening te verdedigen die ingaat tegen een nagenoeg unanieme meerderheid. Dezelfde regel geldt misschien ook voor gehoorzaamheid.

Maar groepen bieden geen sluitende garantie tegen destructieve gehoorzaamheid en kunnen zelfs aanzetten tot agressie. Groepen hebben dus duidelijk macht over groepsleden. Die groepsmacht kan destructief of constructief worden aangewend. De aanwezigheid en steun van anderen geeft vaak dat beetje extra moed dat noodzakelijk is om agressieve anderen te trotseren.

Voorbeeld De val van de muur

> De Duitse plaats Leipzig werd in het najaar van 1989 het nationale symbool van verzet tegen het communistische SED-regime. De zogeheten Montagsdemonstrationen werden een begrip. Op maandag 4 september gingen voor het eerst enkele honderden burgers de straat op, op 25 september waren het er al 5.000 en op 2 oktober 25.000. Cruciaal voor Leipzig en de hele DDR werd de betoging op 9 oktober toen 70.000 mensen de straat opgingen roepend 'Wir sind das Volk', en 8.000 man politie en leger klaarstonden om met geweld in te grijpen. Door moedig optreden van een zestal kopstukken van de stad, onder wie dirigent Kurt Masur en twee partijbonzen van de lokale SED, werd een bloedbad voorkomen. Op 23 oktober demonstreerden 250.000, op 30 oktober 300.000 mensen voor democratie en vrijheid. De grootste betoging in Leipzig was die op 6 november met 500.000 demonstranten. Drie dagen later viel de Muur in Berlijn, hetgeen het einde van de DDR inluidde.

Kader 4.11

Groepsnormen en macht

Macht heeft vaak een verband met conflicten. Macht wordt dan als middel gebruikt om groepsleden iets te laten doen wat zij niet willen. Soms wordt macht indirect opgelegd door middel van het wijzen op groepsnormen (zie ook hoofdstuk 2).

4.16 Bedreigingen voor de groep in de controlefase

Hoewel veel situaties lastig zijn, kunnen sommige specifieke situaties als extra lastig worden ervaren. Het specifieke hiervan is dat het situaties in de controlefase zijn.

4.16.1 De aanwezigheid van informele leiders

In groepen (bijvoorbeeld in je eigen klas) is er vaak één student die de 'beste van de klas' lijkt te zijn. Hij of zij valt al snel op door zijn intelligentie, daadkracht of handigheid. In wat meer negatieve groepen kan het ook degene zijn die de machtsstrijd om de leiding met andere groepsleden of met de groepsbegeleider wil aangaan om zo zijn positie te verstevigen. Omdat deze persoon niet de leiding heeft, maar deze wel neemt (vrijwillig of gedwongen, omdat hij geen leiding van de groepsleider ervaart) noemen we dit groepslid een informele leider. Een (informele) leider kan met name de groepsbegeleider, maar ook de groepsleden in een vervelende situatie brengen. In klassen zal hij bijvoorbeeld de kennis van de docent in twijfel trekken, in trainingssituaties de werkwijze ter discussie stellen of in groepen met cliënten de procedures, opgesteld door de begeleider, in twijfel trekken. Veel begeleiders zien de komst van een informele leider met zorg tegemoet. Zij beseffen echter niet dat zij meestal zelf de situatie hebben gecreëerd door zelf te weinig sturing te geven, of zich, bijvoorbeeld in het geval van lesgegeven of trainen, te weinig in het onderwerp te hebben verdiept.

Zodra je als groepsbegeleider te maken krijgt met een informele leider, is het zaak om er goed mee om te gaan. Dit doe je door eerst bij jezelf na te gaan of je de groep wel voldoende te bieden hebt en serieus neemt. Ook kun je je afvragen of er in de inclusiefase wel voldoende aandacht is besteed aan het uitzetten van regels, procedures en de beginsituatie van de groep. Als je desondanks de behoeften van dit groepslid niet hebt kunnen vervullen, pak je de situatie met de informele leider op door hem zijn invloed te geven, maar dan wel met mate. Je kunt gebruik van hem maken en moet hem niet, uit angst of andere motieven, negeren. Deze persoon heeft namelijk veel te bieden. Als andere groepsleden het bijvoorbeeld vaak met hem eens zijn, is het zinvol om zijn mening serieus te nemen en er met elkaar over te discussiëren. Natuurlijk is het wel belangrijk dat het hier gaat om een vrije mening van de groepsleden en zij niet met door dwang onder druk gezet zijn door deze leider.

Een grote rol voor jou als begeleider is dat je probeert uit een discussie met de informele leider te blijven, door discussieleider en geen discussiepartner te zijn. Als je toch het idee hebt dat de informele leider te veel invloed op de groep heeft, kun je een discussie in subgroepjes organiseren of een stillewanddiscussie (de discussie wordt dan via een flap op de muur gehouden, of via sociale media).

Casus — Informele leider

In een les voor studenten verpleegkunde wordt het omgaan met terminale patiënten besproken. De docent vertelt stapsgewijs de verschillende fasen van rouw en wat deze betekenen voor een doodzieke patiënt. Een student, Marieke, die vanwege haar ervaring in de ouderenzorg regelmatig een actieve rol in de groep speelt, trekt het verhaal van de docent in twijfel en verkondigt luid dat het in de praktijk toch echt anders gaat.

Wat doe je hiermee als docent? Voel je deskundigheid in twijfel getrokken, nog wel voor de hele klas, of zie je het juist als een mogelijkheid om je eigen kennis eens onder de loep te nemen?

Je kunt als docent vervolgens in de klas vragen wie het verhaal van Marieke ook herkent, maar aangezien de meeste studenten de ervaring van Marieke missen, zal het waarschijnlijk stil blijven in de groep. De invloed van Marieke in de groep is waarschijnlijk zo groot dat medestudenten geen antwoord hebben op deze vraag.

Dan ga je als volgt te werk. Je bedankt Marieke voor haar inbreng en vraagt vervolgens om in kleine groepjes te verkennen hoe het werkelijk zit. Bij de nabespreking blijkt dat er veel herkenning voor beide standpunten is. Jij behoudt je positie als deskundige en Marieke wordt ook in haar waarde gelaten.

Als groepsbegeleider is het heel belangrijk om in de gaten te houden dat ook deze 'leiders' genoeg uitgedaagd worden. Dat kan door hun uitdagende vraagstukken aan te bieden of, als het om gedragsvaardigheden gaat, te laten zien welk effect hun gedrag op anderen kan hebben. Deze groepsleden zijn zich meestal sterk bewust van het feit dat zij invloed hebben en voelen een sterke drang om leiding te nemen. Dat brengt naast risico, ook een verantwoordelijkheidsgevoel met zich mee, dat zij eigenlijk niet hoeven te hebben omdat er formeel al een groepsbegeleider is. Dit kan hen onbewust angstig maken om iets van zichzelf te laten zien en daarbij de misschien de fout in te gaan. Soms overschreeuwen zij deze angst, waardoor je als begeleider juist een verkeerde interventie doet. Voer een open gesprek over de leerwensen van deze deelnemer. Misschien is hij niet gelukkig met zijn rol. Moet hij leren om anderen de ruimte te geven, of heeft hij een geschiedenis opgebouwd waarin het belangrijk was dat hij vooral de leiding nam, bijvoorbeeld in het gezin. Misschien heeft dit groepslid meer nodig, heeft deze student meer uitdaging nodig in het onderwijs of zit hij in de verkeerde opleiding of training.

4.16.2 'Afgemaakt' door de groep

Een nachtmerrieachtig gevoel is het gevoel te worden 'afgemaakt' door de groep. Wat gebeurt er? In kleine of grote stappen ben je het contact met de groep kwijtgeraakt, of erger nog, je hebt ze in de kou laten staan, terwijl je hun iets had beloofd. Misschien was je te vol van je eigen verhaal en ben je de groep uit het oog verloren, heb je de veiligheid niet genoeg gewaarborgd of te weinig energie in de voorbereiding gestoken waardoor het lijkt of je de groepsleden niet serieus neemt. Je voelt dat je de grip op je groepsleden kwijtraakt en zij

voelen dat ook. Als je dit gevoel niet signaleert en of er niets mee doet, kan de samenwerking met de groep verstoord raken en uiteindelijk verdwijnen.
Is er nog wat aan te doen? Ja, zeker, maar het vraagt wel wat van jou, als begeleider.

| **Voorbeeld** | Stappenplan |

Er bestaat een stappenplan waardoor je – mits je het goed doorloopt – het contact met de groep kunt herstellen, misschien wordt het zelfs wel beter dan ooit.

Stap 1
Herken de signalen: de groep is passief, gebruikt smoezen, geeft verpakte feedback of helemaal geen reacties, komt te laat enzovoort. Al met al is er geen betrokkenheid. Je wordt alert op dat er iets speelt.

Stap 2
Benoem als begeleider wat je voelt, ziet, hoort, wat jou opvalt enzovoort, en bespreek dit met de groep vanuit de ik-vorm. Zeg bijvoorbeeld: 'Het valt mij op dat jullie niet op mij reageren.' Je maakt dan gebruik van metacommunicatie.

Stap 3
Laat de groep met reacties komen; dit bereik je het beste door een open houding en door een uitnodigende stilte te laten vallen. Let ook op hoe je er bij staat of zit, en of je uitnodigend genoeg bent naar de groep. Kortom, let op je nonverbale uitstraling terwijl je dit uitspreekt.

Stap 4
Luister goed naar de reacties! Wat is er precies aan de hand? Wat nemen ze je kwalijk? Controleer met behulp van een samenvatting en/of een gevoelsreflectie of je de feedback goed begrepen hebt. Daag de groepsleden een beetje uit als ze te voorzichtig zijn in hun opmerkingen. Het is echt belangrijk om te weten waar het om gaat, anders kun je niet naar de volgende stap.

Stap 5
Bied excuses aan voor je tekortkoming(en)! Voor sommige begeleiders is dit een onmogelijke opgave omdat zij eigenlijk vinden dat de groep tekort is geschoten. Als dit echter het geval is, komt de groep daar vervolgens zelf wel mee, zeker als ze vinden dat jij geen excuses hoeft te maken omdat ze zelf ook fout waren. Excuses maken is tevens prachtig voorbeeldgedrag, maar wees wel oprecht. Sorry zeggen om 'ervan af te zijn', werkt niet. Laat het excuus even doorklinken, en wacht even met verder praten. Ongetwijfeld komen er reacties uit de groep. Sommige groepsleden voelen zich er ongemakkelijk bij, een begeleider die excuses maakt zullen ze niet vaak zien. Meestal zullen de groepsleden je respecteren om wat je laat zien. In sommige groepsculturen kan het ook als een teken van zwakte worden uitgelegd, toch is het belangrijk dat je het zo doet.

Stap 6
Als de excuses besproken en geaccepteerd zijn, is er ruimte om weer verder te gaan met elkaar. Een groep die dit met zijn begeleider heeft meegemaakt, is meestal zeer bereid om mee te denken over het vervolg. Hier liggen nieuwe kansen voor jou en de groep.

Kader 4.12

Het stappenplan vereist moedig gedrag en kan pijnlijk zijn. Soms voel je de behoefte om te ontsnappen. Ontsnappingsmogelijkheden kunnen zijn:
- verdedigen;
- te algemeen samenvatten;
- in het algemeen excuses maken zonder dat duidelijk is waarvoor;
- steun zoeken bij groepsleden die het voor je opnemen.

Hoewel dit aanvankelijk iets lijkt op te leveren, kom je niet bij de kern van het probleem en blijf je er een beetje omheen draaien. Uiteindelijk gaat het groepsgedrag je weer opbreken.

Het stappenplan kan ook werken bij minder grote verstoringen. Ingaan op wat er speelt en nieuwe afspraken maken, kan ook al heel veel opleveren. Probeer er niet voor weg te lopen.

Casus — Weerstand

Hans is ingehuurd in een zorgcentrum om alle teamleden in enkele bijeenkomsten te informeren over de gevolgen van het nieuwe cliëntendossier. De bijeenkomsten vinden plaats in de avonduren, en diverse personeelsleden komen er speciaal voor terug. Hoewel het Hans aanvankelijk een eenvoudige opdracht leek, verloopt het niet zo lekker. Hans is er niet helemaal bij, hij heeft het erg druk met andere werkzaamheden, die nog door zijn hoofd malen. Ook voelt Hans zich niet helemaal op zijn gemak in de groep, die veel vragen stelt. Op de laatste bijeenkomst komt Hans ook nog te laat waardoor het schema uitloopt. Zonder excuses probeert hij de verloren tijd snel in te halen door de laatste informatie snel af te raffelen. De deelnemers vullen na de bijeenkomsten een schriftelijke evaluatie in.

Een week later bekijkt Hans de resultaten. De deelnemers beoordelen de training als weinig relevant. Ze vinden dat Hans weinig betrokken was en hebben geen goed woord over voor het te laat komen op de laatste dag.

Hans moet even slikken. 'Wat een zeikerds', denkt hij, 'ik heb toch ook wel iets goeds gedaan?' Na enige zelfreflectie besluit Hans contact te leggen met degene die hem heeft ingehuurd. Hij besluit ook contact te leggen met de groep en vraagt om een herkansing voor de laatste avond. Hij biedt zijn excuses aan en verzorgt voor de groep alsnog een inspirerende bijeenkomst. In de groep blijkt dat Hans de groep oprecht te kort had gedaan. Hoewel hij nooit eerder 'afgemaakt' was, deed Hans automatisch het goede: aanhoren waarin hij tekort was geschoten en zijn excuses maken aan de deelnemers. Uiteindelijk werd er in de wandelgangen alsnog met respect over Hans gesproken.

4.16.3 Weerstand

Een typisch fenomeen uit de groepsdynamica is *weerstand*. Stel: je hebt een leuke training of groepsbijeenkomst voorbereid maar de deelnemers hebben er geen zin in. Als je hen van de zinvolheid van de bijeenkomst wilt overtuigen, gaat de groep in de 'ja maar'-stand. Volgens begeleiders en trainers is de groep dan lastig en onwillig om te leren.

| **Voorbeeld** | Betekenis weerstand |

Het begrip weerstand komt oorspronkelijk uit de elektronica. Hoe lager de weerstand, hoe groter de elektrische stroom die door de lamp loopt en andersom. Weinig stroom betekent weinig licht, te veel stroom betekent dat de lamp doorbrandt en kapot gaat. Een lamp brandt pas goed bij een passende weerstand, en als hij is aangesloten op de juiste spanning. Ook communicatie lijkt pas goed te lopen bij een juiste spanning en een passende weerstand.

Kader 4.13

Weerstand lijkt meestal vooral een probleem te zijn dat bij de ander ligt: bij de studenten, bij de trainersgroep of bij de cliënten. Het kan de volgende reacties oproepen bij degene die weerstand tegenkomt:
- irritatie of ergernis;
- de boodschap stevig herhalen;
- de ander dwingen om iets te doen.

Over het algemeen hebben de hierboven genoemde reacties juist een tegenovergesteld effect. De ander zal nog meer weerzin laten zien of slechts voor de vorm instemmen met de opdracht, maar er toch geen zin in hebben. Er is dus weinig motivatie bij de ander, en wat er al aan motivatie is, is vooral opgelegd van buitenaf (extrinsiek) en wordt niet van binnenuit ondersteund (intrinsiek). Wanneer de mogelijkheid er is om onder het gevraagde uit te komen, wordt deze kans meteen gegrepen.

Hoe kun je zien dat iemand weerstand tegen een verzoek heeft? In gesprekken met de groep kunnen de volgende zaken opvallen:
- Er vallen lange stiltes in de groep of haperingen.
- De groepsleden vertonen een wazige blik en/of zijn er niet helemaal bij met de gedachten.
- De groepsleden zijn onrustig en ongeduldig.

Weerstand laat zich op vele verschillende manieren zien. Soms is het overduidelijk dat het hier om weerstand gaat, een andere keer is het uiten van weerstand heel subtiel.
Meestal wordt een gevoel van ontevredenheid niet rechtstreeks geuit, maar laten de groepsleden dit doorklinken in de reacties.

In de kern gaat het er bij weerstand om dat de ander zich verdedigt tegen voor hem lastige of soms pijnlijke zaken en terugvalt op hoe hij daar in het verleden mee om is gegaan. Maar het kan ook een gebrek aan motivatie zijn, of een gebrek aan erkend worden. Een goede communicatie is dan van essentieel belang. We kunnen daarmee de ander helpen zijn gevoeligheden onder ogen te zien en leren hiermee om te gaan. Door te vragen naar iemands ervaringen en te hem laten benoemen wat hij ervaart, is er al veel gewonnen. Hierdoor voelt de ander zich erkend.

Stel, als groepsbegeleider wil je wat gedaan krijgen van één van de groepsleden. Ook al lijkt het verzoek niet onredelijk, toch reageert de ander niet zoals je had gehoopt of verwacht. Uit de non-verbale reacties meen je waar te nemen dat de ander je verzoek niet gaat uitvoeren. De ander wil of doet iets niet, terwijl je eigenlijk vindt dat hij dat wel zou moeten doen. Waarom zou de ander je verzoek niet inwilligen?

Hieronder worden een aantal kenmerken van bepaalde manieren van weerstand uiten besproken:

Kritiek op de methode
Tijdens het gesprek of overleg word je voortdurend geconfronteerd met kritiek op je vraag of voorstel. Je plannen worden niet zinvol geacht of ter discussie gesteld. Ook kan aangegeven worden dat de plannen al eerder zijn uitgeprobeerd en niet werkten. Dit is natuurlijk niet in alle gevallen weerstand, maar in veel gevallen ligt er een onderliggende emotie aan ten grondslag. Deze emotie kan voortkomen uit een gevoel van angst om iets nieuws te moeten leren of oppakken.

Ontkennen
In het geval van feedback of vragen om opheldering worden je observaties of opmerkingen niet herkend. De ander heeft of ziet geen problemen.

Het vragen naar meer en meer details
Als na een kwartier vragen stellen de vragen steeds gedetailleerder worden en meer en zich meer gaan richten op onderdelen die niet zo essentieel zijn, kan dit voor groepsleden een manier zijn om de discussie uit de weg te gaan. Het lijkt of ze een niet te stillen informatiehonger hebben. Een groepsbegeleider die nieuwe aanwezigheidsregels uitlegt en een waterval van vragen van de groepsleden krijgt, moet alert zijn op weerstand in plaats van zeer nieuwsgierige groepsleden.

Het overladen met details
Het kan natuurlijk ook andersom. De ander overstelpt jou met zeer gedetailleerde informatie. Dit kunnen ook (irrationele) bezwaren zijn. De antwoorden op jouw vragen laten een zo nauwkeurige opsomming van niet ter zake doende feiten zien dat het tijd wordt om je af te vragen of je hier soms met een vorm van weerstand van doen hebt.

Rationaliseren
Veel energie stoppen in het bedenken van theorieën is een manier om een situatie minder ernstig te doen lijken. We maken er allemaal wel eens gebruik van. Het is echter niet functioneel als we meegaan met de ander in eindeloze beschouwingen als we gezamenlijk een probleem moeten oplossen. Rationaliseren gebeurt meestal wanneer het in een gesprek spannend wordt en wordt dan gebruikt als uitvlucht.

Samenspannen
Opeens gaat je gesprekspartner het hebben over 'wij' en 'zij'. Duidelijk wordt dat hij/zij met 'wij' bedoelt 'de verstandige mensen', 'de goede mensen', kortom degene die weten wat goed is. Zo'n poging om jou tot samenspannen te verleiden gaat vaak gepaard met enigszins moraliserende opmerkingen en is een vorm van weerstand.

Zwijgen en wegkijken
Er komt weinig tot geen respons. Als je om reactie vraagt, krijg je deze niet, of de ander laat weten zich wel te melden als hij het er niet mee eens is, wat hij vervolgens niet doet.

Geen tijd!
De anderen zeggen wel te zien dat het belangrijk is, maar hebben er geen tijd voor. Geen tijd betekent in dit geval: geen prioriteit. Ze geven dus aan dat ze het gesprek niet belangrijk genoeg vinden en geen ruimte willen maken om er de aandacht aan te besteden die je vraagt. Ook het moment van de vraag kan als 'ongelukkig' worden bestempeld ('Dit is wel een heel verkeerd moment om hiermee aan te komen').

Omgaan met weerstand
Weerstand roept veel emoties op bij de begeleider en kan ervoor zorgen dat deze zich afgewezen voelt door de groep. Als er geen sprake is van 'het tekort doen van de groep', zoals bij 'afgemaakt door de groep' (paragraaf 4.16.2) is dit niet nodig. Beter is het om te bedenken dat een kritische groep in ieder geval nadenkt over wat je vertelt.
Tevens is het interessant om te horen wat er 'leeft' in de groep, en je op die manier beter bij hen kunt aansluiten. Mensen met 'weerstand' geven aan dat ze jouw boodschap niet klakkeloos aannemen, en dat is gezond. Wanneer je weerstand voelt bij de groep (of spanning hierover bij jezelf) kun je de eerder genoemde stappen uitproberen: herkennen, benoemen, luisteren, doorvragen, samenvatten, reageren en afpreken hoe verder te gaan.

Daarnaast kun je de volgende interventies uitproberen:
- Misschien klopt hetgeen je wil inbrengen of voor elkaar wilt krijgen niet, zit het niet goed in elkaar of is het onvolledig. Dit kun je maar beter gewoon toegeven.

- Als het wel klopt en je staat achter je verhaal, blijf dat dan ook doen; als je steeds met iedereen meedraait word je uiteindelijk ongeloofwaardig en beïnvloedbaar.
- Vraag je af wat de hele groep van je interventie vindt door met de groep het issue te bediscussiëren.
- Geef aan dat je blij bent met de reactie, schrijf de opmerkingen van de deelnemers op een flap en zeg dat je er later op terugkomt.

Soms komen er helemaal geen reacties. Wanneer je zeker weet dat je de groep geen onrecht hebt aangedaan, zijn er misschien andere verklaringen. Is hetgeen je wilt te moeilijk voor de groep, de methode niet passend of is de groep gewoon toe aan pauze? Door te vragen of je nog duidelijk overkomt, maak je weer contact. Ook kun je je gevoel weergeven door bijvoorbeeld te zeggen dat je het gevoel hebt dat je hen kwijtraakt. Andere manieren zijn de groepsleden confronteren met hun passiviteit of zelfs provoceren.

Veel- en weinigpraters
Weerstand kan ook ontstaan omdat er geen eenheid is in de mate van inbreng in een groep. De groep bestaat uit veel- en weinig praters. Wanneer vooral enkele extraverte groepsleden reacties geven, is het zaak om dit te bespreken. Wees voorzichtig met vooral de 'veelpraters' aanspreken. Veel- en weinigpraters zijn namelijk een probleem van de hele groep. Veelpraters moeten leren zich te beheersen om een ander eens aan het woord te laten, maar iemand die weinig inbrengt moet hier eveneens aan werken. Bijvoorbeeld in beroepsopleidingen moeten de studenten inzicht krijgen in wat hun gedrag kan oproepen, maar ook in zelfhulpgroepen is de mening van iedereen waardevol.

Er zijn verschillende methoden om dit meer in evenwicht te brengen. Stille mensen die hun mond open doen verdienen een beloning, maar moet ook gelden voor de enthousiastelingen die proberen zich wat meer in te houden. Soms werkt een geprogrammeerde instructie: bijvoorbeeld groepslid 1 beantwoordt vraag 1, groepslid 2 vraag 2 enzovoort. Zo weet iedereen wanneer hij aan de beurt is met welke vraag. Misschien is dit een wat 'schoolse' aanpak maar het geeft wel enige voorspelbaarheid en dus veiligheid. Ook kun je de groepsleden iets op een 'post-it' laten schrijven en deze op flappen laten plakken.

Zijn we allemaal hetzelfde?
De mate van openheid kan ook cultureel bepaald zijn. Op een workshop tijdens een congres valt op dat de Belgische deelnemers veel minder snel met antwoorden komen dan de Nederlanders. In een evaluatie geven onze zuiderburen aan erg onder de indruk zijn van onze snelheid van antwoord geven. Bij een onderdeel waarin iedereen in kleine groepjes discussieert komen beide groepen deelnemers even goed tot hun recht.

Bedenk dat je als groepsbegeleider al snel een 'bekrachtiging' kunt geven die vervolgens de openheid in je groep kan bevoor- of benadelen. Sommige opmerkingen ('dit is geen goed moment om een vraag te stellen') of ('ik ben blij met veel opmerkingen, dat geeft mij het gevoel dat jullie betrokken zijn') kunnen de inbreng van de groepsleden negatief of positief beïnvloeden. Soms doe je dit niet eens bewust, maar een groepslid kan zich hier al snel een mening over vormen: 'Ik mag hier niet eens mijn mond open doen!'

Wat werkt bij weerstand?

Als je het gevoel hebt dat je echt met weerstand te maken hebt, is het goed om dit onder ogen te zien. Als doel stel je om de anderen toch mee te krijgen met je ideeën, en op een effectieve wijze te reageren.

Door je te verplaatsen in de ander kun je mogelijk achterhalen wat de reden van de weerstand is. Door de weerstand te benoemen, begrip te tonen en te vragen naar de oorzaak zet je al een belangrijke stap. Wees daarbij duidelijk in het feit dat je niet de persoon afwijst maar dat je zijn gedrag niet goedkeurt. Bedenk ook dat de ander dit onderscheid wellicht niet maakt. Jij bent de boodschapper van de opdracht, en jij wordt er dus op aangesproken. Streef naar een win-winsituatie en houd rekening met jouw belangen en die van de ander(en). Natuurlijk is het goed kunnen hanteren van weerstand afhankelijk van je inlevingsvermogen, flexibiliteit en geduld.

Het helpt ook als weerstand, zoals eerder beschreven, niet als iets lastigs wordt ervaren, maar als iets wat er is. Mensen die weerstand hebben, zijn in ieder geval niet meningloos. Het is niet ondenkbaar dat zij gelijk hebben en jouw idee inderdaad niet goed is. Bovendien is weerstand per definitie niet alleen negatief. Weerstand brengt mensen over het algemeen in beweging. Iemand wil niet wat jij bedacht hebt, maar mogelijk wel iets anders. Blijf er wel op bedacht dat jouw eigen plan niet zonder reden op tafel ligt. Mensen die bij ieder tegenargument hun koers verlaten, komen op den duur niet geloofwaardig meer over.

Je moet ook alert zijn op weerstand als de groep vooral 'ja-maar'-vragen. De filosofie van Berthold Gunster, grondlegger van Ja-maar®, stelt dat er in essentie slechts twee basishoudingen worden onderscheiden. Ten eerste is dat de 'ja-maar'-manier. Als een begeleider naar zijn groepsleden kijkt, ziet hij vooral wat ze niet kunnen. Met de 'rode pen' in de hand heeft hij het idee dat hij zijn werk pas goed doet als hij iedereen uitlegt wat ze niet goed doen. Opmerkingen die in dit kader gemaakt worden zijn: 'Ja-maar... luister... doe mee... doe wat ik zeg... ik leg je later wel uit waarom... ik heb ervoor geleerd', enzovoort...

Wie op een ja-maar-manier in zijn werk staat, vergelijkt wat er zou moeten zijn met wat er is. Mensen die hierachter staan, hebben ook steevast allerlei tips voor anderen, en zijn teleurgesteld als die anderen de tips niet opvolgen.

Er is ook een andere manier van kijken, die van 'ja-en'. De begeleider die op een ja-en-manier kijkt, ziet andere dingen. Hij ziet niet wat er niet is, maar wat er wel is: geen gebreken maar mogelijkheden, geen moeten maar willen, geen discipline maar passie, niet het beste in een medewerker stoppen maar het beste uit diegene halen. Deze mening, die steeds populairder wordt, komt voort uit de positieve psychologie. De positieve psychologie is een snelgroeiende stroming binnen de psychologie. Centraal staat onderzoek naar determinanten en processen van veerkracht en optimaal functioneren. Deze kennis wordt vertaald in interventies die de positieve geestelijke gezondheid en veerkracht bevorderen. Voorbeelden van thema's zijn: groei, optimisme en hoop, gebruik van sterke kanten en talenten, generativiteit, compassie, veerkracht, ontwikkelen en verbreden van positieve emoties, waardenontwikkeling en positieve relaties. De positieve psychologie wordt een steeds volwassener wetenschap die goed aansluit bij een focus op preventie, eigen regie en verantwoordelijkheid van cliënten en positieve gezondheid. De positieve psychologie biedt veel nieuwe mogelijkheden voor toepassingen in de geestelijke en algemene gezondheidszorg, het onderwijs en arbeidsorganisaties. Ook adviseurs en coaches maken steeds vaker gebruik van positieve psychologie.

Overdracht
Soms heeft weerstand niets met je of het aangekaarte probleem te maken maar met psychologische processen, ook wel overdrachtsfenomenen genoemd.
Overdracht is het onbewust toepassen van oude gevoelens (bijvoorbeeld zoals we dingen van huis uit hebben meegekregen) in een nieuwe situatie, bijvoorbeeld op het werk. Daarbij handelt ieder vanuit de verschillende systemen, waarvan hij onderdeel uitmaakt. Zo herhaalt en projecteert de werknemer (oude) gevoelens vanuit zijn (familie)systeem op zijn leidinggevende en vice versa doet de leidinggevende dat bijvoorbeeld vanuit zijn persoonlijke gezinssysteem of vanuit het organisatiesysteem. Zo wordt er onbewust een gevoel van verwachting geprojecteerd over hoe de ander naar jou kijkt. De kans dat je daarbij naast de werkelijkheid zit is groot en miscommunicatie ligt op de loer.
Een groepsbegeleider staat meestal in een hiërarchische verhouding tot groepsleden: een hiërarchie die doet denken aan de oorspronkelijke relatie tussen ouder en kind, maar die toch anders is. Vanuit zijn persoonlijk leiderschap en zijn vrije wil om invulling te geven aan zijn taken is het de groepsleider die de verbinding maakt tussen leiden en geleid worden. Door de afhankelijke positie van de werknemer is het extra belangrijk dat de leidinggevende in staat is overdrachtsfenomenen te herkennen én te verdragen.
Het is interessant om bij jezelf na te gaan of jouw weerstand of dat van de ander kan voortkomen uit een oud systeem. Elk systeem kent daarbij zijn eigen specifieke achtergronden, hoe tegen dingen aan wordt gekeken, hoe je met elkaar omgaat, wat belangrijke waarden zijn en waarom we dingen doen. Je kunt bijvoorbeeld verbaasd zijn over het volharden van een groepslid in het weigeren van een opdracht die in jouw optiek heel redelijk is. Wellicht heeft het groepslid met deze volhardende aanpak eerder succes gehad en reageert hij daarom met weerstand op je voorstel. Als je uit een familie komt waar voor drammen en zeuren geen plaats was, zijn er communicatieproblemen te verwachten. Door in de professionele rol te blijven en het groepslid op zijn verantwoordelijkheden aan te spreken wordt de miscommunicatie vermoedelijk snel opgelost.

Ook in het samenspel van trainer en team, of presentator en toehoorders kan weerstand optreden. Hier vertoont de groep meestal de weerstand en moet de leider op zoek naar aanvaardbare oplossingen.

4.16.4 Bedreigende oefensituaties in groepen

Als groepsbegeleider of trainer heb je soms leuke ideeën over hoe de groep iets kunt leren. Oefeningen waarbij iets in elkaar moet worden gezet, of 'rollenspellen' vallen echter niet altijd bij iedereen in goede aarde. Een paar aandachtspunten zijn:
- Het is niet verstandig om werkvormen te kiezen die jij zelf niet prettig vindt en/of waar jij je onzeker over voelt. Dit straal je meestal uit op de groep, die vervolgens niet lekker mee zal doen.
- Discussies over persoonlijke onderwerpen als levensovertuiging of politieke voorkeur, hoe leerzaam ook, kunnen door studenten ervaren worden als privé, en kun je dus beter vermijden.
- Verzet bij rollenspellen kan ontstaan omdat groepsleden soms negatieve ervaringen hebben opgedaan met deze oefeningen en er daarom geen positief gevoel aan ontlenen. Belangrijk is dan om de groepsleden deze ervaringen te laten ombuigen naar succeservaringen.

4.17 Opdrachten

1 a. Ga op zoek naar artikelen/filmpjes van voorbeelden van goede leiders en check de eigenschappen van deze leiders op onderstaande punten:
   - Leiders vervullen een voorbeeldfunctie. Van hen mag verwacht worden dat zij integer zijn en morele waarden uitdragen in wat zij zeggen en doen.
   - Bij voorkeur geeft een leider zijn groepsleden vertrouwen door aan hen eigen verantwoordelijkheden en autonomie toe te kennen.
   - Leiders willen weten wat er speelt in de groep, en bij degenen die met een groep te maken krijgen.
   - Authenticiteit is belangrijk. Als leider is het goed om zoveel mogelijk jezelf te zijn en je eigen visie uit te dragen.
   - Leiders zijn er om resultaten te realiseren en prestaties te verbeteren. Dit vraagt om resultaat- en actiegerichtheid. Het is van belang dat leiders de regie nemen.
   - Leiders moeten kunnen motiveren en inspireren.
   - Sociale vaardigheden als heldere communicatie, luisteren en het vermogen tot zelfkritiek zijn belangrijk om goed leiding te kunnen geven aan een groep.
   - Van leiders worden vaak ook coachende vaardigheden gevraagd.

b. Zoek vervolgens artikelen of filmpjes van leiders die niet effectief zijn of juist schade hebben berokkend. Waardoor hebben zij als leider gefaald? Beschrijf drie mogelijke oorzaken.

2 In de theorie worden de volgende zes machtsbronnen gedefinieerd:
- Beloningsmacht: iemand beïnvloeden door middel van een beloning of onthouden van straf.
- Afgedwongen macht/bestraffingsmacht: iemand beïnvloeden door te dreigen met straf of het onthouden van beloningen.
- Legitieme macht: gezag; de groepsleden geloven dat er invloed over hen uitgeoefend moet worden.
- Expertisemacht: groepsleden schrijven de machthebbende vaardigheden en competenties toe op basis van kennis/deskundigheid.
- Referentiemacht: groepsleden laten zich beïnvloeden op basis van prestige van of bewondering voor de machthebbende.
- Informatiemacht: groepsleden willen graag beschikken over informatie die niet via een andere weg te verkrijgen is.
   a. Benoem bij elke vorm van macht een voorbeeld uit je eigen situatie
   b. Denk na over een situatie waarin je iets wilde bereiken terwijl je weinig macht. Welke strategieën heb je toegepast om toch datgene wat je wilde voor elkaar te krijgen. In hoeverre zijn deze strategieën raakvlakken met de theorie.

3 Stel, je begeleidt een groep jongeren die van hun gameverslaving willen afkomen. De groepsleden voelen zich veilig omdat zij elkaar al een tijdje kennen. Ze durven ook hun ervaringen met elkaar te delen. Mike is niet tevreden over één van de andere begeleiders en spreekt zich daarover uit in de groep. Manuel vindt dat dit niet kan omdat je niet over anderen praat als zij er niet bij zijn. Er ontstaat een discussie in de groep waarbij een conflictueuze situatie dreigt.
   a. Je besluit 'metacommuniceren' toe te passen. Hoe ziet jouw reactie er concreet uit?
   b. Stel dat er toch een conflict uitbreekt. Noem twee aandachtspunten bij de interventie 'vermijden'.
   c. Welke interventie volgens het model van Thomas en Kilman is de beste interventie bij dit conflict en waarom?

4 Stel, je bent een student van de opleiding Toegepaste psychologie en je loopt stage bij een trainersbureau. Er wordt een training 'Omgaan met klachten door ouders' ontwikkeld voor pedagogisch werkenden van een kinderdagverblijf, waarbij het erom gaat dat de gesprekken niet in conflicten ontaarden. De deelnemers krijgen zowel kennis als vaardigheden aangeboden in de training. Jij gaat de training geven.

Beantwoord de volgende vragen:
- Welke positie op de Roos van Leary wil je innemen wanneer je de theorie uitlegt aan je deelnemers en waarom?
- In welke positie op de Roos van Leary wil je dat de deelnemers zitten tijdens jouw uitleg en waarom?
- Welke positie op de Roos van Leary wil je innemen bij het begeleiden bij de uitvoering van een oefenopdracht en waarom?
- In welke positie op de Roos van Leary wil je dat de deelnemers zitten bij het uitvoeren van de opdracht en waarom?
- Kun je een voorbeeld geven waarbij je in de training switcht van positie op de Roos van Leary?

5 Doe de zelftest rondom over de Roos van Leary bijvoorbeeld op https://www.123test.nl/leary.
   a. In welke positie bevind jij de doorgans als het gaat om groeplid zijn?
   b. In welke positie bevind jij de doorgans als het gaat om groepsbegeleider zijn?
   c. Is er verschil en zo ja hoe kun je dat verklaren?

4.18 Samenvatting

Een goede groep kan niet zonder leiderschap. Zowel een formele als een informele leider zorgen ervoor dat er duidelijkheid en structuur in de groep zijn en dat de groep vrij is van conflicten, of helpt bij het oplossen daarvan. Soms kan het echter goed zijn om als leider samen op te trekken met de groepsleden. De Roos van Leary, die wordt uitgelegd in het eerste deel van hoofdstuk 4, spreekt dan van samen-ondergedrag of onder-samengedrag. Dit kan een goede strategie zijn wanneer de leider wil weten wat er leeft in de groep, en de groep met elkaar tot een oplossing wil laten komen. Over leiderschap is veel geschreven. In dit hoofdstuk zijn de belangrijkste theorieën samengevat en is de link gelegd met je huidige of aanstaande beroep. Groepsbegeleiding is meestal niet hetzelfde als manager zijn, maar er zijn wel raakvlakken. Dit zie je bijvoorbeeld terug in het begeleiden bij conflicten. Strategieën om hierin te begeleiden zijn verkend. Daarnaast heb je meer geleerd over macht en machtsmisbruik. Een groep in de weerstand kan een machtig verschijnsel zijn voor de begeleider. Hoe ga je ermee om, en wat doe je als je echt te ver bent gegaan? Soms moet je je excuses maken aan de groep. Het hoofdstuk sluit af met enkele situaties om jou en de groep op weg te helpen naar een meer stabiele fase, de affectiefase.

Hoe zijn de groepsleden met elkaar verbonden: de affectiefase

5.1 Inleiding

Naarmate de groep zich verder ontwikkelt, gaan de meeste groepen steeds beter samenwerken en zich ook prettiger voelen als groep. De woorden *wij* en *ons* worden vaker gebruikt. Het wij-gevoel wordt sterker. Er ontstaan specifieke gewoontes in de groep en men besluit soms om ook buiten de verplichte bijeenkomsten bij elkaar te zijn. Er ontstaan vriendschapsbanden. Hoe prettig deze fase ook kan overkomen, er bestaan ook in deze fase valkuilen. Zo is het gevaar aanwezig dat de groep te 'close' wordt. Om de nieuwe samenhang vast te houden, worden negatieve gevoelens niet meer geuit. Het gevaar voor 'groepsdenken' neemt toe. Ook de begeleider kan zich 'verleid' voelen tot eenwording met de groep. Hierdoor kunnen (ongewild) de grenzen vervagen tussen professionaliteit en vriendschap. Belangrijk in deze fase blijft het feedback geven. Eerder zoomden we in op feedback ontvangen. In dit hoofdstuk kijken we naar feedback geven. Ook worden enkele bedreigingen besproken, die voort kunnen komen uit de behoefte aan verbonden zijn.

5.2 Basisbehoeften in de affectiefase

In de affectiefase lijkt de groep stabiel te worden, en overheerst een prettig groepsklimaat. Dit kan er tevens toe leiden dat de groep productiever wordt. De basisbehoefte 'verbondenheid voelen met elkaar' wordt ingewilligd. Toch kunnen er ook in de affectiefase knelpunten ontstaan. Wordt het niet 'te' gezellig in de groep. Zeker wanneer men met zorgvragers werkt, is het heel belangrijk om grenzen goed aan te geven. Een warme benadering door de begeleider kan door een cliënt als een teken van liefde opgevat worden. Het is sowieso belangrijk om verschillen in openheid te bespreken. Verwachtingen hierover kunnen namelijk per groepslid verschillen. Voor het ene groepslid staat genegenheid gelijk aan geringe persoonlijke communicatie, voor de ander aan intieme vriendschap. Dit kan leiden tot verschillende verwachtingen naar elkaar.

Soms kan in de affectiefase de productiviteit afnemen. In een groep waar veel genegenheid is, kan de groep te veel op sfeer gericht zijn. Men wordt dan soms te 'close' met elkaar, waardoor er minder taakgericht gewerkt wordt. Ook kan het lastiger worden om elkaar op minder functioneel gedrag aan te spreken, juist omdat men de sfeer goed wil houden. Belangrijke taak voor een begeleider in de affectiefase: streven naar evenwicht tussen taakgerichtheid en sociaal-emotionele gerichtheid.

5.3 Feedback

Voorbeeld — Wat is feedback?

'Feedback is een mededeling aan iemand, die hem informatie geeft over hoe zijn gedrag wordt waargenomen, begrepen en ervaren. De mate waarin feedback wordt gegeven en de effectiviteit ervan worden sterk bepaald door de sfeer van vertrouwen in de groep en tussen de studenten.'

Bron: Remmerswaal, 2001

Kader 5.1

Om de sfeer en productiviteit in de groep goed te houden is het belangrijk om elkaar feedback te blijven geven, individueel maar ook als groep. In hoofdstuk 2 zagen we al waar je op moet letten als je feedback ontvangt. Je kunt er veel van leren.
Feedback is handig om blinde vlekken van een ander, bijvoorbeeld iemand waar je mee samenwerkt, in kaart te brengen, want jij ziet dat beter dan hij. Blinde vlekken hoeven niet per se negatief te zijn. Het is ook prettig om te horen dat iemand – nog niet ontdekte – goede kanten heeft. Vooral feedback krijgen op kwaliteiten is een positieve ervaring. Het versterkt je positieve kanten. Jonge mensen weten vaak nog niet zo goed waar hun kwaliteiten liggen, maar ook niet altijd wat ze fout doen. Ook mensen die zorg nodig hebben, en soms weinig zelfvertrouwen hebben, zullen veel behoefte hebben aan met name positieve feedback. Geef vooral veel complimenten, en benadruk dat het geen schande is om fouten te maken. Goede vaardigheden laten zien, vasthouden en vervolgens bewust inzetten is net zo belangrijk als leren van fouten.

Feedback geven
In hoofdstuk 2 heb je gelezen waarom feedback ontvangen zo belangrijk is en wat je er mee kunt. Net zo belangrijk is het feedback geven.

| Casus | Feedback geven |

Leerling-verpleegkundige Iris bespreekt haar cliënt in een zorgoverleg, ze wordt hierbij geobserveerd door teamleider Mariska. Het valt Mariska op dat Iris onbewust veel gebruik maakt van het stopwoordje 'in principe'. Aan het eind van gesprek vraag Iris aan Mariska om feedback te geven op haar bespreking. Mariska geeft Iris concrete feedback en bespreekt ook het gebruik van het stopwoordje. Iris kan het zich niet herinneren, maar Mariska geeft aan op welke momenten zij dit doet. Ook bespreken ze hoe Iris dit de volgende keer kan vermijden. Tijdens de volgende bijeenkomst vraagt Iris of Mariska er speciaal op wil letten als zij 'in principe' zegt. Zij wordt zich nu meer bewust van het gebruik en kan op die manier leren om het stopwoordje te vermijden.

Feedback betekent letterlijk terugkoppeling. In situaties waarin je met anderen omgaat, wordt ermee bedoeld dat je iemand laat weten hoe zijn informatie en/of gedrag op jou overkomt en wat je hiervan vindt. Je denkt ook na over wat de ander met deze informatie kan doen.
Het geven van feedback heeft de volgende functies:
- Feedback bevestigt positief gedrag; daardoor wordt iemand gestimuleerd dergelijk gedrag te blijven vertonen.
- Feedback corrigeert negatief gedrag; daardoor wordt op iemand een beroep gedaan om zijn gedrag te veranderen.
- Feedback verduidelijkt de relatie tussen mensen, je kunt elkaar er beter door begrijpen.

Groepsleden zullen meer bereid zijn tot leren als ze zich prettig voelen. Complimenten helpen daarbij. Wees wel oprecht bij het geven van complimenten en overdrijf niet. Een lange lijst met complimenten komt net zo min binnen als een lange lijst met verbeterpunten. Wanneer je waargenomen gedrag beschrijft, geef dan ook het *effect* van dit gedrag weer. Alleen zo kan er geleerd worden. Door feedback te geven aan een ander weet die ander of hij iets goed heeft gedaan, of dat hij zich de volgende keer anders kan opstellen.

| Casus | Feedback krijgen |

Anne volgt een opleiding personeelswerk. Binnen haar stage moet ze ook enkele trainingen aan het personeel geven. Aangezien ze jaren in het onderwijs heeft gewerkt, weet ze vaak de oplossingen voor situaties in de groep. Zij geeft haar tips op een vriendelijke, maar wat schoolse manier. Haar begeleidster heeft verder weinig tijd voor haar en ze moet veel zelf uitzoeken. Ook is ze blij met Anne als hulp, zodat ze zelf andere klussen kan oppakken. Anne is namelijk zo zelfstandig dat ze zich wel redt. Anne zelf heeft haar twijfels. Volwassenen zijn toch anders dan kinderen. In een coachgesprek met de begeleidster bespreekt ze deze twijfels. Geen feedback krijgen is net zo lastig als veel feedback krijgen. De begeleidster vraagt haar of zij wel om feedback vraagt. Dat is een nieuw gezichtspunt voor Anne. Zij werkt al jaren zelfstandig en is goed in haar werk. Hulp vragen deed ze niet vaak meer. Anne besluit om een en ander in een gesprek met de stagebegeleidster aan te geven. Ook in de oefenlessen op de opleiding vraagt zij nu concreet om hulp en tips. Om hulp vragen is iets wat sommige mensen (weer) moeten leren.

Ook bij het geven van feedback is het eerder genoemde Johariraam (zie figuur 5.1), een handig ondersteuningsmiddel. Het helpt bij het uitbreiden van je blinde raam. Het 'blinde' raam is datgene wat anderen van jou zien, maar wat je zelf (nog) niet weet. Doordat anderen je feedback geven (zie pijl feedback) kun je de 'blinde' kant in diegene verkleinen. Als je wilt, kan hij deze feedback gebruiken om ervan te leren en te veranderen.

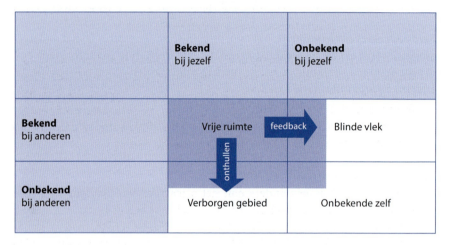

Figuur 5.1   Johariraam

Het geven van feedback moet voortkomen uit een houding van wederzijds respect.
Het geven van feedback moet aan een aantal regels voldoen. Indien er aan de regels voor het geven van feedback gehouden wordt, is de kans groot dat de ander er open voor zal staan en er rekening mee zal willen houden. Zeker in het geval van het geven van feedback, is de kans op aanvaarding groter als deze op een zorgvuldige manier wordt gegeven.

Tips voor het geven van feedback:

1. *Beschrijf concreet gedrag*
   Feedback heeft altijd betrekking op concreet gedrag. Het is belangrijk dat je dat gedrag beschrijft, dan weet de ander waar je het over hebt. Probeer het gedrag zo specifiek en zo objectief mogelijk weer te geven.

2. *Vertel erbij wat het gedrag van de ander met jou doet*
   Naast een beschrijving van de feiten is het belangrijk dat de feedbackgever vanuit zichzelf vertelt wat hij van het gedrag van de ander vindt, hoe hij zich erbij voelt en wat het met hem doet. Deze informatie heeft de ander nodig om de betekenis van de feedback te kunnen inschatten.

3. *Wacht niet te lang*
   Feedback is het meest effectief wanneer het wordt gegeven op gedrag, wat je zojuist hebt gezien. Wanneer het geven van feedback te lang wordt uitgesteld, bestaat het gevaar dat één van beiden de situatie niet meer goed voor de geest kan halen, of dat de situatie voor de ontvanger niet meer zo belangrijk is. Daarnaast kan het voorkomen dat emoties een rol gaan spelen, omdat je je gevoelens al langere tijd voor je hebt gehouden.

4. *Doe suggesties voor verbetering of vertel waar iemand mee door moet gaan*
   Suggesties voor verbeteringen gelden vooral bij negatieve feedback. Vertel erbij welk gedrag je prettiger zou vinden en waarom je dus eigenlijk deze feedback geeft. Met zo'n formulering laat je voor de ander ook ruimte om tot ideeën te komen. Een suggestie moet overigens niet dwingend zijn. Iemand mag altijd zelf bepalen of hij de feedback opvolgt of niet.

5. *Wees uitnodigend*
   Feedback geven is iets anders dan het afreageren van onvrede Daarmee schiet je meestal niet veel op. Uitnodigend zijn betekent dat je duidelijk maakt dat het om jouw mening gaat en dat de ander er best anders tegenaan kan kijken. Uitnodigend betekent ook dat je de ander vraagt of hij zich jouw reactie kan voorstellen en dat je hem de kans geeft om te reageren op je feedback.

6. *Geef bruikbare feedback*
   Wees voorzichtig met feedback die betrekking heeft op het gedrag dat de ander toch niet zal kunnen veranderen. Als je iemand vertelt dat hij stottert en dat jij daardoor zelf in de war gebracht wordt, kan hij dat toch niet veranderen. Zo'n opmerking kan hem alleen maar verder frustreren of kwetsen.

7. *Doseer de feedback*
   Er kan zich een situatie voordoen dat je een heleboel op iemand aan te merken hebt. Het heeft dan weinig zin om hem te bedelven onder een stroom van kritiek. Dat is niet alleen onprofessioneel, maar het maakt hem ook onmogelijk zijn gedrag aan te passen; dat gaat maar met kleine stapjes. Kies in zo'n situatie één of twee hoofdpunten. Wanneer je zoveel op iemand aan te merken hebt, kan het ook betekenen dat je zelf te lang hebt gewacht met het geven van de feedback.

8. *Wees zo kort mogelijk*
   Formuleer je feedback zo kort en bondig mogelijk. Hoe langer je verhaal is, hoe groter de kans dat de ander de essentie mist. Haal er ook niet van alles bij wat je ook nog dwars zit (oftewel haal geen 'oude koeien uit de sloot'). Zorg er bovendien voor dat je jezelf niet verontschuldigt. Als de feedback oprecht is hoef je geen excuses te maken.

9. *Gebruik positieve en negatieve punten*
   Als het mogelijk is, neem dan zowel positieve als negatieve elementen in je feedback op. Dat voorkomt dat de ander denkt dat hij dingen alleen maar fout doet. Het is prettig om eerst met het positieve aspect te beginnen waardoor de ontvanger openstaat voor het vervolg van het gesprek. Hierdoor is het vaak makkelijker om daarna een verbeterpunt aan te geven. Vervolgens vraag je de ander om toch vooral door te gaan met het positieve gedrag. Deze wijze van feedback geven (positief-negatief-positief) wordt ook wel de 'sandwich methode' genoemd.

10. *Vraag om een reactie*
    Als een ander niet uit zichzelf op je feedback reageert, kun je zelf om een reactie vragen. Allereerst moet duidelijk zijn of hij heeft begrepen wat je bedoelde en of hij het zich kan voorstellen. Je kunt bijvoorbeeld vragen: 'Begrijp je wat ik bedoel?'. Pas daarna komt de vraag aan de orde of hij iets wil gaan doen met de door jou aangedragen suggesties. Misschien heeft iemand zelf andere mogelijkheden gezien en kun je samen tot een compromis komen.

Voorbeeld Als feedback eigenlijk slecht nieuws is

Sommige mensen verwarren feedback geven met een slechtnieuwsgesprek. Een kenmerk van het geven van slecht nieuws is dat het belangrijk is om zo snel mogelijk met het (slechte) nieuws te beginnen. Dit om te voorkomen dat de boodschap teveel verpakt zit in positieve berichten, waardoor de ontvanger vaak niet meer weet of het nieuws goed of slecht was. Bij negatieve feedback is het juist beter om niet meteen met de deur in huis te vallen omdat je vrijwel meteen het contact met de ander verliest. Let dus goed op of je doel is : slecht nieuws geven, of feedback. Binnen een slechtnieuwsgesprek kan overigens wel positieve en negatieve feedback worden gegeven bijvoorbeeld bij een (onvoldoende) beoordelingsgesprek.

Kader 5.2

Het geven van positieve feedback maakt mensen sterker. Veelal de feedback toch gericht zijn op het verbeteren van het gedrag van de ander. Belangrijk is om het geven van feedback goed voor te bereiden. Vuurst (2013) geeft de volgende tips:
- Laat je vooronderstellingen 'thuis'en stap zo 'open-minded'in het gesprek.
- Wat wil je precies bereiken met het gesprek.

- Geef feiten van hetgeen er is gebeurd en geen interpretaties.
- Neem de tijd om contact te maken met de ander en vraag naar zijn zienswijze.
- Vraag wat de ander voor ogen had met het gedrag.
- Vraag naar suggesties voor verbeteren van het gedrag.
- Reageer op zijn plan of oplossing en beargumenteer je reactie.
- Vraag eventueel of de ander zich in jou kan verplaatsen.
- Onderhandel over een wederzijds aanvaardbare oplossing.

Werken met succeservaringen
Veel leertrajecten in groepen werken vanuit het principe 'leren door bekrachtiging'. Een groepslid laat bepaald gedrag of een bepaalde vaardigheid zien, de begeleider geeft feedback en een volgende keer gaat het groepslid het nog eens proberen. Helaas wordt hier vaak de nadruk gelegd op datgene wat minder goed ging. Hoewel er volgens de feedbackregels vaak keurig wordt begonnen met iets positiefs, ligt er toch meer nadruk op datgene wat niet goed ging. Zinvoller is om ervaringen van groepsleden om te buigen naar succeservaringen.

Hoe geef je feedback op groepsniveau?
Feedback is vaak gericht op de groei van een individu. Toch is het zeker zo zinvol om groepsgedrag of subgroepgedrag te evalueren met behulp van feedback. Als groepsbegeleider of trainer kun je feedback geven op thema's als de ontwikkeling van de groep, de mate van conformiteit en cohesie binnen de groep en de mate van samenwerking. We kunnen hier ook weer onderscheid maken in proces- en taakevaluaties. Het meten van effecten op de groei kan niet plaatsvinden zonder dat er doelen zijn vastgesteld. Interessant hierbij is of de groep doelen krijgt opgelegd of eigen doelen vaststelt. Hoe dan ook, er is één einddoel. Dit doel kan ook met behulp van tussenfasen bereikt worden. Belangrijk is ook om te weten wat de oorzaken zijn van het wel/niet behalen van de groepsdoelen. Zijn het interne of externe oorzaken? Door het geven van groepsfeedback kunnen de groepsleden te hoge doelen bijstellen en zullen ze zich gewaardeerd voelen wanneer eerder gestelde doelen bereikt zijn. Binnen groepen kunnen deelnemers de groep gebruiken om zichzelf te spiegelen aan anderen. In deze paragraaf wordt ingezoomd op hoe aantrekkelijk het is om groepslid te zijn. Als trainer of groepsbegeleider kun je hierin sturen door het geven van feedback op de mate van samenhang van de groepsleden en wat een goed groepsproces hun kan opleveren.

5.4 Feedback en zelfpresentatie

Een bekend aspect uit de sociale psychologie is de *zelfpresentatie*. Dit is het proces waardoor mensen de indrukken die anderen zich over hen vormen, proberen te beheersen en/of te beïnvloeden. Dit doet zich vooral voor wanneer mensen in groepen bijeen zijn. Doordat mensen zichzelf positief aan anderen presenteren, versterken zij hun eigen identiteit in de ogen van anderen. Eigenlijk is het een vorm van jezelf positieve feedback geven. We zien dit verschijnsel in vergaderingen en teambijeenkomsten, waarin sommige deelnemers zichzelf door een slimme opmerking of vriendelijke daad zichzelf extra op de kaart zetten. De vergadering heeft dan voor die deelnemer een meerwaarde, naast alleen de inhoud.

Zelfpresentatie vergroot iemands gevoel van (subjectief) welzijn. Daarnaast kan zelfpresentatie ingezet worden om anderen over te halen om jou aardiger te vinden.

Dat kun je bijvoorbeeld bereiken door het regelmatig eens te zijn met belangrijke anderen, zoals je leidinggevende of je praktijkbegeleider. Hiermee kunnen sociale en materiële uitkomsten vergroot worden, bijvoorbeeld meer aanzien of salaris of een betere beoordeling.

Binnen een zelfpresentatie kun je bijzondere gedragingen tegenkomen: sociaal wenselijk gedrag (slijmen) om iets gedaan te krijgen versus extreem onafhankelijk gedrag ('het kan me niet schelen wat iemand van mij denkt'). In het eerste geval kom je er niet achter wat zo iemand echt wil, in het tweede geval kun je je afvragen of dit echt waar is en of het handig is dat iemand zich zo opstelt. Beide vormen van zelfpresentatie zijn voorbeelden van disfunctioneel groepsgedrag. Men doorbreekt namelijk de cohesie binnen de groep. De groep als eenheid kan in gevaar komen. Feedback op datgene wat je waarneemt en het effect hiervan op de groep kan deze processen doorbreken.

5.5 Het belonende effect van groepen

Het ligt voor de hand dat wij mensen ons het prettigst voelen bij groepen die ons iets te bieden hebben. Hoewel we er geen bezwaar tegen hebben iets terug te geven (sociale uitwisseling), haken de meeste mensen af in een relatie waarin de anderen alleen maar nemen en niets teruggeven. Dit verschijnsel noem je de *reward theory*; we geven meestal de voorkeur aan belonende relaties. Binnen de meeste goede relaties worden de 'voordelen' uitgewisseld. Dit kunnen materiële bezittingen of geld zijn, maar het kan ook gaan om zaken als status, goedkeuring, hulp of emotionele steun. Mensen die wij aantrekkelijk en/of aardig vinden, zijn de mensen die ons het meeste voordeel opleveren tegen zo weinig mogelijk kosten. Aantrekkelijkheid werkt belonend. Binnen de sociale psychologie worden vier belonende factoren onderscheiden als voorspeller om aantrekkingskracht te vergroten: *nabijheid, gelijkenis, jezelf laten zien* en *fysieke aantrekkelijkheid*. Wil je groepsleden zich meer tot elkaar aangetrokken laten voelen, dan kun je daar enigszins in sturen.

Nabijheid

Van nabijheid is bekend dat mensen over het algemeen vriendschap sluiten met diegenen die veel in hun nabije omgeving verkeren. Als groepsbegeleider kun je inspelen op de keuze die iemand maakt bij binnenkomst. Sommige groepsleden sluiten aan, anderen laten juist tafels leeg tussen zichzelf en de overige groepsleden. Je kunt hierbij benoemen dat het versterken van contact de groepsrelaties kan versterken, want uit onderzoek blijkt dat bij betere groepsrelaties beter wordt geleerd, of vooruitgang wordt geboekt in de groep.

> 'Mensen leren als zij een sterke verbondenheid voelen. En dan niet alleen met hun collega's, maar ook een verbondenheid met de organisatie als geheel' (Joseph Kessels)

In groepen volwassenen zie je dat begeleiders de groepsleden meestal zelf de keuze laten; jongeren worden soms in groepjes ingedeeld. Afhankelijk van het groepsdoel zou het wel of niet bewust indelen voor alle soorten groepen kunnen gelden. Wanneer er bijvoorbeeld bepaalde doelen behaald moeten worden, kan het handiger zijn om als begeleider de groepjes zelf samen te stellen. Je kunt denken aan groepjes op basis van homogeniteit of heterogeniteit wat betreft geslacht, afkomst, leeftijd enzovoort. Ook is het belangrijk om na te denken over hoe lang de groepjes bij elkaar zullen zijn.

Gelijkenis en meer van jezelf laten zien
Het op zoek gaan naar gelijkenissen tussen mensen is al eerder besproken. Gelijkenis maakt iemand aantrekkelijker. Nodig groepsleden vooral uit om open te zijn. Meer van jezelf laten zien vergroot de aantrekkingskracht tussen mensen. Personen die persoonlijke informatie uitwisselen en elkaar persoonlijke details vertellen, voelen zich meer met elkaar verbonden en schenken elkaar vertrouwen.

Fysieke aantrekkelijkheid
Tot slot is er de fysieke aantrekkelijkheid. Hoewel de meeste mensen er niet voor uit willen komen dat zij anderen vooral op uiterlijk beoordelen, tonen diverse onderzoeken aan dat dit toch veel gebeurt. Gelukkig – voor de meesten – blijkt dat met aantrekkelijkheid hier een gemiddelde vorm en omvang van aantrekkelijkheid wordt bedoeld. Opvallend genoeg worden aan extreem mooie mensen namelijk ook minder goede eigenschappen als ijdelheid en materialisme toegeschreven. In tegenstelling tot wat men zou verwachten worden groepsleden met een uitermate positief zelfbeeld niet al te vaak benaderd door anderen. De angst door deze competente personen te worden afgewezen is (te) groot en leidt tot het nemen van afstand. Ga er dus niet van uit dat zeer aantrekkelijke groepsleden altijd het middelpunt van de groep zijn. Door na te denken over hoe aantrekkelijk groepsleden voor elkaar kunnen zijn en met de groep doelen te stellen over de mate waarin dit plaatsvindt, kun je de groep helpen om optimaal van elkaars aanwezigheid te genieten, waardoor er voor iedereen een prettige leeromgeving is.

Samenwerken

In de affectiefase wordt het best samengewerkt, omdat eerdere problemen rondom controle uitoefenen doorgaans zijn opgelost. Al eerder bleek dat 'goed kunnen samenwerken' vooral voorkomt in productieve en effectieve groepen. Ook in beroepen waar je met mensen werkt, is het heel belangrijk dat je al in een vroegtijdig stadium leert samenwerken. Niet voor niets hebben veel beroepsopleidingen de competentie samenwerken in hun profiel opgenomen. Een methode die veel elementen van samenwerking in zich heeft, is het *samenwerkend leren* (Ebbens & Ettekoven, 2005). Samenwerkend leren is een methode waarbij het met en van elkaar leren centraal staat. Het leren vindt plaats in kleine groepen. Dit samenwerkend leren vindt men bijvoorbeeld terug binnen het leren in een studiegroep onder leiding van een tutor. Er is echter een groot verschil tussen samenwerkend leren en leren in groepjes. Bij dit laatste bestaat het gevaar dat slechts enkelen het werk doen en dat anderen zich het werk laten aanleunen. Bij samenwerkend leren is meer nodig dan personen enkel in groepjes plaatsen. De deelnemers werken samen aan gezamenlijk opgestelde doelen. Binnen deze situatie zoeken zij naar resultaten die iets opleveren voor henzelf maar ook voor de groep. Belangrijk hierbij is ook dat men van elkaar leert.

Afbeelding 5.1 Samenwerken is belangrijk: niet voor niets hebben veel beroepsopleidingen deze competentie in hun profiel opgenomen

Wat maakt deze methode bruikbaar?

Binnen samenwerkend leren werken groepsleden aan gezamenlijk opgestelde doelen. Binnen deze situatie zoeken zij naar resultaten die iets opleveren voor henzelf maar ook voor de groep. Hier ligt al een belangrijke basis voor het latere samenwerken. Groepsleden hebben elkaar nodig om hun werk goed te doen.

Belangrijk hierbij is tevens dat ze van elkaar leren. Er wordt pas gesproken van samenwerkend leren wanneer:
- iedereen eraan kan deelnemen;
- er aan een collectieve taak gewerkt wordt;
- de opdracht helder geformuleerd wordt;
- de groepsleden de taak kunnen uitvoeren zonder directe bemoeienis van de begeleider.

Daarnaast is het belangrijk dat elk groepslid binnen de groep kan leren, zijn gestelde leerdoel haalt en dat alles in een veilig klimaat plaatsvindt (Ebbens & Ettekoven, 2005). Omdat samenwerkend leren verder gaat dan groepsleden gezamenlijk aan een opdracht te laten werken, moeten in de bijeenkomsten de volgende vijf essentiële elementen zitten:
- Er is sprake van positieve interdependentie (de een kan niet zonder de ander).
- Ieder is even verantwoordelijk, niemand kan zich achter een ander verschuilen.
- Groepsleden stimuleren en promoten elkaar.
- Groepsleden dienen te beschikken over basale sociale vaardigheden of deze dienen aangeleerd te worden.
- Groepsleden dienen hun eigen groepsprocessen te evalueren en enigszins vaardig zijn om conflicten op te lossen wanneer er op lange termijn gebruikgemaakt wordt van samenwerkend leren.

In vrijwel alle onderzochte studies over samenwerkend leren bleek dat groepsleden beter presteerden in een setting van samenwerken dan in een competitieve of in een individuele setting (Aronson et al., 2011). Daarnaast bleken zij betere cognitieve vaardigheden te tonen, vaker nieuwe ideeën en oplossingen te ontwikkelen en er bleek een grotere transfer te zijn van wat er geleerd was naar nieuwe situaties dan het geval was in situaties met individueel of competitief leren. Tevens bleek samenwerkend leren relaties tussen studenten positief te beïnvloeden en heeft het een positieve invloed op het zelfvertrouwen in allerlei opzichten. Tot slot bevordert het de onderlinge empathie en sociale samenwerking.
Binnen het onderwijs blijkt samenwerken met studenten uit andere etnische groepen een effectieve manier te zijn om schoolresultaten onder allochtone studenten te verbeteren en om positieve relaties tussen allochtone en autochtone studenten te bevorderen.

Het succes verklaard
Hoe kan verklaard worden dat samenwerkend leren zo veel goede resultaten biedt?
- Er vindt observatieleren plaats door het zien van voorbeeldgedrag als het gaat om effectieve leerstrategieën van medestudenten en docenten.
- Studenten integreren de hierboven beschreven nieuw opgedane informatie.

- Studenten ervaren meer structuur en organiseren daarom beter.
- Er vindt meer directe feedback plaats.
- Vaardigheden worden meer geoefend, herhaald en uitgebreid.
- Zelfregulatie van het leren wordt meer ontwikkeld bij studenten door activiteiten zoals hulp zoeken en door verantwoordelijkheid te nemen voor de verdeling van opdrachten in kleinere taken, hetgeen leidt tot meer haalbare doelen.

5.6 Vertrouwen in elkaar

Wanneer groepsleden elkaar vertrouwen geven, zijn ze bereid om risico te nemen in de groep en zich kwetsbaar op te stellen. Hierdoor geven ze de ander de ruimte om zich open te stellen. Je beschaamt het vertrouwen dat de ander in je heeft niet en je accepteert en ondersteunt de bijdragen van de andere groepsleden, waarbij je het natuurlijk niet met alles eens hoeft te zijn. Vertrouwen schenken geeft vertrouwen, en draagt bij aan het versterken van de affectiefase. Wantrouwen daarentegen is zeer schadelijk voor de affectiefase en kan een groep doen terugkeren naar de controlefase. Denk hierbij aan afwijzing of veroordeling, elkaar belachelijk maken door cynische grappen, of iemand juist doodzwijgen. Het duurt lang voor de groepsleden elkaar opnieuw vertrouwen. Gevolgen van wantrouwen zijn o.a.:
- De inzet om mee te werken aan groepsdoelen neemt af.
- De sociale passiviteit neemt toe.
- Er ontstaat meer competitie en vervolgens ontstaan er conflicten.

Wat kun je doen om het vertrouwen te herstellen?
- opnieuw op zoek gaan naar het gezamenlijke doel van de groep;
- het samenwerken stimuleren door opdrachten te creëren waarbij men elkaar nodig heeft;
- groepsleden erop aanspreken om afspraken te maken en beloftes na te komen;
- situaties creëren waarin zichtbaar wordt dat vertrouwen toeneemt en dat kwetsbaar zijn mag;
- elkaar steunen en accepteren;
- excuses maken wanneer men de fout in gaat;
- feedback geven op competitief gedrag en coöperatief gedrag stimuleren.

Tot slot kunnen zelfbevestigende voorspellingen (negatief of positief) ertoe leiden dat gedrag toe- of afneemt. Zorg dat duidelijk wordt dat zelfbevestigend negatief gedrag kan worden omgebogen naar positief gedrag. Daarnaast dienen begeleiders van groepen in al deze situaties het voortouw te nemen.

5.7 Besluitvorming, groepspolarisatie en groepsdenken

In veel groepen zijn groepsleden zowel coöperatief als competitief afhankelijk van elkaar, waardoor ze een dilemma ervaren tussen kiezen voor het groepsbelang en kiezen voor het eigenbelang. Groepsbeslissingen zijn vaak gebaseerd op feiten en ideeën die uit de groep komen, bijvoorbeeld via brainstormen. Uit onderzoek blijkt echter dat brainstormen niet werkt. Dit hangt samen met de 'illusie van groepsproductiviteit': groepen zijn doorgaans niet creatiever dan individuen, maar mensen denken van wel. Dit komt onder andere doordat bij het inventariseren van ideeën er veel naar voren lijkt te komen. Bovendien worden ideeën die je normaal zelf zou inbrengen in een groep opgevuld door ideeën van anderen. Het lijkt zo of er veel wordt ingebracht. Groepsideeën lijken dus eerder remmend op iemands creativiteit te werken dan stimulerend. Docenten en teamleiders maken in lessen en vergaderingen soms gebruik van brainstormen als werkvorm. Het is gezien het bovenstaande echter beter om in plaats van te brainstormen ieder zijn individuele ideeën te laten opschrijven.

5.7.1 Heterogeniteit en de affectiefase

Is het – in het kader van het verstevigen van de affectiefase – wenselijk dat onze groepen heterogeen zijn, of moeten wij als groepsbegeleider en trainer zoveel mogelijk streven naar homogene groepen, bijvoorbeeld bij opdrachten in subgroepen? Groepsleden zullen zich het prettigst voelen in een homogene groep. In een onderzoek naar zelfconcepten werd aangetoond dat mensen een voorkeur hebben voor personen die wat betreft hun persoonskenmerken ongeveer gelijk aan henzelf zijn. Op die manier kunnen deze mensen hun zelfbeeld in stand houden. Wanneer zij in groepen verkeren die te heterogeen zijn, kan dit bedreigend zijn voor het zelfbeeld, omdat het voelt alsof men zijn gedrag moet veranderen. Je komt immers in aanraking met mensen die er andere ideeën op na houden. Dit gegeven kan een belangrijke rol spelen wanneer groepsleden in subgroepen aan het werk moeten gaan en daar niet altijd voor open staan.
Toch kan het ook verfrissend zijn om eens in een andere groep te zijn. De mate waarin men vasthoudt aan zijn zelfbeeld kan namelijk variëren binnen situaties maar ook binnen veranderende levensfasen. Zo kan iemand die niet zo punctueel is, in een groep met nauwgezette mensen, zich wat zorgvuldiger opstellen. Door het effect van samenwerken in homogene of heterogene groepen te benoemen kan de trainer groepsleden veiligheid bieden of juist uitdaging creëren. De groep biedt hier een ideale leeromgeving.
Hoe houden groepsleden in heterogene groepen hun positieve zelfconcept in stand. Ze worden hier immers blootgesteld aan allerlei groepsleden die anders zijn dan zij.
Om zoveel mogelijk een positief zelfconcept te handhaven kun je verschillende processen toepassen. Een van deze processen is het eerder genoemde *zelfhandicappen*: je stelt extra hoge eisen aan jezelf wanneer je een prestatie moet leveren.

Wanneer deze prestatie dan niet lukt, hoef je dit niet aan jezelf te wijten; wanneer de prestatie wel lukt, kun je het succes aan jezelf toeschrijven.

5.7.2 Besluitvorming

Besluitvorming in de groep is nodig om het groepsproces goed te laten verlopen. Besluiteloze groepen komen niet verder. Besluiten kun je beschouwen als een cognitief proces dat resulteert in de selectie van een uit te voeren actie uit verschillende alternatieven. De uitkomst van het besluitvormingsproces kan een actie of een mening ten aanzien van een keuze zijn. In de theorie wordt wel onderscheid gemaakt tussen individuele besluitvorming, waarbij een enkel individu een keuzeprobleem aanpakt, en groepsbesluitvorming, waarbij het keuzeprobleem in een groep wordt uitgewerkt.

Waarom zijn groepsbesluiten sterker dan individuele besluiten?

- Interacties tussen groepsleden leveren ideeën en inzichten op die ieder groepslid alleen niet had bedacht.
- Groepen kunnen elkaars fouten ontdekken en bespreken.
- Groepen herinneren gezamenlijk meer dan een individu doet.
- Groepen hebben gezamenlijk meer kennis dan een individu heeft.

Aan elke methode kleven voor- en nadelen. Afgewogen moet worden bij welke besluiten welke methode het beste past. In ieder geval dient rekening gehouden te worden met de volgende criteria: een goed gebruik van tijd, kennis en inzichten; uitvoerbaarheid; verhouding tussen kosten en baten; een voldoende acceptatie van de beslissing.

5.7.3 Groepspolarisatie

Wanneer er in groepen besluiten moeten worden genomen, kan de conformiteit van de groep in gevaar komen, en dus bedreigend zijn voor de affectiefase. Hier speelt, net als bij conflicten, weer de spanning tussen eigenbelang en groepsbelang. Hoe gaan groepsleden daarmee om? Soms regelen zij dit zelf, maar regelmatig zal men deze taak op het bordje van de begeleider proberen te leggen. Om tot een besluit te komen kan de begeleider een groepsdiscussie voorstellen. Dit kan echter leiden tot *groepspolarisatie*: na een uitgebreide discussie lijkt het erop dat de mening die de groep nu heeft meer in de richting is gegaan van waar men aanvankelijk al naartoe leek te gaan. Was men bijvoorbeeld voorzichtig, dan is men na groepsdiscussie nog voorzichtiger. Wanneer een ander aantal groepsleden juist bereid was om meer risico te nemen, kan na discussie hun risicobereidheid nog groter zijn. Dit komt vooral omdat mensen zich vergelijken met anderen en zich vervolgens aanpassen. Ook willen groepsleden zich identificeren met de groep, zodat zij zich nog sterker een groepslid voelen. Wanneer er echter een grote tegenstelling in de groep is, kan deze na uitgebreide discussie nog groter worden en schiet men er niets mee op. Ook speelt overtuigingskracht van bepaalde groepsleden een grote rol, omdat zij nieuwe informatie horen.

5.7.4 Groepsdenken

In de groep ook sprake zijn van een overmatige bereidheid zich te conformeren, oftewel zich aan elkaar aan te passen. Een groep wil zo graag dat iets doorgaat, of samen blijven, dat de risico's uit het oog verloren worden en er irrationele beslissingen genomen worden. Dit verschijnsel wordt *groepsdenken* genoemd en is door de sociaalpsycholoog Janis (1972) voor het eerst op de kaart gezet. Bij groepsdenken proberen leden van een groep hun mening te conformeren aan wat volgens ieder van hen de consensus van de groep is. Door de mate van conformiteit gaat de groep acties ondernemen die elk lid afzonderlijk onder normale omstandigheden als onverstandig zou beschouwen.

Er zijn omstandigheden die groepsdenken versterken:
- De groep is sterk verbonden met elkaar en heeft min of meer dezelfde achtergronden en idealen.
- Groepsleden hebben weinig contact met mensen buiten de groep en zijn dus geïsoleerd.
- Tijdsdruk om te beslissen kan stress doen oplopen; hierdoor wordt aan belemmerende, afwijkende meningen geen aandacht gegeven.
- Er wordt sterk gestuurd in de discussie door een (informele) leider, zodat de andere groepsleden hun mening voor zich houden.
- Er is een gebrek aan normen omtrent het volgen van beslisprocedures of deze worden om allerlei redenen niet gevolgd.

Groepsdenken kan zeer gevaarlijk zijn wanneer er belangrijke beslissingen op het spel staan. Wil je groepsdenken voorkomen, dan is het belangrijk om de situaties die hiervoor werden beschreven te vermijden. Er kan een 'advocaat van de duivel' worden aangesteld om tegengas te geven. Ook kan aan ieder groepslid gevraagd worden om ideeën nog eens rustig te overdenken en er in een volgende bijeenkomst op terug te komen. Soms kun je je bij bepaalde (onzinnige) besluitvorming achteraf afvragen of er tijdens de besluitvorming misschien een vorm van groepsdenken heeft plaatsgevonden. Groepsdenken is een vorm van procesverlies, dat wil zeggen dat in de besluitvormingsfase bepaalde ideeën niet worden besproken (zie kader 5.3).

Groepsdynamica

> **Voorbeeld** — De invasie in Cuba
>
> In 1961, na een consult met zijn adviseurs, gaf president John F. Kennedy zijn goedkeuring voor de invasie van Cuba, met als doel het afzetten van Fidel Castro. De 1400 aanvallende soldaten in de Baha de Cochinos (varkensbaai) vielen in het niet bij het massale aantal Cubaanse verdedigers. 1200 soldaten gaven zich over, anderen verloren het leven, de invasie was een groot fiasco. Een retrospectieve analyse van de CIA (Amerikaanse inlichtingendienst) liet grote fouten in de besluitvorming van de Kennedy-regering zien, met name onrealistisch en te positief denken. In zijn memoires schrijft president Kennedy: 'Hoe heb ik ooit zo dom kunnen zijn?'
>
> Kader 5.3

Het in kader 5.3 beschreven incident, waarbij grote fouten in de besluitvorming werden gemaakt, blijkt een terugkomend verschijnsel bij groepsprocessen. Waar je juist door het grote belang en de wijdverspreide invloed van politieke beslissingen mag verwachten dat objectiviteit en rationaliteit de boventoon voeren, blijkt keer op keer dat sociale processen een (te) grote rol spelen. De Amerikaanse inlichtingendienst heeft zich hierin verdiept en een manier gevonden om het risico van groepsdenken te minimaliseren. Door speciale teams te ontwikkelen met als taak betrouwbaar bewijsmateriaal te vinden, kunnen belangrijke beslissingen beter worden uitgevoerd. Creativiteit en inzicht worden hierbij gestimuleerd.

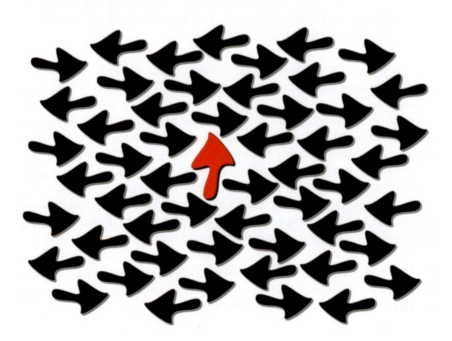

Afbeelding 5.2   Durf af te wijken

De Abilene-paradox

In iedere organisatie kan het voorkomen dat groepsleden samen een besluit nemen dat tegenovergesteld is aan de voorkeuren van elk van de individuen in de groep. Dit sociaalpsychologische verschijnsel werd voor het eerst beschreven door J.B. Harvey, hij noemde het naar de plaats waar dit verschijnsel mee te maken had.

> **Casus**   Abilene-paradox
>
> Op een hete namiddag tijdens een bezoek aan de schoonfamilie in Coleman (Texas) is een familie comfortabel een spel aan het spelen, totdat vader, John, een voorstel doet om naar Abilene te rijden voor het avondeten. Eve, de dochter, zegt beleefd: 'Klinkt als een geweldig idee.' Haar man, Philip, heeft geen zin, want de rit is heet en lang, maar hij denkt dat zijn voorkeur ingaat tegen de wens van de groep en zegt: 'Klinkt als een goed idee, ik hoop dat je moeder geen bezwaar heeft, Eve.' Annabel, de vrouw van John, zegt vervolgens: 'Natuurlijk wil ik gaan. Ik ben in lange tijd niet in Abilene geweest.'
> De rit is warm, stoffig en lang. Wanneer ze aankomen bij het restaurant is het eten net zo slecht als de rit. Ze komen vier uur later weer thuis, uitgeput. Een van hen zegt formeel, 'Het was toch wel een fantastische reis, of niet?' Annabel antwoordt: 'Eigenlijk was ik liever thuis gebleven, maar ik ging mee omdat de andere drie zo enthousiast waren.' De man Philip zegt: 'Ik voelde me al bezwaard om te gaan, ik ging alleen mee om jullie een plezier te doen.' Eve antwoordt: 'Ik ging mee omdat John het vroeg, zelf was ik nooit zo gek geweest om in deze hitte een rit te gaan maken.' Waarop John vertelt dat hij het bedacht had omdat hij dacht dat de anderen verveeld waren. De groep wordt stil, en zijn er stil van, dat ze samen besloten hadden om een trip te maken die geen van hen wilde. Ze hadden allemaal liever comfortabel op de veranda gezeten, maar gaven dit niet toe toen ze nog de tijd hadden om van de middag te genieten.

De Abilene-paradox wijst ons op het gegeven dat mensen meestal niet handelen in strijd met de trend binnen de groep, omdat de sociale belemmeringen personen ontmoedigen zich openlijk te uiten of hun verlangens na te streven. Ook in organisaties gaan groepen vaak 'op weg naar Abilene'. Het betreft een gangbare fout in groepsdenken, waarbij elk lid ten onrechte van mening is dat hun eigen voorkeur in strijd is met de voorkeur van de groep en daarom geen bezwaar maakt tegen het voorgenomen besluit.

Ook in deze situatie speelt de 'advocaat van de duivel' een belangrijke rol; bewust kritisch zijn over ieder voorstel en zo het risico van groepsdenken in het algemeen en de Abilene-paradox in het bijzonder beperken.

De Abilene-paradox (her)kennen binnen communicatiepatronen in groepen kan helpen om de autonomie binnen de groep te vergroten en de groepsleden te laten nadenken over hun persoonlijke wensen.

Procesverlies
De voorgaand beschreven fenomenen leiden allemaal tot procesverlies. Andere vormen van procesverlies zijn een slechte sfeer in de groep, groepsleden die conflictvermijdend zijn, en het afwezig zijn van een duidelijke structuur in het besluitvormingsproces. Opvallend is dat groepen effectiever zijn in het nemen van een besluit dan individuen. Met behulp van heldere besluitvormingsprocedures kan elk besluitvormingsproces echter tot een goed einde gebracht worden.

5.8 Bedreigingen voor de groep in de affectiefase: meeliften op succes

Wanneer een groep optimaal presteert, zegt dat (nog) niet dat een groep ook succesvol zal zijn. Wat maakt een groep dan succesvol? Dat hangt in ieder geval af van de vraag of een groep succesvol wil zijn. En zo ja, waarin? Het succes binnen bijvoorbeeld een zelfhulpgroep zal groter zijn als de individuele deelnemers vooruitgang in hun situatie hebben geboekt. In een werksituatie kan de mate van succes samenhangen met de mate van samenwerking en productiviteit. In een groep mensen met een verstandelijke beperking kan het hebben van plezier en het vergroten van zelfstandigheid als succesvol worden gezien. Een succesvolle groep wordt meestal ook goed begeleid. In dit hoofdstuk wordt bekeken welke kwaliteiten belangrijk zijn om een succesvol team te creëren. Daarnaast wordt besproken welke kenmerken succesvolle, effectieve groepen bezitten. Tot slot wordt aandacht besteed aan groepsrollen en of het stimuleren van rollen in groepen zin heeft, of juist niet en hoe je dit kunt bevorderen.

Groepsrollen
Succesvolle groepen blijken enorm veelzijdig te zijn, terwijl individuele leden slechts enkele kwaliteiten daarvan bezitten. Om al die kwaliteiten tot hun recht te laten komen is dus een veelzijdige groep of team nodig. Teamwerk betekent immers het samenvoegen van mensen met uiteenlopende, aanvullende talenten. Het is een manier om tot synergie te komen: een geheel dat meer is dan de som der delen.
Welke kwaliteiten zijn er nodig om een team succesvol te maken? De Engelse psycholoog Belbin deed vijftien jaar lang onderzoek naar de effectiviteit van teams. Hij onderzocht jarenlang de factoren die bepalen waarom sommige teams effectiever zijn dan andere. Hij toonde aan dat de belangrijkste factoren van de effectiviteit van een groep verborgen liggen in het samenspel van *teamrollen*, in hun onderlinge dynamiek. Ook ontdekte hij in zijn onderzoek dat mensen in teams diverse rollen innemen.

Binnen het model van de teamrollen van Belbin worden tien combinaties van eigenschappen onderscheiden, die staan voor tien samenwerkingsstijlen (zie tabel 5.1). Elke teamrol heeft zijn eigen, unieke inbreng in het functioneren van een team. Eén persoon kan meerdere teamrollen vervullen, maar doorgaans 'passen' drie teamrollen goed bij een individu. Een teamrol heeft een aantal kenmerkende gedragingen, waaraan zowel positieve als minder positieve kanten zitten: kwaliteiten en toelaatbare zwakheden of *valkuilen*.

Spreiding van teamrollen
Is er in een team sprake van een behoorlijke spreiding en balans van rollen? Is er een goede mix van introverte en extraverte, van taakgerichte en procesgerichte persoonlijkheden? De antwoorden op die vragen zijn een veel betere voorspeller van succes dan bijvoorbeeld deskundigheid, creativiteit of intelligentie. Met andere woorden, de *variëteit* binnen een groep is van groot belang voor de effectiviteit.
Een andere belangrijke voorwaarde voor succes blijkt te zijn dat taken en verantwoordelijkheden dusdanig worden verdeeld en ingericht dat de groepsleden overeenkomstig hun beste groepsrollen werken. Spreiding van groepsrollen binnen een team werkt echter alleen als een groepslid erin slaagt het anders-zijn van de ander ook daadwerkelijk als aanvullend en waardevol te zien. Hij moet waardering hebben voor het feit dat een ander anders denkt, anders waarneemt en anders problemen aanpakt. Samenwerking begint met de acceptatie van de verschillen.

Voor individuele groepsleden is authenticiteit van belang. Groepsleden nemen rollen op zich die bij hen passen, maar ze krijgen ook rollen toebedeeld waarvan anderen vinden dat die bij hen passen. *Authenticiteit* wil zeggen dat een lid zich binnen de groep kan gedragen conform zijn (of haar) eigen karakter. Authenticiteit blijkt sterk positief te correleren met werksatisfactie, teameffectiviteit, 'attractie tot de groep' en groepscohesie, en negatief met emotionele uitputting en depressiviteit. Het wekt dan ook geen verbazing dat Belbin als motto van ontwikkeling aangeeft dat mensen zich geen zorgen moeten maken over rollen die ze niet nadrukkelijk bezitten. Beter is het dus om je te concentreren op het ontwikkelen en professionaliseren van de rollen die je gegeven zijn. Een groepslid met voorzitterskwaliteiten kun je beter voorzitter maken en vervolgens feedback geven op zijn voorzittersvaardigheden, terwijl een groepswerker in een team beter een rol kan krijgen die te maken heeft met het ondersteunen van groepsversterkende zaken, zoals het in de gaten houden van de sfeer in de groep.

Tabel 5.1   Teamrollen van Belbin, met bijbehorende kenmerken, kwaliteiten en valkuilen (Gerritsen & Gerritsen, 2005)

Rol	Kenmerken	Kwaliteiten	Zwakheden
Uitvinder	introvert individualistisch verbeeldingskracht	origineel scheppend onorthodox	lak aan regels hoofd in de wolken denkt vanuit ideeën communiceert zwak
Onderzoeker	extravert enthousiast nieuwsgierig communicatief	legt en onderhoudt contacten zoekt, combineert en verspreidt informatie	nonchalant m.b.t. details verliest snel belangstelling
Voorzitter	rustig overzicht doelgericht zelfvertrouwen	besluitvaardig procedurevast gericht op consensus verheldert en delegeert	kan manipulatief overkomen besteedt eigen werk uit
Regisseur	extravert gedreven dynamisch	mobiliseert creëert druk biedt uitdaging bloeit onder druk	ongeduldig kan kwetsen snel geprikkeld kan provoceren
Toetser	nuchter objectief rationeel voorzichtig	kritisch analytisch strategisch oordeelkundig	sober afstandelijk soms te kritisch weinig geïnspireerd
Groepswerker	sociaal gevoelig diplomatiek	attent coöperatief opmerkzaam bevordert harmonie	overgevoelig conflictmijdend besluiteloos bij spanning
Bedrijfsman	degelijk taakgericht betrouwbaar verantwoordelijk	efficiënt praktisch organisator hardwerkend	behoudend weinig flexibel
Zorgdrager	ordelijk waakzaam accuraat consciëntieus	nauwkeurig alert op details perfectionistisch zorgvuldig en zorgzaam	overbezorgd pietje-precies delegeert moeizaam
Specialist	standvastig professioneel gefocust op inhoud	toegewijd vakman brengt specifieke kennis en vaardigheden in	stokpaardjes muggenzifter moeizaam in samenwerking
Stuiterbal	extravert kameleon enthousiast	krachtig associatief emotioneel	chaotisch kan verwarren weinig discipline

Welke rol heb jij?
Test jezelf op www.123test.nl/groepsrollentest. Let op! De stuiterbal is in deze test niet meegenomen.

5.9 Goed functionerende groepen

Uit sociaalpsychologisch onderzoek blijkt dat effectieve groepen bestaan uit zelfregulerende groepsleden. De groepsleden beschikken dan over kennis, motivatie en zelfdiscipline. Bovendien bezitten zij specifieke kenmerken:
- Ze hebben hoop op een goede afloop (zijn optimistisch en doelgericht).
- Ze maken problemen bespreekbaar (zijn open).
- Ze staan open voor persoonlijke leermomenten.
- Ze accepteren leiding.
- Ze accepteren feedback.
- Ze identificeren zich met elkaar en steunen elkaar (wat leidt tot verhoogde cohesie).
- Ze kennen zichzelf goed.
- Ze beschikken over een combinatie van leervaardigheden en zelfcontrole die leidt tot een grotere motivatie.

Daarnaast werd ook gevonden dat de hechtheid in groepen toeneemt naarmate de groep meer doelen bereikt en meer plezier heeft in het samen deze doelen nastreven.
Om de effectiviteit van teams optimaal te houden, zullen organisaties die met teams werken zich regelmatig de volgende vragen kunnen stellen:
- Welke teams zijn effectief?
- Hoe komen effectieve teams tot stand?
- Hoe kunnen teamleden zich de noodzakelijke en teamgerichte vaardigheden eigen maken?
- Dragen teamvormende activiteiten bij aan de effectiviteit van een team?
- Kunnen teams hun eigen effectiviteit meten?
- Wat is het doel van het zorgvuldig structureren van teams, het trainen van teamleden en het werken aan de effectiviteit van een team?

Wanneer presteert een groep optimaal?
De sociaalpsycholoog Bandura introduceerde in 1986 het begrip *group-efficacy*, dat wordt gedefinieerd als het oordeel van de groep over zijn vermogen een bepaalde taak uit te voeren. Het gaat er dus om dat de groep in staat is om zijn eigen kunnen in te schatten en een taak dus wel of niet oppakt. Op basis hiervan bekeken onderzoekers hoe het met deze group-efficacy in groepen was gesteld. Zij kwamen tot de conclusie dat de cohesie in groepen hoger is wanneer groepen een hogere group-efficacy hebben. De groepsleden durven daardoor als groep meer uitdagende doelen na te streven. Bovendien concludeerden zij dat groepen die uitdagender doelen nastreven beter presteren dan groepen met minder uitdagender doelen. Daarnaast bleek dat de hechtheid in groepen toeneemt naarmate de groep meer doelen bereikt en meer plezier heeft in het samen deze doelen nastreven.

Wat kun je hieruit concluderen als het gaat om prestaties leveren? Een groep die meent wat te kunnen heeft leden die zich sterker verbonden voelen met elkaar. Daardoor gaat de groep meer uitdagende doelen aan. Als deze dan ook weer bereikt worden doordat de groep beter presteert, wordt de groep nog hechter met elkaar en heeft meer plezier.
Het is belangrijk voor jou als begeleider dat je de groep vertrouwen geeft om iets te kunnen, maar de te behalen doelen niet te makkelijk maakt.

Groepsprestaties
Goed samengestelde groepen lijken goede prestaties te leveren. Omgekeerd kunnen er ook omstandigheden zijn waarin de prestaties van individuen juist negatief beïnvloed worden door de groep. Er is in de sociale psychologie veel onderzoek gedaan naar individuele en groepsprestaties. Hoe valt bijvoorbeeld te verklaren dat individuele prestaties in een groep soms beter en soms slechter worden uitgevoerd?

Winsten en verliezen in groepsprestaties
Groepen presteren vaak beter dan individuen dat zouden kunnen. Dat doen ze door samen te werken, door afwijkende vaardigheden en door de mogelijkheid om verschillende taken tegelijk uit te voeren in plaats van achter elkaar. Deze verhoogde prestatie kun je zien in de bouw, bij het oplossen van puzzels en bij chirurgische procedures. Het collectief geheugen bij groepsleden is beter dan een individueel geheugen; groepen verschaffen correctere en meer gedetailleerde beschrijvingen van gebeurtenissen dan enkelingen doen.
Toch resulteert samenwerking vaak in een minder goed resultaat dan als dezelfde mensen los van elkaar zouden werken. Mensen presteren beter bij brainstormsessies of geheugentaken als zij onafhankelijk werken dan als zij in een groep werken. Mensen komen individueel dan met meer ideeën van betere kwaliteit bij brainstormen en produceren superieure informatie in geheugentaken. Groepen laten soms grotere vertekeningen zien op het gebied van beoordelingstaken of beslissingstaken dan individuen. Deze nadelen zijn vaak een gevolg van verlies van motivatie of slechte samenwerking.

Beter of slechter presteren in groepen
Waarom lijkt iets soms makkelijker en soms juist moeilijker als je met meerdere mensen bent? Allereerst bespreken we de situatie van het individu dat iets uitvoert in een groep, bijvoorbeeld een begeleider die een vaardigheid demonstreert. Hoe goed voert hij deze vaardigheid uit? De *sociale facilitatietheorie* van Zajonc biedt antwoord op deze vraag. Proefpersonen die een ingewikkelde taak moeten uitvoeren terwijl anderen hun op de vingers kijken, maken meer fouten dan wanneer er niemand toekijkt. Blijkbaar is het genoeg dat anderen aanwezig zijn, om een zekere spanning en opwinding op te roepen. Dit maakt ons onzekerder omdat we nooit zeker weten hoe anderen reageren. Taken die we moeilijk vinden, zullen we tijdens deze toestand slechter uitvoeren. Wanneer we ook nog het gevoel hebben dat we beoordeeld worden door anderen, verslechtert

de uitvoering van de taken nog meer. Taken die we goed beheersen, zullen we daarentegen tijdens een toestand van opwinding goed kunnen uitvoeren. Bij eenvoudige taken presteren we zelfs beter als er anderen toekijken.

Belangrijk is dus dat de uitvoerder de vaardigheid goed beheerst, maar ook dat hij zich niet 'beoordeeld' voelt door anderen. Dit laatste kan zich voordoen in het beroepsonderwijs, als studenten de vaardigheid regelmatig op de werkvloer tegenkomen en de begeleider op de opleiding de vaardigheid langere tijd niet heeft gedemonstreerd. Ook kan het zijn dat de verpleegkundige een cliënt vraagt om een handeling te verrichten die de cliënt thuis wel eens zelfstandig uitvoert. Doordat de verpleegkundige nu gaat observeren, kan hij/zij als beoordelaar worden gezien, waardoor de cliënt zenuwachtig wordt en de handeling niet goed verloopt.

Social loafing

Daarnaast bestaan er situaties waarin mensen als groep een prestatie moeten uitvoeren, waarbij wel een individuele inspanning gevraagd wordt, bijvoorbeeld bij een groepsopdracht binnen het onderwijs. Hierbij kan een verslechtering van de individuele prestatie plaatsvinden, omdat mensen het gevoel hebben dat hun inspanning minder wordt opgemerkt en minder invloed zal hebben op het groepsresultaat. Dit verschijnsel noem je *social loafing*.

Social loafing gebeurt minder bij interessante en veeleisende taken, en bij taken waarin individuele inbreng essentieel is voor succes. Mensen zijn minder geneigd aan social loafing te doen wanneer de groepsprestatie kan worden afgemeten aan een duidelijke standaard en wanneer leden zeker weten dat anderen ook hard werken. Sterke identificatie met de groep reduceert ook social loafing, wat verklaart waarom vrouwen en mensen uit onderling afhankelijke culturen minder neigen tot social loafing.
Mensen neigen soms tot social loafing omdat ze denken dat hun groep productiever is dan deze werkelijk is, de zogenoemde 'illusie van groepsproductiviteit'. Social loafing lijkt af te hangen van zowel taakgerichtheid als sociale, onderlinge afhankelijkheid. Zodra social loafing invloed heeft op de taakbeheersing of de verbondenheid van de groep, neemt deze af. In sommige gevallen vindt zelfs *sociale compensatie* plaats, waarbij een lid harder werkt om te compenseren voor de zwaktes of gebreken van andere leden.

Slechter presteren door stereotypegevoeligheid

Stereotypedreiging is een negatieve beïnvloeding van prestaties die ontstaat wanneer een groepslid zich bewust wordt van het feit dat van leden van zijn groep wordt verwacht dat ze slecht presteren in dat domein. Bij *stereotypedreiging* is de 'dreiging' dat mensen minder gaan presteren of iets niet of niet goed doen doordat ze over een stereotype horen dat onbereikbaar is (wat misschien niet waar is), en zich daaraan aanpassen. Wanneer ze echter horen dat er een positief stereotype over hen bestaat, presteren zij juist beter. Dit verschijnsel wordt de *stereotypelift* genoemd.

> **Voorbeeld** Wiskundetest
>
> Shih et al. (1999) (beschreven in Zimbardo et al. (2015)) voerde een experiment uit met Aziatische vrouwen die een wiskundetest moesten maken onder drie verschillende condities. In conditie 1 werd de eerste groep op subtiele wijze aan hun *Aziatische* identiteit herinnerd. In conditie 2 werden een volgende groep op subtiele wijze aan hun *vrouwelijke* identiteit herinnerd. In conditie 3, de controlegroep, werd de groep *niet* aan hun identiteit herinnerd.
> Het resultaat was dat de vrouwen die waren herinnerd aan hun *Aziaat-zijn*, beter presteerden dan de controlegroep (stereotypelift), terwijl de vrouwen die waren herinnerd aan hun *vrouw-zijn* (stereotypedreiging), slechter scoorden dan de controlegroep.
>
> Kader 5.4

Groepsleden kunnen zichzelf tekortdoen als zij ten prooi vallen aan twijfel over hun eigen kunnen doordat personen buiten de groep hen een stereotype toekennen. Blijven geloven in eigen kunnen kan deze problematiek verminderen. De stereotypen die in positieve zin leven over een groep kan de groep juist versterken.

Meeliften en het voorkomen daarvan

Omdat men meent dat individueel gedrag in (grote) groepen niet altijd opgemerkt wordt, kunnen individuele groepsleden zich afwachtend opstellen en anderen het werk laten opknappen: dat noemen we *meeliften*. Omgekeerd kunnen mensen die verwachten dat zij juist al het werk moeten doen, een stapje terug doen. Social loafing komt veel voor in het onderwijs, maar eigenlijk in allerlei situaties waar wordt samengewerkt. Uit onderzoeken blijkt dat de som van individuele prestaties groter is dan een gezamenlijk eindproduct. Met andere woorden: mensen presteren beter alleen dan gezamenlijk. Wanneer het gezamenlijk eindproduct wel beter is dan de individuele prestaties, wordt dit verklaard doordat sommige groepsleden zich meer inzetten en daardoor compenseren voor mensen die slechtere prestaties leveren. Zij moeten dan wel de overtuiging hebben dat deze slechter presterende groepsleden niet beter kunnen presteren. Wanneer de slechtere prestaties te wijten zijn aan een slechte inzet, worden de prestaties niet gecompenseerd.

Deze verschijnselen kunnen bijvoorbeeld ook bij de start van een opleidingsgroep optreden. Hier kan de basis liggen voor aangeleerd gedrag, dat zich blijft manifesteren in de latere werkkring. Een oplettende begeleider kan hier een link leggen met het latere beroep door een spiegel voor te houden. Een interessante vraag hierbij is: 'Ben jij als beroepsbeoefenaar bereid om te compenseren voor het gedrag van je collega's?'

Groepsleden kunnen dus op zich zeer gemotiveerd zijn om een groepsopdracht tot een goed einde te brengen, maar toch besluiten om zich daarvoor niet in te zetten omdat zij het niet eerlijk vinden dat anderen dan minder zouden doen dan zijzelf. Als de bijdrage van een of meer groepsleden vermindert, zal de bijdrage van andere groepsleden ook afnemen. Er ontstaat zo collectieve improductiviteit. Hierin wordt de hele groep meegezogen. Dit noem je het *sucker-effect*.

5.10 De rol van de begeleider in de affectiefase

Hoewel de rol van de begeleider ook in de affectiefase in ieder onderdeel reeds belicht is, wordt aan het eind van dit hoofdstuk nog kort stilgestaan bij specifieke begeleidersvaardigheden in de affectiefase. Wat kan een groepsbegeleider bijvoorbeeld doen om de verbondenheid in de affectiefase te stimuleren?

De begeleider kan ondersteuning bieden bij het opstellen van gemeenschappelijke groepsdoelen zoals:
- het werken aan proces- en productdoelen;
- het verbeteren van sociale vaardigheden;
- het bieden van veiligheid en stimuleren van vertrouwen;
- het realiseren van gelijkheid tussen groepsleden (gelijke deelname van verschillende rassen, status enzovoorts binnen de groep).

Als begeleider moet je een groepsopdracht of gezamenlijk plan helder structureren zodat de deelnemers zelf aan het werk kunnen. Belangrijk hierbij is dat iedereen zich realiseert dat de opdracht een gemeenschappelijk product is. Dit is dus iets anders dan dat iedereen zijn 'deeltje' doet. Daarom is het belangrijk dat de opdrachten zo opgezet worden dat de groepsleden elkaar nodig hebben (positieve wederzijdse afhankelijkheid). Daarnaast is het belangrijk dat je als begeleider aandacht besteedt aan de ontwikkeling van sociale en communicatieve vaardigheden en dat de interactie tussen groepsleden wordt gestimuleerd. Het geven van feedback, bij voorkeur aansluitend bij datgene waar de groepsleden nog in kunnen groeien, is hierbij zeer waardevol. De feedback wordt gegeven door de groepsleden zelf en door de begeleider.

Sociale vergelijking
Wanneer deelnemers principes van samenwerkend leren toepassen, zullen zij dagelijks met elkaars prestaties te maken krijgen en deze daardoor intensief met elkaar gaan vergelijken. Dit kan een positief effect hebben, gelegen in het feit dat het zwakkere leden kan aanmoedigen. Het nastreven van doelen die enigszins uitdagend zijn leidt namelijk tot betere prestaties. Groepsleden kunnen hierdoor meer waarde gaan hechten aan prestaties.
Daarnaast zijn er ook negatieve effecten van het samenwerken in groepen. Zo bestaat het gevaar dat het niveau naar beneden wordt getrokken door juist te

grote gerichtheid op de zwakkere groepsleden. In de ideale groep zullen de deelnemers elkaar aanmoedigen en helpen. Ieder heeft zijn kwaliteiten die helpen tot goede resultaten te komen. Als begeleider dien je oog te hebben voor dit effect en moet je proberen de groepen weer positief op weg te helpen, bijvoorbeeld door het stellen van kritische vragen en het monitoren van de feedback. Zeker jonge groepsleden zullen snel tevreden zijn met uitkomsten.

Daarnaast zijn er een aantal affectieve en motivationele factoren die optreden binnen goede samenwerking en cohesie in de groep. Dergelijke factoren zijn:
- aandacht voor leren en werken met elkaar;
- meer verantwoordelijkheid voor de eigen ontwikkeling, wat leidt tot verhoging van intrinsieke motivatie;
- elkaar steunen, wat leidt tot toegenomen betrokkenheid bij opdrachten en langer volhouden wanneer het fout dreigt te gaan;
- positieve groepsnormen, die individuele inzet aanmoedigen;
- doelen die ook zijn gericht op 'leren en ontwikkelen' in plaats van alleen op prestatie;
- leren sluiten van compromissen.

De hier opgedane ervaringen zullen hopelijk leiden tot een open sfeer in de (latere) werkkring, waarbij men elkaar op een positieve wijze verder helpt en problemen op het gebied van samenwerken kunnen worden voorkomen.

Samenwerken en begeleiden

Tot slot is het van groot belang dat ook begeleiders vaardig worden en getraind zijn in het invoeren en handhaven van met elkaar samenwerken. Als begeleider speel je twee rollen: die van ontwikkelaar en die van begeleider. Goed ontworpen samenwerkingstaken waarbij meeliften lastig wordt, kan niet zonder een goede begeleider. Organiseren van groepswerk kan als complex worden ervaren en kost tijd. Vertrouwen in de capaciteiten van de groepsleden kan hierbij helpen. Niet alle opdrachten dienen altijd besproken te worden. Dit maakt groepsleden soms zelfs *afhankelijk* (Remmerswaal, 1992, 2001). Leer hen om te vertrouwen op hun eigen kunnen. Door inzicht te krijgen in het groepsgedrag en de wijze van samenwerken, kunnen groepsleden hierin groeien en zichzelf ontwikkelen tot een professional.

5.11 Opdrachten

1 'Groepsleden zullen zich prettiger voelen in een homogene groep dan in een heterogene groep'.
   a. Verklaar bovenstaande bewering
   b. In welke groepen kom jij het best tot je recht? Maak in de onderbouwing van je antwoord gebruik van twee groepsdynamische theorieën.

2 Om zoveel mogelijk een positief zelfbeeld te handhaven, kun je verschillende processen toepassen. Een van deze processen is het zogenoemde *zelfhandicappen*.
   a. Wat is zelfhandicappen?
   b. Geef een voorbeeld uit je eigen leven van zelfhandicappen.

3 Sommige groepsleden vinden dat roddelen in de groep geen kwaad kan in een groep waarin mensen elkaar vertrouwen, anderen menen dat roddelen het vertrouwen beschaamt.
   a. Lees het onderstaand stukje.
      Discussieer daarna, met die tekst in het achterhoofd, over de stelling: 'Af en toe over groepsleden roddelen kan geen kwaad'.

Voorbeeld Roddelen uit jaloezie of boosaardigheid

Een groot deel van de mensheid roddelt weleens, soms uit tijdverdrijf of om iets grappigs te zeggen, soms uit jaloezie of uit boosaardigheid. De verhalen die dan de ronde gaan over de ander zijn nooit leuk voor de persoon in kwestie, maar gaan over diens tekortkomingen.

Wat betekent roddelen?
Roddelen betekent letterlijk: met genoegen praten over anderen, met name in ongunstige zin. Een Belgische communicatiewetenschapster onderzocht het fenomeen en vond uit dat over anderen praten niet alleen negatief is, maar ook positieve kanten heeft. Volgens de Belgische onderzoekster De Backer kunnen mensen van roddels namelijk ook veel leren. Van al die verhalen kunnen andere mensen namelijk leren wat zij niet moeten doen. Gebeurtenissen van anderen die niet goed aflopen houden een waarschuwing in. Ze kunnen er voor zorgen dat mensen niet in eenzelfde valkuil lopen, niet in aanraking komen met mensen of praktijken die negatief voor hen zijn en kunnen andere nare zaken voorkomen.
Roddelen zorgt ook dat mensen zich verbonden voelen. Door gezamenlijk één standpunt in te nemen tegenover een ander in een nare situatie ontstaat een relatie. Er wordt als het ware een pact gesloten die een band kan creëren.

Kader 5.5

   b. Lees onderstaande tekst.
      Discussieer daarna opnieuw, nu over de stelling: 'Roddelen kan het vertrouwen in de groep beschamen.'

Voorbeeld Roddelen om geïnformeerd te zijn

Roddelen is voor sommige mensen net als de krant lezen. Ze krijgen op die manier de laatste nieuwtjes te horen en zijn weer op de hoogte van wat er in hun omgeving of hun wereld gebeurt. Dat hoeft ook helemaal niet negatief te zijn. Door te weten dat een kennis niet gescheiden is, iemands vader of moeder net is overleden of die bepaalde persoon erg ziek is, kan ook veel leed voorkomen worden. In die zin is roddelen een heel positieve zaak want het informeert mensen en zorgt ervoor dat met die informatie vervolgens adequaat om kunnen gaan.

Waarom roddelen mensen?
Mensen roddelen om:
- de ander te controleren;
- de ander te manipuleren;
- andere mensen te vermaken;
- hun boosheid te uiten;
- uiting te geven aan nare gevoelens over anderen;
- ervan te leren.

Regels voor roddelen
Roddelen mag dus best, maar het moet geen kwetsende zaak worden. De regels voor roddelen zijn dan ook:
- Vertel geen leugens. Is niet duidelijk of het om de waarheid gaat, vertel het dan niet of zeg dat je niet weet of het waar is.
- Ga na of je iemand beschadigt door zo'n verhaal door te vertellen. Denk je dat dit zo is, houd het dan voor je.
- Heb je beloofd iets niet door te vertellen, doe het dan niet. Het is niet alleen schadelijk voor de ander, maar ook voor jezelf. Zoiets komt namelijk toch wel uit en dat zet relaties enorm onder druk omdat het vertrouwen wordt geschaad.

Kader 5.6

    c. Bespreek de eindconclusie rondom de stelling en kijk of er sprake is van groepspolarisatie in de groep?

4 Groepsleden kunnen zichzelf tekortdoen als zij ten prooi vallen aan twijfel over hun eigen kunnen doordat personen buiten de groep hen een stereotype toekennen. Blijven geloven in eigen kunnen kan deze problematiek verminderen.
    a. Wat is stereotypedreiging?
    b. Bedenk zelf een voorbeeld van 'stereotypedreiging'.

5.12 Samenvatting

In hoofdstuk 5 stond de affectiefase centraal. De groep is in rustiger vaarwater gekomen, en is op weg naar betere samenwerking, meer cohesie en is mogelijk ook in staat tot betere productie of een productief samenzijn. Het is belangrijk dat je elkaar verder helpt in individueel en groepsgedrag. Dit lukt het best als je elkaar feedback geeft. Een deel van hoofdstuk 5 bestond uit informatie rondom feedback geven. Daarnaast werd beschreven hoe je het best een besluit kunt nemen waar de groepsleden zich allemaal min of meer in kunnen vinden. Een ander deel was gewijd aan procesverlies in groepen. Hoe voorkom je bijvoorbeeld meeliften, evenals foute en onuitgesproken denkprocessen, waardoor de groepsleden besluiten nemen die niet zinnig of zelfs gevaarlijk zijn? We hebben het hier over groepsdenken. Het hoofdstuk sluit af met tips voor de begeleider in de affectiefase.

Een succesvolle groep blijven 6

6.1 Inleiding

In het ultieme geval, wanneer de groep zich goed heeft ontwikkeld en de basisbehoeften van de groepsdeelnemers zijn vervuld, zal de groep zichzelf ervaren worden als een prettige, succesvolle groep. Succesvolle groepen zijn prettig om deel van uit te maken, en bereiken ook veel. De groep zal hard moeten werken om in stand te blijven. Door de dynamiek, die altijd aanwezig is, kan een groep doorlopend veranderen. Sommige groepsbegeleiders geloven dat als zij veel investeren in hun groep, zij een goede groep krijgen maar ook kunnen behouden. Dat is helaas niet zo, omdat een groep altijd in beweging is. Groepsleden komen en gaan, en iedere verandering, zelfs een tijdelijke, geeft weer een nieuwe groepsdynamiek. Realiseer je dat als je groepssamenstelling is veranderd, je weer te maken krijgt met een inclusie-, controle- en affectiefase. Besteed daarom bij iedere verandering aandacht aan (hernieuwde) kennismaking, macht, invloed en verbondenheid. In dit hoofdstuk vind je tips om de groep succesvol te laten blijven.

6.2 Groepsdynamiek als doorlopend proces

6.2.1 Inclusiefase

In de inclusiefase is het belangrijk om stil te staan bij de verandering in de zin van: wie is er bijgekomen en/of wie is er weggegaan? Heet een nieuw groepslid van harte welkom, laat hem delen in de normen en waarden van de groep en zorg dat hij de gelegenheid krijgt om met andere groepsleden kennis te maken. Je kunt je afvragen of dat ook nodig als er iemand weggaat. Ook als er iemand afscheid neemt van de groep kunnen de rollen verschuiven. Iemand die zich welkom voelde in de groep kan zich, door het missen van zijn maatje, opeens niet meer welkom voelen, en zal op zoek moeten gaan naar nieuwe relaties binnen de groep. Jij, als begeleider, kunt je hiervoor inzetten door bijvoorbeeld eens opnieuw een kennismakingsoefening te doen, maar dan met een ander thema, bijvoorbeeld 'rol in het gezin'. Dit kan tot leuke en verrassende inzichten bij de groepsleden leiden.
Bij het vertrek van een 'zwart schaap' (waarover we eerder spraken in paragraaf 3.8.1) zal de groep, na aanvankelijke opluchting, merken dat er een nieuw

'zwart schaap' opstaat. Zwarte schapen zullen de groep blijven bevolken als er niets gedaan wordt aan het 'ik hoor er niet bij'-gevoel in de groep. Zij verdwijnen alleen maar als er ruimte is voor iedereen.

6.2.2 Controlefase

In de controlefase kunnen verschuivingen optreden tussen de veelpraters en weinigpraters. Eén van beide groepen kan versterkt of verzwakt worden, waardoor de dynamiek verschuift. Het is dan ook goed om de standaard voorkomende subgroepjes eens te herindelen. Mocht de informele leider daardoor uit zo'n (sub)groep verdwijnen, dan kan een ander groepslid zich – al dan niet gedwongen – geroepen voelen tot het invullen van deze taak. Als begeleider valt je na enige tijd op dat de inhoud van de gesprekken met de groepsleden anders van aard wordt, aangezien de rollen in de groep anders zijn geworden.

6.2.3 Affectiefase

Als de groep zich al langere tijd in de affectiefase bevindt, en het dus goed heeft met elkaar, kan het vertrek van één of meer groepsleden verdriet en eenzaamheid opleveren. Voor sommige groepsleden kan het zelfs een reden zijn om ook de groep te verlaten.
Ook hier moet je als leider op inspelen, zeker als de groepsleden de groep niet kunnen verlaten zoals in een instelling voor mensen met een beperking of bewoners van een verzorgingshuis. Wanneer de groep verandert doordat één van de groepsleden overlijdt (in de zorg is dat niet ondenkbaar), is het je taak om stil te staan bij het verlies en de erop volgende periode van rouw. Begeleiden van het rouwproces wordt dan een belangrijke taak. Ook als begeleider kun je dan verdriet ervaren, omdat je immers deel uitmaakt van de groep. Groepsleden die al lang met elkaar samen zijn, hebben vaak dezelfde banden als binnen een familie. Het begeleiden van een rouwproces valt buiten het bestek van dit boek. Als met al is het goed om te weten dat de begeleider altijd alert moet zijn op veranderingen in de groep.

Voorbeeld Groepsvorming

Klas 2c van de opleiding HBO Verpleegkunde bestaat uit 4 jongens en 15 meisjes. Op twee leerlingen na (twee nieuwe meisjes zijn ingestroomd) is de groep qua samenstelling dezelfde gebleven als vorig jaar. De twee meisjes die erbij gekomen zijn komen van een andere verpleegkunde opleiding. Zij zijn bevriend met elkaar, zitten naast elkaar en bemoeien zich alleen met de andere studenten als er foute of niet zinvolle antwoorden komen. Ook kijken ze elkaar betekenisvol aan als de leraar te lang doorgaat op 'domme' vragen van de andere studenten. Volgens veel docenten is de sfeer in groep 2c dit jaar behoorlijk veranderd. Van een coöperatieve, goed presterende groep vinden ze het een onrustige, drukke groep en slecht presterende groep geworden.

Kader 6.1

6.3 Succesvol door sociaal leren, modelling, 'belonen' en 'straffen'

Als kind leerde je op school dat afkijken niet mocht. Je zou er namelijk niets van leren als je andermans werk overschreef en bovendien was het natuurlijk niet eerlijk. Toch doen mensen in groepen niets anders dan naar elkaar kijken en elkaar imiteren. Dit wordt ook wel sociaal leren genoemd. We leren in de groep van elkaar. In tegenstelling tot wat we vroeger op school leerden, kan het juist heel leerzaam zijn als we op elkaar letten en manieren van elkaar overnemen. Ruijters en Simons (2012) schrijven in *Canon van het leren* hoe mensen van elkaar kunnen leren. We lichten er hier drie manieren uit:
1. De kunst afkijken: leren in de dagelijkse praktijk van het kijken naar anderen en te ontdekken wat wel en niet werkt.
2. Participeren: sociaal leren, met en van elkaar; je leert van de reacties en ideeën van je groepsgenoten.
3. Kennis verwerven: leren van vakmensen/docenten. Zij weten hoe het hoort en zijn de ideale kennisoverdragers.

Ruijters en Simons (2012) vonden dat leren van elkaar juist belangrijk is, omdat je niet steeds dezelfde fouten hoeft te maken als je medegroepslid. Als hij of zij bepaalde fouten al heeft gemaakt en ervan geleerd heeft, hoef jij dat niet opnieuw te doen. Op die manier leren groepsleden elkaar steeds beter kennen. Het is wel jouw taak als groepsleider om het aan te geven als er 'verkeerde' zaken van elkaar worden overgenomen.

Casus   Leefgroep

In een leefgroep letten de jongeren op elkaar. Er zijn namelijk strakke regels over de tijden van 's avonds thuiskomen: de 17-jarigen mogen later thuiskomen dan de 14-jarigen. Op een avond hoort Jos, de groepsleider, hoe Lisa van 14 jaar aan Joy van 17 jaar vraagt hoe ze de regels kan omzeilen. Ze heeft een feestje en wil echt niet vroeg naar huis. Net als Joy haar de tips wil vertellen, spreekt Jos beiden aan. Hij spreekt de hoop uit dat Joy het goede voorbeeld geeft en Lisa erop zal wijzen dat zij zich aan de regels moet houden.

Learning agility
Recent onderzoek over leren van elkaar betreft de *learning agility*. Hofkes en Busato (2014) beschrijven dit als het vermogen om op basis van nieuwe ervaringen snel en flexibel nieuw effectief gedrag te ontwikkelen. Mensen met een

hoge learning agility halen meer uit hun ervaringen, zoeken meer naar nieuwe uitdagingen en staan open voor feedback. Mensen met een lage learning agility leren weinig of niets van nieuwe ervaringen en blijven vasthouden aan oude gewoonten. Daarbinnen zijn de volgende vormen van learning agility te onderscheiden:
- people agility: leren van anderen;
- results agility: leren van uitdagingen;
- mental agility: leren van het oplossen van complexe problematiek;
- change agility: leren van nieuwe situaties.

Uit onderzoek blijkt dat vrouwen hoger scoren op de dimensie people agility, mannen hoger op mental agility. Mensen die hoog scoren op people agility leren vooral van anderen en zullen in groepen dus veel kunnen leren.

Sociaal leren
De Canadese psycholoog Albert Bandura bedacht het sociaal leren. Mensen denken na over zichzelf en kunnen bewuste keuzes maken. Bandura is het wel met Skinner (de grondlegger van het behaviourisme) eens dat de bekrachtiging (of beloning) van gedrag ervoor zorgt dat mensen bepaalde gedragspatronen aanleren.
Leren kan echter volgens Bandura ook op een andere manier. Mensen leren ook door naar anderen te kijken, een fenomeen dat hij observationeel leren noemt. Mensen leren door te kijken naar hoe anderen iets doen (observationeel leren), en te zien welke gevolgen die andere persoon daarvan ondervindt (observationele bekrachtiging). Ziet een kind bijvoorbeeld hoe zijn moeder een appel schilt en smikkelend opeet, dan leert het hoe je een appel moet schillen. Ook verklaart het waarom er zoiets bestaat als 'modeverschijnselen' en praten in 'straattaal'.
Observationele bekrachtiging is overigens geen noodzaak om gedrag aan te leren. Onderzoek van Bandura zelf laat bijvoorbeeld zien dat na het kijken naar een gewelddadige video, kinderen zich agressiever gedragen dan kinderen die de video niet hebben gezien. Dat werkt niet alleen zo bij kinderen, maar ook bij volwassenen. Bevind je je bijvoorbeeld in een groep en begint een aantal mensen te vechten, dan kan het zomaar zijn dat er meer mensen gaan relschoppen, tot de groep één vechtende massa is.

De theorie van Bandura leert ons vooral dat goed voorbeeld goed doet volgen. Wil je iemand iets leren, dan moet je zelf het goede voorbeeld geven. Ook kan 'kijken naar iets of iemand' positieve resultaten hebben. Zo blijken kinderen taal, rekenen en goede omgangsvormen te leren via het programma 'Sesamstraat' en leidde in Mexico een 'soapserie' tot aanzienlijk veel meer aanmeldingen op een alfabetiseringscursus.

Beloning en aansporing
Een andere invalshoek om succesvol groepsgedrag te handhaven is het werken met beloningen en aansporingen. Deze invalshoek komt voort uit het

'behaviourisme' en wordt veel bij het trainen van dieren toegepast. Bepaald gedrag kan als consequentie een beloning hebben. Een aansporing is een gebeurtenis of een voorwerp dat gedrag aanmoedigt of ontmoedigt. Een agressieve jongere in een instelling kan bijvoorbeeld meer vrije tijd verdienen als hij zich niet agressief gedraagt. Wanneer je de groep succesvoller wil laten zijn vanuit het behaviorisme, kun je in de groep aansporingen en beloningen analyseren. Als het groepsgedrag consequent bekrachtigd wordt kan dit gedrag een gewoonte gaan worden. Een groepslid die gemotiveerd met zijn therapie bezig is en door zijn begeleider hiervoor beloond wordt zal zich dit nieuwe gedrag uiteindelijk eigen maken.

Reward theory
Een bekrachtiging of beloning kan ook liggen in iets terugkrijgen voor iets wat we gegeven hebben. Het ligt voor de hand dat wij ons het prettigst voelen bij mensen die ons iets te bieden hebben. Dit verschijnsel noem je de *reward theory*; we geven meestal de voorkeur aan belonende relaties. Hoewel we er geen bezwaar tegen hebben iets terug te geven (sociale uitwisseling), haken de meeste mensen wel af bij een relatie waarin de ander alleen maar neemt en niets teruggeeft. Binnen de meeste goede relaties worden zaken uitgewisseld waar de ander iets aan heeft. Dit kunnen materiële bezittingen of geld zijn, maar het kan ook gaan om zaken als status, goedkeuring, hulp, seks of emotionele steun. Ook hier is het sociaal leren aan de orde. Mensen die wij aantrekkelijk en/of aardig vinden, zijn de mensen die ons het meeste voordeel opleveren tegen zo laag mogelijke kosten. Aantrekkelijkheid levert ons een beloning op. Binnen de sociale psychologie worden vier belonende factoren onderscheiden als voorspeller van mogelijke aantrekkelijkheid: nabijheid, gelijkenis, jezelf laten zien en fysieke aantrekkelijkheid. Van nabijheid is bekend dat mensen over het algemeen vriendschap sluiten met diegenen die veel in hun nabije omgeving verkeren. Meer contact leidt vaak tot hechtere relaties. Ook het principe van gelijkheid speelt een belangrijke rol; mensen voelen zich het meest aangetrokken tot mensen die veel op hen lijken.

Uitzonderingen binnen de reward theory
Soms ontmoeten we mensen die relaties hebben waarbinnen de beloningen ver te zoeken lijken. Deze relaties roepen vragen op en ondervinden weinig begrip van buitenstaanders. Wat is hier aan de hand? Deze vormen van relaties lijken helaas vooral op te gaan voor mensen die een laag zelfbeeld hebben. Zij zoeken aansluiting bij een partner of vrienden die deze mening lijken te delen en zij stimuleren elkaar niet om hun zelfbeeld op te vijzelen. In de huidige tijd zien we dat jongeren met een laag zelfbeeld zich aansluiten bij jongeren die (ogenschijnlijk) ook een laag zelfbeeld hebben. Soms kan dit ertoe leiden dat deze jongeren afglijden in de maatschappij en in verkeerde (criminele) milieus terechtkomen.

Mensen met een uitermate positief zelfbeeld worden – vreemd genoeg – niet al te vaak benaderd. De angst door deze competente personen te worden afgewezen is (te) groot en leidt tot het nemen van afstand. Ook de *cognitieve dissonantietheorie* lijkt een verklaring te leveren voor het in stand blijven van negatieve relaties of het lid blijven van een negatieve groep. De cognitieve dissonantietheorie zegt dat als mensen zich vrijwillig overgeven aan gedrag dat hen problemen oplevert of botst met hun eigen normen en waarden, dit leidt tot een grotere motivatie om te volharden in de situatie. Iets wat zo veel moeite kost, moet wel de moeite waard zijn. Dat komt bijvoorbeeld ook voor in gewelddadige relaties: mensen voelen zich aangetrokken tot degene voor wie ze bereid zijn te lijden.

In het algemeen geldt dus dat, naast de reward theory, er bij aantrekkelijkheid ook rekening moet worden gehouden met cognities als verwachtingen, zelfwaardering en cognitieve dissonantie. Kortom, met verklaringen over hoe mensen de sociale omgeving interpreteren.

6.4 Succesvol door de juiste gevolgtrekkingen: attributie

Soms kunnen goede ontwikkelingen van de groep geremd worden door het maken van verkeerde gevolgtrekkingen en niet kloppende aannames over het gedrag van de groepsleden. Concreet betekent dit dat mensen het verband tussen oorzaak en gevolg niet goed zien.

Wanneer groepsleden te maken krijgen met (negatieve) feedback over hun gedrag, zullen zij hiervoor goede verklaringen zoeken. Wanneer bijvoorbeeld een studente met een Antilliaanse achtergrond zakt voor een vaardigheidstest zoals die in beroepsopleidingen regelmatig worden afgenomen, zou zij kunnen aangeven dat de docent haar heeft afgewezen omdat hij haar discrimineert. Op die manier weet een persoon uit een groep nooit zeker of hij wel of niet goed heeft gepresteerd.

Je kunt op twee manieren gebruikmaken van attributie:
- Interne attributie: je vindt dat je zelf de oorzaak bent van wat je overkomt.
- Externe attributie: je vindt dat iets of iemand anders de oorzaak is van wat je overkomt.

Om interne of externe attributie uit te leggen kunnen we als voorbeeld een examen nemen:
- Als je in één keer slaagt, vind jij jezelf goed en schrijf je de oorzaak toe aan jezelf. Als je zakt doordat je de avond ervoor dronken bent geweest, schrijf je de schuld ook toe aan jezelf. Dat noemen we interne attributie.
- Als zegt dat je gezakt bent door toedoen van de samensteller van het examen (er waren te weinig vragen over de verplichte leerstof), dus door toedoen van een ander, schrijf je de oorzaak toe aan iemand anders. Dat noemen we externe attributie.

Als je begeleider van een groep bent, maakt het nogal uit of je een gebeurtenis toeschrijft aan personen, bijvoorbeeld de groepsleden, of aan een situatie. Wanneer een gebeurtenis aan een situatie wordt toegeschreven, zou het de volgende keer anders kunnen lopen. Wanneer een gebeurtenis aan de groepsleden ligt, zal het wellicht bij een nieuwe situatie hetzelfde verlopen. Het is dus erg belangrijk om dit onderscheid te maken als je met een groep aan de slag wilt.

> **Casus** — Presenteren voor een groep
>
> Liesbeth verzorgt een presentatie over zindelijkheid bij peuters. Ze doet dit op een informatieavond voor ouders op een kinderdagverblijf. Er zijn vooral moeders aanwezig. Een aantal moeders komt te laat binnen en kletst af en toe door de presentatie van Liesbeth heen. Als Liesbeth een vraag stelt aan de groep, komen er weinig reacties. Na ongeveer 15 minuten heeft Liesbeth het idee dat de ouders haar presentatie niet interessant vinden. Heeft Liesbeth de juiste oorzaak bij de situatie benoemd, namelijk dat haar presentatie niet interessant is voor de ouders?
>
> Wat zou jouw mening over het niet-luisteren zijn als je wist dat een paar moeders op weg naar de informatieavond langs een ernstig verkeersongeluk zijn gereden?

Om goed te in te kunnen gaan op het groepsgedrag, moet je als begeleider eerst weten wat de oorzaak is van het gedrag. Als je benoemt wat je ziet, en vraagt of je de juiste oorzaak-gevolgrelatie ziet, krijg je meestal wel een helder antwoord. Hierdoor kun je de juiste aanpak inzetten. Als Liesbeth uit de casus had geweten van het ongeluk, had ze even ruimte gemaakt om het erover te hebben, waarna er hoogstwaarschijnlijk weer aandacht geweest was voor haar verhaal.

Wanneer mensen geneigd zijn gebeurtenissen toe te schrijven aan personen en de invloed van situaties onderschatten, wordt er gesproken van een attributiefout, soms wel de fundamentele attributiefout genoemd omdat hij bij veel mensen voorkomt. Uit later onderzoek bleek echter dat de fundamentele attributiefout niet zo fundamenteel is als werd aangenomen. Het fenomeen doet zich eerder in individualistische culturen (West-Europa; VS) voor dan in collectieve culturen (Japan, China).

> **Voorbeeld** — Een onderzoek
>
> De neiging om de invloed van de situatie op het gedrag van mensen te onderschatten, werd bij toeval ontdekt in een onderzoek van Jones en Harris uit 1968. In een onderzoek naar de relatie tussen keuzevrijheid en het interpreteren van gedrag kwam een niet-verwacht effect naar voren. In de situatie waarin geen keuzevrijheid was ('U houdt een betoog pro-Fidel Castro voor een groep proefpersonen, ook al bent je tegen Fidel Castro'), werd de betoger van het stuk toch een pro-Castrohouding toegedicht. Proefpersonen onderschatten in dit geval de opdracht die vooraf aan studenten was gegeven

en namen aan dat het betoog toch ook wel iets zei over de werkelijke mening van de betoger.

Deze neiging om bij de beoordeling van anderen de invloed van de situatie op hun gedrag te onderschatten is sindsdien in vele onderzoeken aangetoond. Het verschijnsel doet zich ook wel eens voor in rollenspellen/praktijksimulaties. Een tegenspeler speelt zijn (voorgeschreven) rol zo goed, dat de medespelers moeite hebben om te geloven dat de mening van de tegenspeler niet echt bij hem hoort. Afspraken dat de spelers uit hun rol stappen, het zogenoemde uitrollen, is belangrijk om te voorkomen dat hun (voorgeschreven) mening hen blijft achtervolgen.

Kader 6.2

Nu duidelijk is wat attributies zijn, is het ook begrijpelijk dat mensen regelmatig ten prooi vallen aan het maken van verkeerde gevolgtrekkingen. Groepsleden kunnen hun eigen functioneren in stand houden door successen aan de groep toe te schrijven, en falen aan de situatie. Door de oorzaken van hun problemen vooral buiten de groep te leggen, en aan de situatie te wijten, blijven problemen binnen de groep onopgelost.

6.5 Succesvol door betere communicatie in de groep

Groepsleden beïnvloeden elkaar door interactie. Men observeert elkaar en leert mogelijk van elkaar. Deze interactie is een essentieel element in groepen. Een groep functioneert pas als er sprake is van interactie tussen de groepsleden, namelijk als twee of meer groepsleden zich verenigen om een doel te bereiken.

Interactieprocesanalyse
De sociaalpsycholoog Bales (zie ook hoofdstuk 4) bestudeerde de interactie tussen groepsleden. Hij ontwierp hiervoor de *interactieprocesanalyse* (IPA) en maakte voor het eerst gebruik van de tweedeling taakgericht gedrag en sociaal-emotioneel gedrag. Deze tweedeling is zeer geschikt om communicatieprocessen binnen groepen in kaart te brengen. Sommige groepsleden focussen op het verbeteren van processen, anderen willen juist de taken tot een goed einde brengen. Wanneer de groepsdoelen helder zijn, worden de taken van de groepsleden ook duidelijker.

De uitgangspunten van de interactieprocestheorie zijn:
- Als een groep een opdracht moet uitvoeren, zullen de taakgerichte bijdragen van de groepsleden ongelijk zijn, want niet iedereen werkt even hard.
- Groepsleden die veel taakgericht gedrag vertonen, zullen bij de minder taakgerichte leden gevoelens van spanning en vijandigheid oproepen, maar andersom kan ook.

- Er bestaat behoefte aan acties die effectieve werkrelaties tussen de alle groepsleden in stand houden.
- Relatiegerichte acties kunnen we eerder verwachten van groepsleden die relatief minder taakgericht gedrag laten zien.
- Taakgerichte en relatiegerichte leiders versterken elkaars positie, dus hoe meer de ene persoon in de groep iets af wil maken, des te meer de ander zich op de relatie zal richten.

Als groepsbegeleider is het belangrijk dat je oog hebt voor beide processen. Dit kan een probleem met zich meebrengen als je als groepsleider duidelijk taak- of procesgericht bent. Een goede leider kent zichzelf en kan beide 'kampen' binnen een groep in beweging brengen. De groep brengt zijn taak tot een goed einde en heeft het bovendien prettig met elkaar gehad.

Het sociogram
Niet alleen de doelen en uitgangspunten van een groep moeten aantrekkelijk zijn voor de groepsleden, dit geldt ook voor de groepsleden zelf. Leden van een groep vinden elkaar meer of minder aantrekkelijk om mee om te gaan. Wil je weten wie graag met wie omgaat, dan kun je een sociogram maken. Een sociogram brengt met behulp van een vragenlijst en een tekenmodel in kaart wie elkaars maatjes zijn, maar ook wie een ander groepslid beïnvloedt of hoe groepsleden elkaar waarderen. Op internet zijn diverse websites te vinden die helpen bij het maken van een sociogram. In een veilige groep kun je de uitkomsten met de groep bespreken en samen naar meer cohesie of samenhang streven. Soms brengt een sociogram pijnlijke zaken aan het licht, bijvoorbeeld omdat bepaalde groepsleden geen aansluiting hebben met de groep. In onderstaand sociogram is slechts één interactie zichtbaar: die tussen C en E.

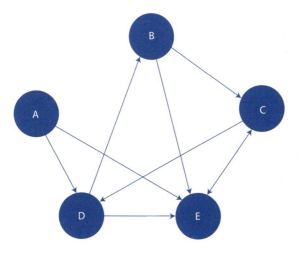

Figuur 6.1   Voorbeeld van een sociogram

Rollen en rolspanning

In hoofdstuk 5 hebben we al gezien dat groepsleden een rol kunnen innemen. Bij deze rollen past ook een specifieke wijze van communiceren. Een voorzitter moet bijvoorbeeld een gespreksstijl beheersen waarmee hij een vergadering kan leiden; een bemiddelaar zal juist over een meer luisterende stijl beschikken.

Soms worden deze rollen expliciet verdeeld, bijvoorbeeld in een vergadering waar vooraf wordt vastgesteld wie de rol van voorzitter of notulist op zich neemt. Er zijn ook rollen die mensen van zichzelf gewend zijn in te nemen, bijvoorbeeld de procesbewaker of de tijdsbewaker. Groepsleden kunnen rollen echter ook toebedeeld krijgen zonder dat ze hier zin in hebben, bijvoorbeeld de rol van (informeel) leider of die van grappenmaker. Rollen kunnen taakgericht zijn, bijvoorbeeld het behalen van een target, of sociaalemotioneel gericht, meer gericht op het proces en de sfeer. Voorbeelden van taakrollen zijn de informatiezoeker, de coördinator en de samenvatter. Voorbeelden van procesrollen zijn de procedurebewaker, de aanmoediger en de volger. Er kunnen ook combinatierollen zijn, zoals de evaluator en de bemiddelaar. Daarnaast zijn er in groepen personen die disfunctionele rollen innemen, zoals de laatkomer, de clown of de aandachttrekker. Door het bestaan van rollen is er sprake van een zekere structuur binnen groepen; iedereen weet wat er van hem of haar wordt verwacht.

Rollen kunnen echter ook beperkend zijn, doordat mensen het lastig vinden om buiten hun rol te treden. Als de 'initiatiefnemer' eens wat minder initiatief toont, wordt er al snel gedacht dat er iets met hem aan de hand is.

Rollen kunnen ook met elkaar in conflict komen; je kunt bijvoorbeeld als docent vinden dat studenten met ongewenst gedrag de klas dienen te verlaten, maar als ouder van een schoolgaand kind kun je juist vinden dat het niet goed is als jouw kind uit de klas wordt gestuurd. Ook kun je als student verpleegkundekunde tegen euthanasie zijn, maar tijdens je stage worden gevraagd om mee te werken aan zaken die met levensbeëindiging te maken hebben.

Soms kan een rol ook slecht te verenigen zijn met een positie. Zo moet je als nieuwe medewerker veel vragen stellen aan de andere medewerkers op je afdeling, dat vindt iedereen normaal. Mocht je echter de nieuwe afdelingsleider zijn, dan is het toch een stuk lastiger om voortdurend vragen te stellen!

Beïnvloedende factoren en groepscommunicatie

Er zijn diverse factoren die de communicatie tussen groepsleden kunnen beïnvloeden. Denk hierbij aan temperatuur, geluidsoverlast en de grootte van de ruimte ten opzichte van het aantal groepsleden. Ook de wijze van opstelling van het meubilair kan invloed hebben.

Een groep kan ook aangeven dat er voor anderen geen ruimte is. Op het schoolplein zie je regelmatig kinderen in een kring staan. De ruimte is letterlijk afgesloten en als relatieve buitenstaander kom je er niet tussen. Kampeerders zijn bekend met territoriumgedrag op een camping. Met behulp van windschermen en scheerlijnen worden de kaders aangegeven. Iemand die over de 'erfgrens' gaat, zal daarop aangesproken worden.

We laten mensen al dan niet in ons persoonlijke territorium (een niet algemeen nader te bepalen cirkel om ons heen) toe afhankelijk van ons vertrouwen in die mensen. Afgezien van ons gevoel of onze emoties met betrekking tot degene met wie wij in contact zijn, bestaat er een heel stelsel van sociale afspraken die weliswaar nergens zijn vastgelegd, maar waarvan we met elkaar vrij goed aanvoelen hoe deze afspraken dienen te worden gerespecteerd. Wanneer wij intiem met onze partner praten, komen we heel dicht bij elkaar, we kunnen elkaar bijna aanraken. Wanneer we dat doen bij een kassamedewerker, zal dit zeer vreemd tot ongewenst gevonden worden. Bij de ene persoon kom je dus dichter in de buurt en bij de andere bewaar je wat meer afstand. Andersom zorg je dat de ene persoon meer afstand tot jou bewaart dan de andere. Daarbij komt dat het vaak een kwestie van gevoel is; bijna niemand kan exact aangeven welke afstand tussen zichzelf en de ander precies de sociale zone aangeeft, maar praktisch iedereen weet, voelt, wanneer deze afstand te klein of te groot is. Belangrijk voor ons is om te weten wat het al dan niet respecteren van deze afstand betekent en wat de gevolgen hiervan kunnen zijn.

Liftgedrag
In de lift doet zich de ongewone situatie voor dat andere mensen zich in jouw territorium bevinden. Je vormt met elkaar wel een groep, maar het voelt niet prettig om zo dicht bij elkaar te zijn. Het is echter bijna niet mogelijk om qua afstand meer ruimte te krijgen. Om toch enige afstand te scheppen, gaan mensen acties uitvoeren als naar de grond en de knoppen kijken en/of de spanning verminderen door opmerkingen over de drukte en snelheid van de lift te maken. Dit noem je ook wel 'liftgedrag'.

Familiar stranger
Soms is het niet zo duidelijk of iemand wel of niet binnen het territorium van de groep past. De bekende vreemde (*familiar stranger*) is hiervan een mooi voorbeeld. Familiar strangers zijn bijvoorbeeld degenen die mensen dagelijks tegenkomen bij de bushalte. Een vorm van vertrouwdheid waarbij het niet nodig is elkaar persoonlijk te kennen, maar waarvan is aangetoond dat het andere mensen in de samenleving toch een gevoel van vertrouwdheid geeft. Mensen voelen zich bij meer vertrouwdheid met hun sociale omgeving beter in de betekenis van sociaal veiliger.

Wanneer er te veel mensen in een ruimte zijn, ontstaat er verdringing of samendrommen. Hierdoor is het nog moeilijker om de persoonlijke ruimte te bewaken. Bijzonder hierbij is wel dat uit onderzoek blijkt dat de gevoelens bij de groepsleden afhangen van de aard van de verdringing. In een plezierige setting voelen groepsleden zich bij samendrommen nog prettiger. Bij een vervelende setting geeft verdringing een nog vervelender gevoel. Andere veroorzakers van een negatief gevoel van verdringing zijn lawaai en een te hoge of een te lage temperatuur.

Bevorderen van communicatie in groepen

Wanneer het gaat om het bevorderen van een goede communicatie binnen groepen zijn er enkele belangrijke uitgangspunten. Ze lijken er voor de hand liggen maar zijn erg moeilijk te handhaven. De volgende aandachtspunten bevorderen het communiceren in groepen.

1. *Zorg dat iedereen goed weet wat het gemeenschappelijk belang van het team is*

   Nooit lijken we beter geïnformeerd dan in het digitale tijdperk. Alle informatie wordt online en in mails vastgelegd. Door de overkill van informatie blijken mensen echter slechter geïnformeerd dan ooit. Selecteren van informatie in het oerwoud van aanbod, lukt veel mensen niet waardoor informatie toch niet overkomt. Een leider of manager die weet te binden en zijn team een gezamenlijk doel voor ogen weet te houden zal veel bereiken. Het team voelt zich verbonden met elkaar en is bereid om de communicatie beter te stroomlijnen en op elkaar af te stemmen.

2. *Respecteer elkaar en maak gebruik van de individuele verschillen*

   Zoals we in hoofdstuk 2 hebben gelezen, kunnen kernkwadrantmodellen ingezet worden om verschillen tussen mensen in kaart te brengen. Het model nodigt uit om je te verdiepen in de kwaliteiten van de ander en de daarbij behorende valkuil. Groepsleden kunnen hun eigen ergernissen spiegelen aan het gedrag van de ander in plaats van het te veroordelen. Zo wordt duidelijk waar de ergernis vandaan komt en wat het betekent voor je eigen gedrag. Zo kan de nonchalante werknemer een prettige collega worden die anderen uitdaagt om de teugels eens wat te laten vieren, en wordt de betuttelende medewerker geroemd om zijn zorgzaamheid.

3. *Maak duidelijke afspraken en spreek elkaar aan op gemaakte afspraken*

   Een afspraak maken is al moeilijk genoeg. Een afspraken nakomen is nog lastiger. Spreek met elkaar af hoe gemaakte afspraken het beste kunnen slagen; wie het nakomen van de afspraken bewaakt en wat er gebeurt als de afspraken toch niet nagekomen worden.

4. *Durf waardering én irritaties uit te spreken*

   Herken je je in de volgende case?

 Casus Geklaag

In een klein team valt één medewerker op. Ze heeft altijd wat te klagen: over de leiding, over de collega's die er niet zijn, en over de klanten. Ook binnen haar familieleden is er altijd wel sprake van gedoe of conflicten. Wanneer zij daarover vertelt, ligt het nooit aan haar. Collega's werken noodzakelijkerwijs met haar samen, maar ze is niet geliefd. Op een dag bezoek je een congres. Daar kom je iemand tegen die met de betreffende collega in een ander bedrijf heeft samengewerkt. Deze persoon beschrijft je collega treffend, maar zeer negatief. Men was destijds blij dat deze mevrouw het bedrijf verliet. Ook jouw team raakt deze collega na een tijd kwijt: ze gaat weer ergens anders aan de slag. Je en je collega's zijn er niet rouwig om.

Hoe lang zal het duren voordat deze mevrouw ontdekt dat collega's zich niet prettig voelen bij haar in de buurt? Hoeveel banen zal zij nog nodig hebben om dat te ontdekken? In veel bedrijven wordt er weinig waardering naar elkaar uitgesproken; maar nog minder vertelt men elkaar waar men zich aan ergert. Als het al gebeurt, vindt dat meestal plaats na een escalatie, en is het contact wellicht onherstelbaar. In het onderdeel over feedback wordt aangegeven hoe belangrijk het is om elkaar iets te zeggen en elkaar te zien; positief of negatief, in beide gevallen geef je de ander iets mee. Of hij of zij er daadwerkelijk iets mee doet, is niet aan de boodschapper, maar het is in ieder geval uitgesproken. Het is een kwestie van lef, maar meer nog een kwestie van geven om je medemens.

Negatieve emoties van één lid kunnen de hele groep beïnvloeden. In zulke groepen kunnen conflicten toenemen en kan de samenwerking verslechteren. Bovendien kunnen leden (soms onterecht) geloven dat de taakprestaties afnemen.

5. *Evalueer regelmatig*
   Sta regelmatig stil bij de vragen: Wat ging goed en wat was minder? Wat is bereikt en wat niet? Waardoor kwam dat? Hoe kan dat anders? Door met de groepsleden niet alleen stil te staan bij afgeronde projecten, maar ook bij de wijze waarop het proces tot stand is gekomen, wordt ieders rol nogmaals belicht. Dit kan formeel via officiële kanalen en rapportages, maar ook informeel tijdens een gezellig etentje. Belangrijk hierbij is ook te genieten van de bereikte resultaten en trots op elkaar te zijn.

Feedback in groepen aanleren

Dit proces van het creëren van succeservaringen kun je heel systematisch begeleiden, namelijk door met elkaar te oefenen. Bij voorkeur vindt dit plaats onder begeleiding van een trainer of een onpartijdige groepsbegeleider:
- Vraag een groepslid naar een voor hem lastige situatie en laat hem ook aangeven welk gedrag van de anderen hij daarin lastig vindt.
- Maak de groepjes waarin wordt geoefend niet te groot.
- Laat het groepslid de voor hem lastige situatie demonstreren, met behulp van de geïnstrueerde tegenspelers; leg het eventueel vast met camera.
- Noteer tijdens de demonstratie zo veel mogelijk waarnemingen.
- Stop de situatie op het moment waarop het groepslid vastloopt en laat hem even stoom afblazen.

- Geef feedback (of laat feedback geven door een observator) volgens de feedbackregels.
- Geef aan wat er goed gaat en geef slechts één concreet verbeterpunt (dit is heel belangrijk, een lijst met veel verbeterpunten is niet te verwezenlijken en maakt juist onzeker).
- Laat de deelnemer de concrete verbetering daadwerkelijk oefenen.
- Geef vervolgens weer complimenten en herhaal desnoods de concrete tip.
- Laat de speler oefenen tot hij zich succesvol voelt.
- Laat hem vervolgens genieten van deze succeservaring.

Op deze manier staat de succeservaring en niet het falen van de deelnemer centraal. Dit zal het vertrouwen in eigen kunnen doen toenemen. Andere voorbeelden van positieve oefeningen zijn: vragen naar succeservaringen op de werkplek, feedbackoefeningen waarbij alleen kwaliteiten van de ander benoemd mogen worden en/of het uitdelen van 'cadeautjes' (zie kader 6.3).

Voorbeeld Cadeautjes

Iedereen schrijft iets aardigs over degene die rechts van hem zit. De briefjes gaan daarna in een doos. Vervolgens wordt er steeds een briefje uit de doos getrokken. De groep gaat raden over wie het betreffende briefje gaat. Iedereen krijgt zijn briefje mee.

Kader 6.3

Groepsleden zullen meer bereid zijn tot leren als ze zich prettig voelen. Complimenten helpen daarbij. Wees wel oprecht bij het geven van complimenten en overdrijf niet. Een lange lijst met complimenten komt net zo min binnen als een lange lijst met verbeterpunten. Wanneer je waargenomen gedrag beschrijft, geef dan ook het *effect* van dit gedrag weer. Alleen zo kan er geleerd worden.

Communicatietrainingen voor groepen
Wanneer er in de groepen niet goed wordt gecommuniceerd, kan de begeleider besluiten tot het (laten) geven van een training in communicatie. Daarbij zijn vier aspecten essentieel:
- *Denken*: (het sociaalcognitieve aspect): de kennis en het inzicht van iemand in zichzelf, de ander en de situatie.
- *Voelen*: (het sociaalemotionele aspect): hoe gaat iemand bijvoorbeeld om met emoties?
- *Willen* (de socialewaardeoriëntatie): wat wil iemand in een bepaalde situatie, waarbij een duidelijke relatie bestaat met de morele waarden van de persoon, maar ook met de motivatie van iemand om zijn communicatie te veranderen.
- *Doen*: (het socialevaardigheidsaspect): wat voor vaardigheden heeft iemand tot zijn beschikking in zijn gedragsrepertoire?

Bij het ontwikkelen van socialevaardigheidstrainingen moeten de aspecten denken, voelen, willen en doen allemaal aan de orde komen. Daarom moeten trainingen een affectieve component bevatten (hoe houd ik rekening met de gevoelens van de ander, bijvoorbeeld mijn medemens?), een gedragsregulerende component (gericht op gedragsverandering) en een informatieve component (het geven van informatie over sociaal vaardig gedrag; wat kan wel en wat niet?). Het willen speelt hierin een belangrijke rol en zou gestimuleerd kunnen worden door stimulatie van belangrijke derden. Wanneer er geen wil is om gedrag te veranderen, lukt het vaak niet.

Wanneer mensen echt de intentie hebben om nieuw gedrag uit te gaan voeren en deze intentie gaan plannen, zal de kans van slagen groter zijn, aldus de theorie van het gepland gedrag (Azjen, (1991) in Aronson, 2011, zie figuur 6.2).

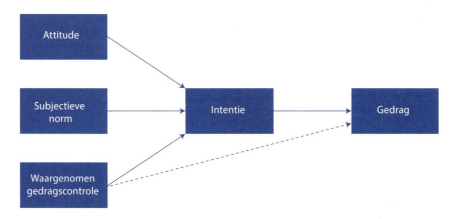

Figuur 6.2   Model van Azjen: de theorie van gepland gedrag

Het model van Azjen zoomt in op drie aspecten; iemands houding ten opzichte van zijn nieuwe gedrag, zijn kennis en mogelijkheden en zijn eerdere ervaringen met het inzetten van nieuw gedrag, en wat relevante anderen van zijn nieuwe gedrag vinden. Deze drie onderdelen leiden allemaal tot een intentie om nieuw gedrag daadwerkelijk uit te voeren.
Concreet komt het op het volgende neer: als de gevoelens van de groepsleden ten opzichte van het inzetten van beter communiceren positief zijn, en groepsleden zich capabel genoeg voelen om helder met elkaar te communiceren, dan nog is de kans dat zij het nieuwe gedrag ook laten zien klein als de groepsleden en/of de begeleider hen niet steunen. Onze attitude of houding tegenover nieuw gedrag (motivatie) en de ervaren gedragscontrole (kunnen en doen) leveren niets op als de sociale norm rondom de deelnemers aangeeft dat wij beter maar niet kunnen veranderen. Wat anderen van ons (nieuwe) gedrag vinden, is dus essentieel en belangrijk. Een cursus of training communicatie kan minder effect opleveren als de omgeving niet echt blij is met het nieuwe gedrag.

Hoe pijnlijk is het als groepsleden getraind worden om bijvoorbeeld meer hun mond open te doen in de groep, maar in diezelfde groep mondigheid niet door iedereen wordt gewaardeerd? Stel, we investeren in het geven en ontvangen van feedback, maar op de werkvloer blijkt dat het geven van feedback niet gedeeld wordt door de leiding! De koppeling met de normen en waarden op de werkvloer speelt misschien wel de belangrijkste rol voor het wel of niet slagen van nieuw gedrag.

Verstoorde communicatie kan een probleem worden bij vormen van samenwerken. Het is dan ook van groot belang dat de groepsleden en begeleider(s) steeds blijven beseffen dat sociale vaardigheden nodig zijn om samenwerken een succes te laten worden. Daarnaast dienen mensen in te gaan zien dat zij door goede sociale vaardigheden een prettiger en meer gewaardeerd persoon worden.

6.6 Speciale groepen

6.6.1 Therapiegroepen

Groepen zijn niet alleen geschikt om samen te leren en te werken, ze kunnen ook ingezet worden om de groepsleden te helpen bij het oplossen van persoonlijke problemen, of moeilijke situaties met elkaar te delen.
Er bestaan groepen die zich richten op persoonlijke groei en groepen waarin de leden zichzelf en elkaar verder helpen. Wanneer een groep niet wordt begeleid door een professioneel therapeut, spreken we van een zelfhulpgroep. In een zelfhulpgroep ontmoeten mensen lotgenoten, onder niet-bedreigende omstandigheden, om te zien hoe die met hun problemen omgaan en leren hoe ze hun leven weer op orde krijgen. Een bekende zelfhulpgroep is de AA (Anonieme Alcoholisten).

Een bijzondere manier om een groep te vormen, is het gebruiken van een groep voor therapie: de *groepstherapie*. Hierbinnen kunnen mensen bezig zijn met persoonlijke ontwikkeling, met het oefenen van vaardigheden, met gedragsverandering of met het werken aan omgaan met een psychische stoornis. De groep bestaat uit een beperkt aantal deelnemers, vaak acht tot tien, en vormt samen met een groepstherapeut een therapiegroep die regelmatig bij elkaar komt. Tijdens de zitting bespreken en/of behandelen de groepsleden belangrijke onderwerpen met elkaar onder begeleiding van de therapeut.

Binnen groepstherapie spelen niet alleen de cliënt en de therapeut, maar alle groepsleden een rol. Vanuit het gegeven dat de therapie plaatsvindt in en met een groep, werkt iedereen aan zijn of haar eigen problemen of persoonlijke doelen. In een therapiegroep gebeuren dingen in het contact met anderen die vergelijkbaar zijn met het gewone leven buiten de therapie. Mensen zeggen dingen en doen dingen die anderen beïnvloeden en waarbij gevoelens van herkenning, boosheid, verdriet of genegenheid kunnen ontstaan. Omdat alle deelnemers hun eigen persoonlijkheid, levensgeschiedenis en problemen meebrengen, reageren zij ieder op een eigen specifieke wijze op de ander, wat voor iedereen een zeer actief en leerzaam proces kan zijn.

Natuurlijk zal er tijdens de groepsbijeenkomsten afwisselend aandacht zijn voor de afzonderlijke deelnemers. De ene keer zal de een meer aan bod komen, de andere keer de ander. Thema's die aan de orde kunnen komen zijn bijvoorbeeld het creëren van gemeenschapsgevoel; het bieden van hoop; het ervaren van het probleem vanuit verschillende invalshoeken; het vergelijken van de situatie met die van anderen; zoals het eerder genoemde op- en neerwaarts vergelijken (zie paragraaf 3.7) en het aanleren van sociale vaardigheden en sociaal gedrag.

Is groepstherapie effectief?
Uit de literatuur komen verschillende resultaten naar voren. Om deze resultaten te kunnen beoordelen is het van belang om te weten voor welke aandoening de groepstherapie werd ingezet en hoe betrouwbaar het onderzoek naar de effecten van groepstherapie is uitgevoerd.
Reviews over groepspsychotherapie presenteren de onderzoeken vaak in twee groepen: één die de werkzaamheid of effectiviteit van groepsbehandeling onderzoekt (effectonderzoek) en één die de theoretische mechanismen van verandering die binnen een groep werkzaam zijn beschrijft of voorspelt (procesonderzoek). Belangrijk is om de literatuur, die conceptueel en empirisch vaak als onsamenhangend wordt ervaren, te ordenen en betekenis te geven.

Het leiden van een therapiegroep
Iedere groep kan meer effectief worden onder deskundige leiding, maar bij groepstherapie is dit essentieel. Hoewel de specifieke deskundigheid afhankelijk is van het soort groep waarmee de groepsleider te maken heeft, zijn er ook een aantal vaardigheden die de groepsbegeleider altijd nodig heeft.
- kennis over groepsdynamica;
- kennis leertheorieën zoals ervaringsleren;
- ervaring hebben met gedragstherapie;
- op de hoogte zijn van persoonlijke ontwikkeling en groei;
- (werk)ervaring met cliënten uit geestelijke gezondheid;
- Kunnen diagnosticeren van persoonlijke en relationele problemen;
- Kunnen werken met een systeemgerichte benadering (bijvoorbeeld het hele gezin betrekken bij de begeleiding van de hulpvrager.

Daarnaast moet een groepsleider van een therapiegroep niet bang zijn voor het aangaan van confrontaties, goede feedback kunnen geven, ruimte bieden aan emotionele ervaringen, kunnen helpen bij het oplossen van problemen en goed kunnen organiseren. Soms worden er binnen deze groepen sociale vaardigheden aangeleerd. Hiervoor is het belangrijk dat de begeleider kennis van en ervaring heeft met het trainen in sociale vaardigheden

6.6.2 Zelfhulpgroepen

In Nederland zijn vooral ervaringen met zelfhulp beschreven en is de effectiviteit hiervan nog onvoldoende onderzocht. Uit deze beschrijvingen over zowel de psychiatrie als de ervaringen binnen zelfhulpgroepen voor mensen met eetstoornissen is gebleken dat sleutelbegrippen van ervaringen met zelfhulp zijn: herkenning, erkenning, steun, begrip en gelijkwaardigheid van de deelnemers. Uit onderzoek is gebleken dat zelfhulpgroepen een positief effect hebben: deelnemers verbeterden na deelname aan de zelfhulpgroep meer en ervoeren minder depressieve gevoelens dan de personen die op de wachtlijst stonden. Kanttekening hierbij is dat de onderzoeksgroepen van beperkte omvang waren, waardoor de conclusies wellicht minder representatief zijn. Over effecten van zelfhulpgroepen op langere termijn zijn op basis van dit onderzoek geen uitspraken te doen.

Begeleiding van de zelfhulpgroepen door ervaringsdeskundigen wordt als positief ervaren en lijkt bij te dragen aan de vergroting van de effectiviteit van de zelfhulpgroepen. Het inzetten van ervaringsdeskundigen bij zelfhulpgroepen geeft deelnemers steun en uitzicht op verbetering; het laat zien dat een dergelijk doel nastreven haalbaar is.

Zelfhulpgroepen spelen dus voor veel patiënten een belangrijke rol, met name na afloop van de behandeling.

Voorbeeld Zelfhulpgroepen

De Minnesota-behandeling is voortgekomen uit de ervaring die is opgedaan met de 12 stappen die door AA zijn geformuleerd. De 12-stappenmethode is op wereldschaal de grootste en meest succesvolle benadering van verslavingsproblemen. In Nederland neemt de zelfhulp een relatief kleine plaats in. Van het bestaande zelfhulpaanbod is het 12-stappenmodel (en daarbinnen vooral de AA) het grootst. Uit onderzoek is gebleken dat een combinatie van professionele zorg en zelfhulp de resultaten van beide verbetert. Een win-win situatie dus! Het Trimbos Instituut heeft een website gelanceerd om de combinatie van professionele zorg en zelfhulp te ondersteunen: www.zelfhulpverslaving.nl.

Er zijn in Nederland een aantal zelfhulpgroepen actief die de 12-stappenmethode hanteren. Hierna worden ze kort beschreven:

- *AA-Anonieme Alcoholisten*

De AA (in het Engels Alcoholics Anonymous) en ontstond eind jaren dertig van de vorige eeuw in de Verenigde Staten. *AA* is het bekendste zelfhulpprogramma dat de 12-stappenmethode hanteert. In de jaren vijftig kwamen de eerste AA groepen in Nederland op. In middels is AA in ieder land ter wereld te vinden. Binnen Nederland zijn in iedere regio AA-groepen te vinden.
Meer informatie: www.aa-nederland.nl.

- *NA-Anonieme Verslaafden*
De NA (in het Engels Narcotics Anonymous) bestaat sinds de jaren vijftig van de vorige eeuw in Amerika en sinds 1988 in Nederland. De NA-gemeenschap begint zich langzaam over Nederland te verspreiden. NA werkt met dezelfde twaalf stappen als AA, maar richt zich op iedereen die drugs gebruikt in welke vorm dan ook (ook alcohol en methadon worden als drugs gezien). Ook mensen die willen herstellen van een medicijnverslaving kunnen bij NA-groepen terecht.
Meer informatie: www.na-holland.nl.

- *Al-Anon/Alateen*
Deze organisatie helpt vrienden en familie in te zien dat emoties als overbezorgdheid, woede, ontkenning en schuldgevoelens ten opzichte van de alcoholist die door hen gevoeld worden, alleen maar ten nadele van henzelf werken, en geen effect hebben op de alcoholist, noch de situatie verbeteren. De nadruk wordt verlegd van de alcoholist naar het eigen leven. Eigen emotionele lasten worden verlicht door ervaring, kracht en hoop te delen met anderen.
Meer informatie: www.al-anon.nl.

- *Nar-Anon Familiegroepen Nederland*
De Nar-Anon Familie Groep is er vooral voor mensen die wanhopig zijn door het verslavingsprobleem van iemand dichtbij hem- of haarzelf.
Meer informatie: www.nar-anon.nl.

- *Overeaters Anonymous/Anonieme Overeters Nederland (OA)*
Anonieme Overeters is een 12-stappenprogramma waar mannen en vrouwen van hun gemeenschappelijk probleem – dwangmatig (over) eten – herstellen door het werken aan de twaalf stappen en door het delen van ervaring, kracht en hoop.
Meer informatie: www.anonieme-overeters.nl.

- *CA*
CA is de afkorting voor Cocaïne Anonymous. CA kent groepen voor mensen die willen stoppen met het gebruiken van cocaïne en alle andere drugs.
Meer informatie: www.ca-holland.org.

- *CODA*
Anonieme Codependents is een zelfhulpprogramma voor mensen die willen herstellen van overafhankelijk gedrag en gezonde en liefdevolle relaties willen ontwikkelen.
Meer informatie: www.codependents-anonymous.nl.

- *Compulsive Eaters Anonymous – HOW*
CEA-HOW is een gemeenschap van mannen en vrouwen die bij elkaar komen om hun ervaring, kracht en hoop te delen zodat ze hun gemeenschappelijke probleem kunnen oplossen en mensen die nog lijden kunnen helpen herstellen van dwangmatig eten.
Meer informatie: www.ceahow.nl.

- *Anonieme incestoverlevenden/Survivors of Incest Anonymous Nederland (SIA)*
Deze organisatie steunt mensen met incestervaringen. Zij definieert incest heel breed als een seksuele ervaring met een gezinslid of een verder familielid die het kind heeft beschadigd.
Meer informatie: www.sia-nederland.nl.

- *Gamblers Anonymous Nederland (GA)*
 GA bestaat uit een groep mensen die bij elkaar komen om hun ervaring, kracht en hoop met elkaar te delen en aan de oplossing van hun gemeenschappelijk probleem te werken en anderen te helpen te herstellen van hun verslaving. Hun hoofddoel is niet meer te hoeven gokken en andere gokverslaafden te helpen te stoppen met gokken.
 Meer informatie: www.ganederland.nl.

- *Marijuana Anonymous The Netherlands (MA)*
 Marijuana Anonymous is een zelfhulpgroep voor mannen en vrouwen, die willen stoppen met het gebruik van soft-drugs zoals marijuana. Zij baseren zich hier op de uitgangspunten van de Alcoholics Anonymous (AA), die hier ook werkzaam blijken te zijn.
 Meer informatie: www.marijuana-anonymous.nl.

- *Anonieme seks- en liefdeverslaafden/Sex and Love Addicts Anonymous Nederland (SLAA)*
 De SLAA is een op de 12 stappen en 12 tradities georiënteerde gemeenschap van mensen die een gemeenschappelijke noemer vinden in hun obsessief-dwangmatige patronen, waardoor individuele verschillen in geslacht of seksuele voorkeur niet ter zake doen.
 Meer informatie: www.slaa-nederland.nl.

Kader 6.4

6.6.3 Leefgroepen voor jongeren

Sommige jongeren (en kinderen) kunnen niet meer thuis wonen. Redenen kunnen zijn jet hebben van een verstandelijke beperking, een gedragsstoornis, of het hebben van (pleeg)ouders die niet voor hen kunnen zorgen. Vaak komen ze in een leefgroep terecht door Jeugdzorg of justitie. De huisvesting varieert van kleine leefgemeenschappen in een gewone wijk tot grotere leefgemeenschappen in speciale instellingen. De indeling kan gebeuren op intelligentieniveau, open en gesloten, jongens en meisjes samen, of juist streng gescheiden en soort aandoening of behandeling. Jongeren kunnen er bijvoorbeeld werken en leren aan het verbeteren van hun sociale gedrag, of bijvoorbeeld het omgaan met hun agressie.

Ook in de leefgroep spelen de basisbehoeften een grote rol, misschien nog wel meer dan in 'gewone' groepen. Juist 'beschadigde' jongeren hebben behoefte aan 'erbij horen', 'invloed uitoefenen' en 'verbondenheid', maar hebben daar extra begeleiding bij nodig. Met name bij problematische situaties zal de begeleider meer steun moeten bieden, omdat het zelfregulerende vermogen van de jongere minder aanwezig is, of inadequaat is; de jongere weet niet hoe hij iets moet oplossen, of lost het verkeerd op. De begeleider kan als bedreigend worden gezien, waardoor het langer duurt voordat er een vertrouwensband is. Begeleiders dienen zich ook te realiseren dat het langer duurt voor de groepsleden hen vertrouwen.

Uitzondering hierop zijn jongeren met een verstandelijke beperking, zoals het Down-syndroom. Deze jongeren zijn juist erg gehecht aan hun begeleiders, en ervaren gevoelens van aanhankelijkheid en liefde bij de begeleider. Ook hier ontstaan soms problemen, waarbij de begeleider goed zijn grenzen moet aangeven.

> **Casus** — Leefgroep (2)
>
> Rick (17) heeft het syndroom van Down en woont in een instelling voor verstandelijk beperkten. Zijn begeleidster is student Aicha, die hem regelmatig verzorgt. Rick zegt verliefd te zijn op Aicha, en noemt haar zijn 'verkering'. Aicha lacht er een beetje om, maar zegt er niets van. Op een dag raakt Rick de borsten van Aicha aan. Aicha wordt boos en zegt dat dit niet mag. Rick wordt ook boos, en begrijpt niet waarom dit niet mag, hij mag Aicha toch vastpakken, ze is immers zijn 'verkering'.

Bespreek met elkaar de reacties van Rick en Aicha, en geef aan wat jullie Aicha zouden adviseren.

6.7 Begeleiding van groepen

Standaardeisen voor groepsbegeleiders zijn:
- aandacht hebben voor individualiteit en normaliteit; behandel de jongere zo normaal als mogelijk;
- beheersen van het gedrag van de medebewoners en groepsleiding door het bieden van een veilige omgeving, de wijze van bejegening van de jongere door de groepsleiding en gedragsregulering; geef de jongeren een luisterend oor, en wees empathisch;
- betrekken van de jongere en het gezin bij de besluitvorming; neem geen besluiten zonder zijn instemming;
- aandacht hebben voor diverse leefgebieden zoals onderwijs, sociaal netwerk, gezondheid, vrije tijd, financiën en werk; dit helpt hen ook om keuzes te maken;
- aandacht hebben voor andere zaken zoals gezondheid, voeding en het uiterlijk; dit sterkt hen in hun functioneren. Heb daarbij ook oog voor de fysieke gezondheid van jeugdigen. Dat kan bijvoorbeeld door het ontmoedigen van roken en alcohol of druggebruik en het helpen bij gezond internetgebruik. Bied ook adequate toegang tot de gezondheidszorg.

Daarnaast kunnen groepsbegeleiders op de volgende zaken letten:
- een veilige omgeving en dus het voorkomen van pesten en onderling verbaal en fysiek geweld;
- aandacht voor het gezin van herkomst en de relatie tussen jeugdigen en hun ouders, bijvoorbeeld door ervoor te zorgen dat een jeugdige contact kan onderhouden met vrienden en familie. Het kan ook betekenen dat er hulp en begeleiding voor de ouders nodig is. Het is van belang om per individuele jeugdige te beoordelen of, hoe en met welke intensiteit er contact met het gezin van herkomst wenselijk is;

- als begeleider kan het soms nodig zijn dat je bewust afwijkt van je eigen pedagogische stijl in reactie op het gedrag van jeugdigen en voor het hanteren van gedrag dat voortkomt uit onveilige hechting;
- ook moet je als begeleider handvatten of richtlijnen krijgen om de veiligheid van jezelf, je groep en de andere medewerkers te kunnen garanderen.

6.8 Teamcoaching

Hoewel de theorie van de groepsdynamica op iedere groep van toepassing is, kunnen er soms in groepen medewerkers, oftewel teams, problemen ontstaan die de werksfeer en de productiviteit binnen het werk beïnvloeden.
Teams blijken in hun functioneren enorm veelzijdig te zijn, terwijl individuele werknemers slechts enkele kwaliteiten daarvan bezitten. Om al die kwaliteiten goed tot hun recht te laten komen is dus een veelzijdige groep of team nodig. Teamwerk betekent immers het samenvoegen van mensen met uiteenlopende, aanvullende talenten. Het is een manier om tot synergie te komen: een geheel dat meer is dan de som der delen. Wanneer je als professional in een team werkt, kun je met elkaar misschien wel meer bereiken dan alleen.

Hoewel de groep met zinvolle interventies veel kan bereiken, is dit soms niet voldoende en zal de groep daadwerkelijk moeten veranderen om een succesvolle groep te worden.
'Succesvol' is afhankelijk van wat het doel van de groep is: betere prestaties leveren, beter samenwerken of meer begrip voor elkaar hebben. Een succesvolle groep slaagt er beter in belemmeringen te bespreken en te verminderen. Je kunt zo'n groep herkennen aan het schijnbaar ontbreken van hiërarchie in relaties en aan stevige, kritische gesprekken. Er is gezamenlijke verantwoordelijkheid voor het bereiken van de doelen en hulp of steun wordt gevraagd en aangeboden.
De rol van de begeleider is erop gericht de groep te helpen om de belemmeringen te verminderen en een goede teamgeest te bereiken. De dynamiek van de groep is belangrijk. De begeleider faciliteert hierbij, coacht waar mogelijk en confronteert waar noodzakelijk.

Teamcoaching ondersteunt groepen in hun ontwikkelingsproces richting een succesvol(ler) team. Het doel is het versterken van de onderlinge relaties, de samenwerking en de prestaties. Wil een team vooruitgaan, dan moeten de belemmeringen worden teruggedrongen. Belemmeringen kunnen onder andere zijn: gebrek aan vertrouwen in andere teamleden, angsten, rivaliteit, verborgen agenda's, niet luisteren, geen zinvol collectief werk, hardnekkige overtuigingen en standpunten. Maar ook langdurige, niet uitgesproken conflicten of een vertrouwenscrisis kunnen aanleiding zijn tot teamcoaching.

Onderdelen van teamcoaching kunnen zijn:
- komen tot een gemeenschappelijke analyse van wat het team belemmert;
- basisregels over de onderlinge communicatie opstellen;
- interne (in het team) en externe (buiten het team) belemmeringen vaststellen;
- feedback stimuleren en interactiepatronen bespreekbaar maken;
- levens- en carrièredoelen onthullen;
- valkuilen, allergie en uitdaging leren (h)erkennen;
- conflicten aan de oppervlakte brengen;
- een gemeenschappelijke visie genereren.

Volgens Johnson en Johnson (2008) hebben problemen in teams de volgende vier oorzaken:
- Het team is (nog) niet volgroeid.
- De voorgeschiedenis van het team speelt het team parten.
- Het team heeft verschillende motieven en belangen.
- Individuele gedragingen, hoe goed bedoeld ook, zitten het algemeen belang van het team in de weg.

Om problemen binnen teams in kaart te brengen is het belangrijk om helderheid te hebben over de aard van de problematiek binnen een team. Het model van Bateson en Rubin kan hierbij behulpzaam zijn:
Problemen in teams kunnen met de volgende zes aspecten te maken hebben:
- Doelen: zijn deze begrepen en aanvaard?
- Taken: zijn deze duidelijk en kan iedereen zich hierin vinden?
- Procedures: zijn deze helder en besproken?
- Kwaliteiten: zijn deze bekend bij het hele team en op de juiste wijze ingezet?
- Onderlinge verhoudingen: spreken we wel met elkaar en niet over elkaar?
- Persoonlijke opvattingen: zijn deze gedeeld zodat we elkaar kennen?

Je bent nu aan het eind gekomen van het boek 'werken en leren in groepen'. Je hebt veel informatie opgedaan, en zal sneller ontdekken waar een groepsprobleem mee te maken heeft. Toch willen we afsluiten met het noemen van enkele valkuilen waar jij als groepsbegeleider in zou kunnen vallen:
- Je richt je meer op het individu in plaats van op de groep.
- Je neemt zelf te veel verantwoordelijkheid.
- Je hebt geen oog voor de verschillende ontwikkelingsfasen.
- Je richt je te veel op één ontwikkelingsfase.
- Je neemt te snel een besluit.
- Je sluit bondjes met enkele groepsleden.
- Je verbergt je eigen gevoelens of uit ze juist te veel.
- Je komt je afspraken niet na.
- Je doet niet wat je zelf uitdraagt.

6.9 Opdrachten

Beantwoord onderstaande meerkeuzevragen:

1. Bales ontwierp de interactieprocesanalyse. Wat is een uitgangspunt van deze analyse?
   a. Als een groep een opdracht moet uitvoeren, zullen de taakgerichte bijdragen van de groepsleden ongelijk zijn
   b. Leden die veel procesgericht gedrag vertonen, zullen bij de minder toegewijde leden gevoelens van spanning en vijandigheid oproepen
   c. Taakgerichte en relatiegerichte leiders verzwakken elkaars positie

2. Welke omstandigheden versterken het groepsdenken?
   a. Groepsleden hebben veel contact met mensen buiten de groep
   b. Tijdsdruk om te beslissen kan stress doen oplopen; hierdoor wordt aan belemmerende, afwijkende meningen geen aandacht gegeven.
   c. Er wordt te weinig gestuurd in de discussie door een (informele) leider, zodat groepsleden hun mening voor zich houden.

3. Welk effect hebben familiar strangers op mensen?
   a. Zij geven andere mensen in de samenleving een gevoel van vertrouwdheid
   b. Zij zorgen ervoor dat mensen niet iedereen persoonlijk hoeven te kennen
   c. Zij zorgen ervoor dat mensen zich verwant voelen met anderen

Koppel A, B of C aan de volgende beweringen:
A. Interne attributie
B. Externe attributie
C. Fundamentele attributiefout
   1. Tijdens het attribueren hebben mensen de neiging om het gedrag van een persoon vooral te vertalen naar persoonlijkheidseigenschappen – en te weinig rekening te houden met situationele invloeden.
   2. Toeschrijven van gedrag aan de moeilijkheid van de taak of toeval;
   3. Toeschrijven van gedrag aan persoonlijkheid, aanleg, humeur en inspanning;

Welke componenten moeten sociale vaardigheidstrainingen in ieder geval bevatten?

6 Een succesvolle groep blijven

| Casus | Omgaan met grove taal |

Een docent geeft aan het begin van een leerjaar aan dat hij geen grove taal in de klas wil horen. Het is niet duidelijk wat daaronder moet worden verstaan. Later in het jaar gebruikt hij zelf steeds meer het ingeburgerde woord 'shit'. Ook de studenten gaan het woord gebruiken bij frustraties. Ook wanneer er door enkele studenten wordt gevloekt, grijpt de docent niet in. De studenten weten vervolgens niet meer waar zij aan toe zijn. Wat wordt er nu verstaan onder grove taal en wat niet?

4. a. Hoe ga jij zelf met dergelijk taalgebruik om? Waar ligt jouw grens?
   b. Stel je bent de leidinggevende/begeleider van deze docent. Spreek jij de docent hier op aan en zo ja hoe verloopt het gesprek?

5. Bedenk met je groep of team welk onderdeel van communicatie in de groep jullie graag verbeterd zouden willen zien. Stel een concreet plan op. Analyseer met behulp van het model van Azjen of het verbeterdoel behaald gaat worden of waar mogelijke belemmeringen zitten.

6. Zoek op internet naar een website waarmee je een sociogram van je eigen (les)groep of team kunt maken.

7. Je bent nu aan het eind gekomen van het boek 'werken en leren in groepen'. Je hebt veel informatie opgedaan, en zal sneller ontdekken waar een groepsprobleem mee te maken heeft. Toch willen we afsluiten met het noemen van enkele valkuilen waar jij als groepsbegeleider in zou kunnen vallen:
   - Je richt je meer op het individu in plaats van op de groep.
   - Je neemt zelf te veel verantwoordelijkheid.
   - Je hebt geen oog voor de verschillende ontwikkelingsfasen.
   - Je richt je te veel op één ontwikkelingsfase.
   - Je neemt te snel een besluit.
   - Je sluit bondjes met enkele groepsleden.
   - Je verbergt je eigen gevoelens of uit ze juist te veel.
   - Je komt je afspraken niet na.
   - Je doet niet wat je zelf uitdraagt.

Maak op basis van de lijst hierboven (en voeg eventueel ook andere belangrijke groepsdynamische punten bij) een checklist voor een deskundige begeleider van een groep. Geef jezelf 2 punten voor elk onderdeel dat je goed doet, 1 punt voor elk onderdeel waarin je jezelf nog wat kan verbeteren en 0 punten voor elk onderdeel waar je nog ontevreden over bent. Bespreek deze lijst met een collega of groepsgenoot, en kom tot een plan van aanpak hoe je jezelf nog kunt verbeteren.

6.10 Samenvatting

In het laatste hoofdstuk was er aandacht voor de gevaren die de groep bedreigen. Natuurlijk hoop je dat de groep blijft zoals hij in de optimale affectiefase was. De kans hierop blijft groot wanneer de groep qua samenstelling en omstandigheden gelijk blijft. Dit is echter bijna nooit het geval. Bij het toetreden van nieuwe of het verdwijnen van bestaande groepsleden komt de groep weer in de inclusiefase en begint de groepsontwikkeling opnieuw. In dit hoofdstuk was er ook aandacht voor sociaal-psychologische processen die de groep bedreigen of juist versterken. Leren van elkaar, de juiste oorzaken van groepsgedrag benoemen en je inzetten voor een betere communicatie kunnen een belangrijke positieve bijdrage leveren aan de groep. Tot slot is er aandacht voor enkele speciale groepen, die in de verpleegkunde, het social work of de trainingswereld van de (toekomstig) psycholoog een rol kunnen spelen. De begeleiding hiervan gaat wat verder dan de standaard groepsbegeleiding, maar wanneer je de theorie uit dit boek beheerst en toepast, zul je goed beslagen ten ijs komen.

Literatuurlijst

Alblas, G. (2010). *Inleiding groepsdynamica*. Groningen: Noordhoff Uitgevers.
Aronson E., Wilson T.D. & Akert, R.M. (2011). *Sociale Psychologie*. Amsterdam: Pearson Education Benelux (7e editie).
Bandura (1986). *Social Foundations of Thought and Action*. Englewood Cliffs, NJ: Prentice-Hall.
Bekker, M.E. (2001). *Afstudeerscriptie: Zelfbeschermende strategieën en samenwerkend leren in het mbo: Een onderzoek naar sociaalpsychologische verschijnselen op het ROC*.
Bekker, M.E. (2011). *Leuker Lesgeven*. Den Haag: Boom Lemma.
Bekker, M.E. (2012). *Focus op groepsdynamica*. Den Haag: Boom Lemma.
Blanck, P.D. (1993). *Interpersonal Expectations*. Cambridge: Cambridge University Press (1st edition).
Bijker, J. (2011). *Tien beïnvloedingsvaardigheden*. Zaltbommel: Thema.
Csikszentmihalyi, M. (1999). *De weg naar flow*. Amsterdam: Boom.
Deci, E.L. & Ryan, R.M. (2000). The 'What' and 'Why' of Goal Pursuits: Human Needs and the Self-determination of Behavior. *Psychological Inquiry*, 11, 227-268.
Dijkstra, P. (2014). *Sociale Psychologie*. Den Haag: Boom Lemma (1e druk)
Drost, D. (1996). *Mensen onder elkaar*. Utrecht: De Tijdstroom (1e druk).
Ebbens, S., Ettekoven, S. & Rooijen, J. van (1997). *Samenwerkend leren*. Groningen: Wolters-Noordhoff (1e druk).
Ellemers, N. (2010). Sociale identiteit, de macht van de situatie. Hoe krijg je zicht op voorbewuste groepsinvloeden; fastfacts wetenschapsvideo.
Forsyth, D.R. (1990). *Group Dynamics*. Pacific Grove: Brooks/Cole Publishing (2e druk).
Galan, K. de (2004). *Trainen, een praktijkgids*. Amsterdam: Prentice Hall, Benelux (2e druk).
Gerrickens, P. (1997). *Kwaliteiten*. Den Bosch: Gerrickens.
Gerritsen, A.G.A. (2006). *Het stellen van grenzen*. Interne publicatie Faculteit der Bewegingswetenschappen, Docentenopleiding HGZO. Amsterdam: Vrije Universiteit.
Gerritsen, A. (2009). *Het Teamrolspel*. Amsterdam/Maarsen: Vrije Universiteit/Read Business.
Gerritsen, A.G.A. & Gerritsen, J.M. (2005). Het Teamrolspel: een leuke werkvorm om samenwerking in medische opleidingen bespreekbaar te maken. *Tijdschrift voor Medisch Onderwijs*, september, 175-183.
Geurts, J., Muller, I. & Tenwolde, H. (2015). *Gespreksvoering in groepen*. Bussum: Couthino.
Johnson, D.W. & Johnson, F. (2011). *Groepsdynamica, theorie en vaardigheden*. Amsterdam: Pearson Education Benelux (10th. edition).
Johnson, D.W., Johnson, R. & Holubec, E. (1999). *Cooperation in the classroom*. Medina: Interaction Book Company.
Kessels, J. & Smit, C. (2005). *Omgaan met lastige groepen*. Maarsen: Reed Business.
Lingsma (2003). *Aan de slag met temacoaching*. Soest: Nelissen. (4e druk).
Luitjes (M.) & Zeeuw-Jans (2011). *Ontwikkeling in de groep*. Bussum: Couthino (1e druk).
Marcus, J. & Dam, N. van (2009). *Organisatie en Management*. Groningen: Noordhoff Uitgevers.
Meertens, R. & Grumbkow, J. von (1992). *Sociale psychologie*. Groningen: Wolters-Noordhoff (2e herziene druk).
Merton, R.K. (1948). The self-fulfilling prophecy. *Antioch review*, 8, 193-210.
Ofman, D. (2006). *Bezieling en kwaliteit in organisaties*. Utrecht: Servire (6e druk).

Oomkes, F. (2002). *Communicatieleer.* Amsterdam: Boom (8e druk).
Prein, H. (2002). *Trainingsboek conflicthantering en mediation.* Houten: Bohn Stafleu van Loghum (4e druk).
Remmerswaal, J. (1992). *Begeleiden van groepen.* Houten: Bohn Stafleu van Loghum.
Remmerswaal, J. (2001). Handboek Groepsdynamica. Nelissen: Soest.
Robbins, S.P. en Judge, T.A. (2012). *Gedrag in Organisaties.* Benelux: Pearson.
Rosenthal, R. & Jacobson, L. (1968). *Pygmalion in the classroom. Teacher expectation and pupil intellectual development.* New York: Rinehart and Winston.
Ruiters M. & Simons, R. (2012). *Canon van het leren.* Deventer: Kluwer.
Vonk, R. (2004). *Sociale Psychologie.* Groningen/Houten: Wolters-Noordhoff.
Vries, N.K. de & Pligt, J. van der (1991). *Cognitieve Sociale Psychologie* (1e druk). Amsterdam/Meppel: Boom.
Vrugt, A.J. (1994). Perceived self-efficacy, social comparison, affective reactions and academic performance. *British Journal of Educational Psychology,* 64, 465-472.
Vurst, J. van der (2011). *Effectief beïnvloeden. Hoe overtuig ik anderen?* Houten: Uitgeverij Spectrum. ISBN 9789049107581.
Whitney, K. (1994). Improving Group Task Performance: The Role of Group Goals and Group Efficacy. *Human Performance,* 7, 1, 55-75.
Woolfolk, A. (2001). *Educational Psychology.* Needham Heights: Allyn & Bacon.
Zimbardo, P., Weber, A. & Johnson, R. (2011). *Psychologie, een inleiding.* Amsterdam: Pearson Education Benelux.

Register

A

aanpassen 136
aansporing 192
aantrekkelijkheid 167
Abilene-paradox 175
adjourning 23, 46
affectie 41, 44
affectiefase 23, 159, 190
  basisbehoeften 159
  bedreigingen 176
  rol begeleider 183
afwijzingsgevoeligheid 97
agile 128
agility 191
agressie 25
allergie 56
analytische beslisstijl 132
assenkruis 110
assertiviteit 135
attractie
  interpersoonlijke 28, 87
attributie 212
  externe 194
  interne 194
attributiefout 195
autonomie 40

B

Bales 196
Bandura 74, 95, 192
basisbehoefte 39
  autonomie 40
  competentie 40
  relatie 40
Bateson 211
beïnvloeding 83
  wederzijdse 83
Belbin 177
beloning 192
beslisstijl 131
  analytisch 132
  conceptueel 132
  directief 132
  gedragsmatig 132
besluitvorming 172

billijkheidstheorie 89
Blake 119
Blanchard 118
blinde vlek 61
Busato 191

C

charisma 123
charismatisch leiderschap 123
cognitieve dissonantie 82
cognitieve dissonantietheorie 194
cohesie 22, 23, 179
  sociale 73
competentie 40
compromis 136
conceptuele beslisstijl 132
conflict 133
  basisvaardigheden 134
conformisme 78
conformiteit 78
confronteren 136
contact 20
context 13
contingentiemodel 120
contingentietheorie 120
contrast 92
controle 41, 43
controlefase 23, 107, 190
  basisbehoeften 107
coöperativiteit 135

D

Darley 79
Deci 40
deugd 75
devaluatie 94
directieve beslisstijl 132
Drost 85
dubbelkwadrant 57
dyade 22

E

eerste indruk 83
  aantrekkingskracht 87

geslacht 87
  invloed 90
  kledingkeuze 86
  naam 85
eigenzinnigheidskrediet 83
Elliott 142
emotie 38
extensief zelfbewustzijn 34

F

familiar stranger 199
feedback 39, 60
  definitie 160
  geven 160
  krijgen 161
  ontvangen 63
  op groepsniveau 165
  tips 162
Festinger 36
Fiedler 120
flirten 89
forceren 135
formele groep 24
forming 23
fundamentele attributiefout 195

G

Gamson 143
gedrag
  effect 61
gedragsmatige beslisstijl 132
gedragsstijl
  aanpassen 136
  compromis 136
  confronteren 136
  forceren 135
  ontlopen 136
gelijkenis 167
geslacht 87
groep 14, 19
  basisbehoeften 39
  bedreigingen 100
  effectieve 179
  formele 24
  hiërarchie 38
  indeling 28
  informele 24
  ingroup 24
  kleine 22
  lidmaatschap 25

outgroup 24
primaire 23, 24
psychegroep 24
secundaire 24
sociogroep 24
uitgangspunten 19
zelfgekozen 29
groepsbegeleider 31, 35, 38, 48, 65, 69, 145
groepsdenken 44, 173
groepsdoel 22
groepsdynamica 13
groepsfaseontwikkeling 45
groepsgrootte 22
  beïnvloeding 22
groepsklimaat 77
groepsnorm
  aanpassen aan 78
groepspolarisatie 172
groepsprestaties 180
groepsproces
  fasen 19
groepsrol 176
groepsstructuur 20
groepstherapie 204
groepsvorming 190
group-efficacy 74, 179
Gunster 153

H

halo-effect 91
Hersey 118
hiërarchie 38
Hofkes 191
horn-effect 91

I

identificatie 78, 94
imitatie 94
inclusie 41, 43
inclusiefase 23, 69, 189
informele groep 24
informele leider 145
Ingham 61
ingroup 24
interactie 19
interactieprocesanalyse (IPA) 196
interactionisme 14
internalisatie 78
interpersoonlijke attractie 28, 87
intrinsieke motivatie 41

invloed
  informationele 79
  normatieve 81

J

Janis 173
Johariraam 61, 162

K

kennismaking 71
kernkwadrant 54, 56
kernkwadrantenmodel 53
kernkwaliteit 53, 54
Kilmann 135
kledingkeuze 86
Korthagen 49

L

Latane 79
learning agility 191
Leary 109
leefgroep 208
leider 129
  informele 145
  kenmerken en vaardigheden 124
leiderschap 115
  autoritair 117
  charismatisch 123
  eigenschappen 108
  transformationeel 124
  trends 125
  typen 117
  zakelijk 127
leiderschapstheorieën 116
  contingentie- 120
  gericht op gedrag 116
  gericht op karaktereigenschappen 116
  situationele 117
  uitwissingstheorieën 122
leidinggeven
  vormen 127
leren
  observerend 94
Levine 47
Lewin 14
liftgedrag 199
louter blootstelling-effect 20
Luft 61

M

maatschap 22
macht 137, 144
  competitieve 140
  coöperatieve 140
  directe 140
  indirecte 140
  verschijningsvormen 140
machtsmisbruik 137
management 115
management by exception 127
Managerial Grid 119
manipulatie 114
massa 22
meeliften 182
Milgram 138
Minnesota-behandeling 206
model-leren 94
model van Azjen 203
motivatie
  intrinsieke 41
motorische reproductie 95
Mouton 119
Myers-Briggs Type Indicator (MBTI) 64

N

naam 85
nabijheid 166
namenspel 85
nature 64
norm 21, 75
norming 23
nurture 64

O

objectief zelfbewustzijn 33
observatieleren 94
observationeel leren 192
observationele bekrachtiging 192
observerend leren 94
Ofman 54
ontkennen 150
ontlopen 136
openheid 152
Orming-model 45
outgroup 24
overdracht 38, 154
overladen met details 150

P

performing 23, 46
perpetual learner 128
persoonlijkheidsdimensie 65
persoonlijkheidskenmerk 65
pesten 102
   gevolgen 102, 103
primaire groep 24
procesverlies 176
projectie 38
psychegroep 24

R

rationaliseren 151
reflecteren 39, 48
relatie 40
reward theory 166, 193
roddelen 185
rol 20, 198
Roos van Leary 39, 108, 109
Rosenthal 97
Rubin 211
Ryan 40

S

samenspannen 151
samenwerken 168, 184
samenwerkend leren 168
Schabracq 99
Schein 128
Schutz 19, 23, 41
secundaire groep 24
self-determination theory 40
sociaal leren 192
sociaal wenselijk gedrag 37
sociale compensatie 181
sociale identiteit 72
sociale psychologie 13
socialevaardigheidstraining 203
sociale vergelijking 36, 93, 183
social loafing 181
sociogram 197
sociogroep 24
Stanford 138
Stanford Prison Study 140
status 21
stereotype 96
stereotypedreiging 181
stereotypelift 182
storming 23, 45

strategie
   verdedigende 41
   zelfbeschermende 41
subjectief zelfbewustzijn 32
succeservaring 165, 201
sucker-effect 183

T

teamcoaching 210
teamrol 176
territoriumgedrag 198
The Big Five 65
therapiegroep 204
Thomas 135
Thomas-Kilmannmodel 135
transformationeel leiderschap 124
triade 22
Tuckman 23, 45

U

ui-model 49
   lagen 50
uitdaging 55
uitgebreid zelfbewustzijn 34
uitsluiting 25

V

valkuil 55
Vasalos 49
veelprater 152
verbondenheid 23
vergelijken
   devaluatie 94
vergelijking
   beperkte 94
   neerwaartse 93
   opwaartse 93
   sociale 93
vertrouwen 170
vervorming 55
vijffactorentheorie 65
volger 129
volgzaamheid 78
Vrugt 99

W

waarde 75
waarnemingsleren 94
wantrouwen 170
wederzijdse beïnvloeding 83

weerstand 148, 153
  betekenis 149
  omgaan met 151
weinigprater 152
wij-gevoel 44

Z

Zajonc 180
zelf 31, 32
zelfbeeld 39
zelfbevestigende voorspelling 87, 97
  doorbreken 99
  gevolgen 98
  interactie 98
zelfbewustzijn 32
  extensief 34
  objectief 33
  subjectief 32
  uitgebreid 34
zelfconcept 32
zelfdeterminatietheorie 40
zelfhandicappen 37, 171
zelfhulpgroep 206
zelfkennis 31
zelfobservatie 32
zelfonthulling 20
zelfpresentatie 37, 165
zelfschema 35
zelfverbetering 36
zelfwaardering 36
Zimbardo 64, 140
zwarte schaap 101, 189
zwijgen 151

Over de auteur

Monique Frequin-Bekker is sociaalpsycholoog en arbeids- en organisatiepsycholoog en is praktisch werkzaam als opleider en begeleider van docenten en trainers. Zij doet dit vanuit haar bedrijf BOC-onderwijsadvies.